HiSTORiA

IMPRESCINDIBLE PARA CURIOSOS

María Aldave

LIBSA

© 2017, Editorial LIBSA
C/ San Rafael, 4
28108 Alcobendas (Madrid)
Tel.: 91 657 25 80
Fax: 91 657 25 83
e-mail: libsa@libsa.es
www.libsa.es

COLABORACIÓN EN TEXTOS:
María Aldave y equipo editorial Libsa
EDICIÓN: equipo editorial Libsa
DISEÑO DE CUBIERTA: equipo
de diseño Libsa
MAQUETACIÓN: equipo
de maquetación Libsa
IMÁGENES: Thinkstock.com, Shutterstock
Images, 123 RF y archivo Libsa

ISBN: 978-84-662-3362-0

CRÉDITOS FOTOGRÁFICOS
Everett Historical / Shutterstock.com: pág., 89,
    118, 119 (arriba), 123 (centro)
IgorGolovniov / Shutterstock.com: pág., 119
    (abajo)
VanderWolf Images / Shutterstock.com: pág., 152
Europeana 1914-1918: pág., 98
Archivo Federal Alemán (Deutsches Bundesarchiv):
    pág., 110
Creative Commons: pág., 150

Contenido

INTRODUCCIÓN 4

PREHISTORIA 6
Homo Sapiens, el hombre que piensa 6

HISTORIA ANTIGUA 8
La Torre de Babel 8
«¡Esto es Esparta!» 10
Los elefantes de Aníbal cruzan
   Los Alpes 12
El asesinato de Julio César 14
Marco Antonio y Cleopatra 16
El nacimiento de Jesucristo 18
La caída del Imperio Romano 20
América Precolombina: mayas, aztecas e incas 22
El Lejano Oriente: China, India y Japón 24

EDAD MEDIA 26
Las revelaciones de Mahoma 26
Carlomagno, el padre de Europa 28
La era vikinga 30
Ricardo Corazón de León 32
Gengis Kan, creador del Imperio Mongol 34
La ruta de la seda 36
La Inquisición 38
La peste 40
Dos (o tres) Papas para un mismo trono 42
África indómita 44
La revolución de la imprenta 46
La Reconquista 48

HISTORIA MODERNA 50
¡Tierra a la vista! 50
Los Borgia 52
Roma corrupta 54
Enrique VIII, el Barba Azul inglés 56
Conquistadores 58
Piratas y corsarios 62
El Rey Sol 64

EDAD CONTEMPORÁNEA 68
La toma de la Bastilla 68
Napoleón conquistador 70
Bandoleros 74

La Restauración 76
Doctor Livingstone, supongo 78
La era victoriana 80
El grito de Dolores 82
¡Viva Verdi! 84
La abolición de la esclavitud 86
La Revolución Industrial 88
¡Trabajadores del mundo: uníos! 90
La cultura del entretenimiento
   y la comunicación 92
Los grandes avances de la ciencia 94
Del esplendor de Sissi al germen de la guerra 96
La Primera Guerra Mundial 98
La ejecución del Zar 100
Feminismo y sufragismo 102
Los felices años 20 104
La Ley Seca 106
El crack del 29 108
La victoria del Nacionalsocialismo 110
Estalinismo brutal 112
España sin rey 114
La Segunda Guerra Mundial 116
El Holocausto 118
El reparto del mundo 120
Hiroshima y Nagasaki 122
Éxodo 1947 124
El Macartismo: caza al espía 126
El final del colonialismo 128
La sociedad de consumo 130
La revolución cubana 132
El asesinato de Kennedy 134
La llegada a La Luna 136
El movimiento por los derechos civiles 138
París, mayo del 68 140
El escándalo Watergate 142
España: fin de una Dictadura 144
La epidemia del sida 146
El poder de los narcos 148
La caída del muro de Berlín 150
La Unión Europea 152
El 11-S 154
Una verdad incómoda 156

ÍNDICE 158

Introducción

En los 200.000 años que lleva en el planeta Tierra, el ser humano ha tenido tiempo de hacer cosas increíbles. Ha colonizado continentes y mares, ha desarrollado habilidades inimaginables en otros seres vivos y se ha organizado en complejas sociedades. En cada lugar y en cada momento de su historia han ocurrido hechos singulares cuyos protagonistas han sido determinantes en el devenir de la humanidad.

De esos cruciales sucedidos trata este libro: la financiación del reino de Castilla a un navegante genovés que soñaba con rutas marítimas desconocidas y el nacimiento de un profeta precisamente en la provincia romana de Judea pudieron ser simples anécdotas en vez de relevantes hechos históricos. Sin embargo, resultaron claves en la configuración del mundo tal y como hoy lo conocemos. Si Cristóbal Colón hubiera obtenido respaldo de Portugal o de Francia, la historia de Europa y de América habría sido muy diferente. Y si Jesucristo no hubiese venido al mundo en territorio de la Antigua Roma, quizá su fe se habría quedado en una creencia minoritaria de un pequeño pueblo.

El presente volumen se detiene en una serie de instantes históricos que se asemejan a fotos fijas de momentos cruciales. A lo largo de sus páginas, el lector siente la indignación de Leónidas de Esparta ante las exigencias de sumisión de la poderosa Persia, que desembocó en la batalla de las Termópilas; contempla al admirable Aníbal a lomos de su elefante dispuesto a conquistar Italia; se estremece cuando Julio César, el conquistador de las Galias, agoniza apuñalado por un grupo de conspiradores; y asiste al encumbramiento de Gengis Kan como emperador universal, un indefenso huérfano mongol que llegó a poner en manos de su estirpe a la mismísima China.

La gran mayoría de los capítulos arrancan desde un hecho puntual, y a partir del mismo se desarrollan con amplitud una época y unos hechos históricos. Así, el sufrimiento de Carlomagno al pensar en su querido hijo Pipino, jorobado y traidor, abre paso a una mirada sobre la Europa de la que el rey franco fue emperador, escenario de la mítica batalla de

Roncesvalles. El recuerdo del atractivo Ricardo Corazón de León, rey y caballero, buen guerrero y poeta, seduce al lector para adentrarse en las Cruzadas, investigar sobre su antagonista musulmán, el admirado Saladino, y las órdenes militares que participaron en la conquista de Tierra Santa. Las ejecuciones del zar Nicolás II y su familia dan pie a conocer la Rusia de los Romanov y el proceso revolucionario de 1917. Acompañar a Rosa Parks en el autobús por la América racista y verla negarse a ceder su asiento a un blanco introduce el tema de la lucha por los derechos civiles en unos Estados Unidos aún convalecientes de su guerra de Secesión.

Asimismo, se abordan cuestiones culturales y sociales tan definitivas para la humanidad como el surgimiento del islam, la Inquisición, la peste medieval, los cismas de la cristiandad, la aparición de la imprenta, el fenómeno de la piratería y el bandolerismo, las grandes exploraciones, el feminismo, la Ley Seca, el Holocausto, el colonialismo, Mayo del 68, el sida, el poder del narcotráfico, los atentados del 11 de septiembre de 2001 y la explosión de los movimientos sociales y ecologistas.

Porque si importantes fueron los hechos históricos –la Revolución Francesa, los estallidos de las dos guerras mundiales, la fundación del Estado de Israel–, no lo fueron menos las transformaciones que las sociedades llevaron a cabo, como la abolición de la esclavitud, las Revoluciones Industriales, el nacimiento de la cultura de masas o los grandes avances de la ciencia. En conjunto, se trata de reunir capítulos fundamentales de la historia en los cinco continentes que se han estructurado cronológicamente en distintas secciones. Para ello en una banda a la izquierda se presenta la secuencia cronológica en color destacado, de manera que siempre pueda situarse en el tiempo.

- **PREHISTORIA**
- **HISTORIA ANTIGUA**
- **EDAD MEDIA**
- **EDAD MODERNA**
- **EDAD CONTEMPORÁNEA**

La primera de ellas, la Prehistoria, se centra en la aparición del *Homo sapiens*. Inmediatamente después, se inicia el bloque de Historia Antigua, que incluye los primeros grandes pueblos de la Antigüedad: babilonios, sumerios, asirios, Grecia, Roma, Cartago, Egipto, América precolombina y las grandes civilizaciones del Lejano Oriente.

Los capítulos dedicados a la Edad Media arrancan con las revelaciones de Alá a Mahoma y prosiguen por la Europa de Carlomagno, el asedio de los vikingos y la ruta de la seda que enlazaba el Viejo Continente con la ciudad de Samarcanda. ¿El rey vikingo Ragnar Lodbrok existió de verdad? ¿Llegaron sus drakkar a asediar las ciudades de Sevilla y Cádiz? ¿A quién se le ocurrió utilizar los hilos del gusano de seda para fabricar elegantes tejidos? Dentro de la Edad Media, varios capítulos entran ya en época renacentista desde las hogueras de la Inquisición y la peste, hasta la revolución de la Imprenta, ya en Edad Moderna, el hombre trata de dejar atrás siglos de miedo e incertidumbre para abrir horizontes al Nuevo Mundo, cuando los mares se convirtieron en campos de batalla para aventureros, corsarios y piratas, y las disputas por la fe verdadera se enredaron con las ambiciones territoriales y políticas. Este es el punto en el que se apunta información sobre temas tan asombrosos como los secretos de alcoba de los Borgia, Papas de origen español; el hijo varón que tuvo Enrique VIII de Inglaterra y que no pudo reinar; qué era El Dorado; o las aventuras de Barbarroja, Pata de Palo y Henry Morgan.

La Edad Contemporánea se instala tras la toma de la Bastilla en una Francia revolucionaria que se deshace de sus reyes y se pone en manos de un militar y conquistador corso. Son los años del nacimiento de nuevas naciones en América y en Europa, los grandes imperios del Viejo Continente, el fin de la esclavitud, así como de transformaciones sociales y económicas que desembocan en procesos revolucionarios, totalitarismos y dos sangrientas guerras mundiales. Esta es la ocasión para adentrarse en los salones de Napoleón Bonaparte y Josefina y conocer al a los bandoleros españoles, o al explorador de África David Livingstone a orillas del lago Tanganica.

El último bloque de este libro se centra en los procesos sociales y políticos más relevantes de las últimas décadas. Superada la Segunda Guerra Mundial, el mundo se adentra en una tensa Guerra Fría que da lugar a fenómenos tan increíbles como el macartismo o la conquista de la Luna, a guerras como la de Vietnam y a movimientos como Mayo del 68 y la descolonización. Fueron los años de los cómics patrióticos del Capitán América, el teléfono rojo que conectaba la Casa Blanca y el Kremlin en medio del terror a una guerra nuclear, y de frases tan míticas como «Houston, tenemos un problema». Hacia el final del siglo XX y el principio del siglo XXI, se plantearon retos e incógnitas inquietantes: la aparición de nuevas enfermedades, como el sida y el ébola; el creciente poder de las organizaciones criminales; la preocupación por el cuidado del medioambiente; y, sobre todo, el radicalismo islamista, que con los atentados del 11 de septiembre de 2001 cambió el rumbo del planeta para siempre.

Este volumen proporciona una idea de conjunto de lo que ha sido la historia de la humanidad en completos y concisos capítulos. Cada tema aquí tratado ha sido escogido por la vital repercusión que ha tenido y, que de haber ocurrido de otra manera, nada habría sido igual.

Homo Sapiens,
el hombre que piensa

El hombre moderno que todos conocemos tiene apenas 200.000 años de edad. En ese poco tiempo ha sido capaz de cambiar las cuevas por los rascacielos y la piedra tallada por el ordenador personal. Sus comienzos fueron duros porque sus cualidades físicas eran más bien escasas, pero su cerebro le sirvió para adueñarse de este planeta.

Un grupo de homínidos se ha sentado a la sombra de un árbol. Son diferentes en comparación con otros simios. Tienen una cabeza rarísima: los arcos supraorbitales son muy finos, y la parte posterior, la que aloja el cerebro, está abombada; parece deformada de lo grande que es. De hecho, esas cabezotas son tan diferentes de las de otros primates porque ya no se alimentan solo de vegetales. La vegetación ha disminuido y sus sistemas digestivos han tenido que aprender a metabolizar carne y almidón (por ejemplo, de los cereales), lo que les proporciona energía rápidamente. Tienen la tez oscura, muy útil para proteger la piel de la luz solar. Algunos de ellos llevan herramientas de hueso para pescar y unas puntas de flecha. Esta podría ser la estampa de un momento en la vida de nuestros abuelos *Homo sapiens*. Fueron los primeros seres humanos y en muy poco tiempo, 200.000 años –una cifra pequeña dentro de lo que es la evolución–, se organizaron en sociedades complejas y utilizaron sus capacidades intelectuales para convertirse en los amos de la Naturaleza, a la que pusieron a sus

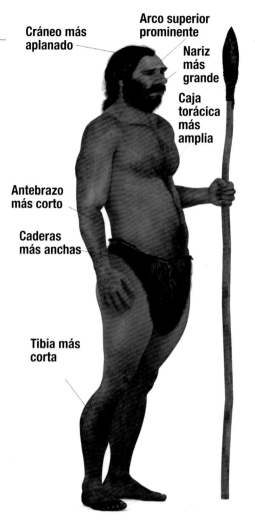

Cráneo más aplanado

Arco superior prominente

Nariz más grande

Caja torácica más amplia

Antebrazo más corto

Caderas más anchas

Tibia más corta

HOMBRE DE CROMAÑÓN. Así se llaman a los restos de *Homo sapiens* que se encontraron en una cueva francesa que se llama Cro-Magnon. Tienen entre 40.000 y 10.000 años de antigüedad y son la referencia que los expertos utilizan para hablar del inicio del Paleolítico superior.

pies. Hoy somos más de 7.000 millones de personas, una cifra increíble para un ser vivo físicamente tan indefenso.

LOS HOMÍNIDOS, ORIGEN Y EVOLUCIÓN

4-2,5 millones de años	2,5-1,8 millones de años	1,8 millones de años	600.000-200.000 años	600.000-160.000 años
Australopitecus. Sabanas al este de África	*Homo rudolfensis* y *Homo habilis* (capaz ya de fabricar herramientas de piedra). Este de África	*Homo ergaster.* El primero en abandonar África. Es antecesor de: *Homo erectus:* 1,9 millones-70.000 años. Asia oriental. *Homo antecessor:* 1 millón de años Europa	*Homo heidelbergensis.* Europa	*Homo rhodesiensis.* África.

EDADES DEL HOMBRE

1. **EDAD DE PIEDRA.** Empieza a fabricar herramientas de piedra, madera y huesos para cazar y cortar. Se inició hace 2,8 millones de años en África.

- **Paleolítico.** Actividades: caza y recolección (2,8 millones-12.000 años).
- **Neolítico.** Actividades: agricultura, ganadería y alfarería; surgen los poblados (las primeras pruebas halladas son de 8.500 años en Oriente Medio).

2. **EDAD DE LOS METALES.** Comienza a utilizar el metal fundido para fabricar utensilios. Empezó en el VI milenio a.C.

- **Edad del Cobre o Calcolítico** (desde el VI milenio a.C.). Regiones: distintas zonas del mundo y en diferentes fechas. Actividades: especialización artesanal, estratificación social.
- **Edad del Bronce** (fruto de la aleación del cobre y el estaño) (desde finales del IV milenio a.C.). Regiones: distintas zonas del mundo y en diferentes fechas. Actividades: se intensifica el comercio y crecen la especialización del trabajo y la estratificación de las sociedades. Proliferan símbolos (Egipto, Sumeria, Creta) que luego dan paso a la escritura, cuando se considera que la humanidad entra en la Historia.
- **Edad del Hierro.** El hierro se convierte en el metal rey para obtener herramientas y armas (desde el siglo XII a.C.). Regiones: distintas zonas del mundo y en diferentes fechas.

1 millón- 40.000 años	230.000- 28.000 años	200.000 años - presente
Homínido de Denisova. Siberia	*Homo nenannderthalensis* (el famoso hombre de Neanderthal). Europa y Asia	*Homo sapiens* (el hombre sabio o el hombre que piensa. Los restos más antiguos se han hallado en Etiopía y Sudáfrica

LUCY, LA SEÑORA PLES Y EL NIÑO DE TAUNG

Los *Australopithecus* son un género de primates homínidos que vivían en zonas tropicales de África hace 4-2 millones de años. Se cree que fueron los primeros bípedos –o sea, que ya no utilizaban sus manos para andar, como hacen los chimpancés, por ejemplo– y comían hojas y frutas. Y lo más importante: son origen del género *Homo* hace 2 millones de años, de donde evolucionó el *Homo sapiens*. Lucy es el *Australopithecus* más famoso del mundo. Era una hembra bajita, de 1,10 m, y pesaba en torno a 27 kg. Ya caminaba erguida y parece que tuvo varios hijos. Cuando murió tenía unos 20 años. Se sabe toda esta información porque se han hallado varios fragmentos de su esqueleto. A Lucy la encontraron en 1974 en Etiopía, mientras los paleoantropólogos escuchaban la canción de The Beatles *Lucy in the sky with diamonds*. Por eso se llama así. La Señora Ples también fue una *Australopithecus*. Tiene entre 2,6 y 2,8 millones de años y es sudafricana. De ella solo se conserva un cráneo que se encontró en 1947 en Sterkfontein y en realidad los expertos tampoco están al cien por cien seguros de que sea hembra. Así que tranquilamente podría ser el Señor Ples. En 2004 fue elegida como uno de los cien sudafricanos más importantes de la Historia. También de Sudáfrica es el Niño de Taung, un cráneo infantil de 2,5 millones de años que encontraron unos trabajadores por casualidad en una cantera en 1924. Cuando el pequeño murió, todavía tenía los dientes de leche. Los expertos creen que podría tener unos tres años.

HISTORIA CONTEMPORÁNEA

HISTORIA MODERNA

EDAD MEDIA

HISTORIA ANTIGUA

PREHISTORIA

La Torre de Babel

Cuando los hombres encuentran una tierra generosa se quedan: les es más práctico cultivar y pastorear que consumirse buscando alimentos. Tener a mano el sustento les permite dedicarse a actividades conectadas con sus dioses, como la arquitectura y el arte. Y como son muchos en un mismo lugar, necesitan organizarse. Así nacen las primeras grandes civilizaciones.

Cientos de obreros se afanan al pie de la construcción en recoger la carga que se les ha asignado. Es una torre escalonada altísima –llegará a 91 m– y cada vez cuesta más llegar hasta arriba con el material. Además hay que subir con cuidado: el esmalte azul de los ladrillos para la cima se puede descascarillar. Los arquitectos han escogido ese color para que el final de la torre se funda con el cielo. El objetivo es conectar con la divinidad.
Se trata de Etemenanki, el zigurat que Babilonia dedicó a Marduk, el dios patrón de la ciudad que fue capital de Mesopotamia y cuyo templo estaba precisamente en la cúpula de esta construcción. Se la ha identificado con la mítica Torre de Babel de la que habla la Biblia y por cuya construcción –siguiendo la leyenda– Dios nos ha obligado a estudiar idiomas. Porque hasta entonces, según el *Génesis,* todos los seres humanos hablábamos la misma lengua, pero a partir de la edificación de esta torre, Dios decidió confundir a sus constructores asignándoles diferentes idiomas y les obligó a dispersarse por la Tierra. Al parecer quería castigar el pecado del orgullo colectivo. El no entenderse entre los hombres podría ser una metáfora del surgimiento de desacuerdos políticos y religiosos.

QUÉ ES UN ZIGURAT

Es una torre escalonada que se eleva a gran altura para conectar con el cielo, donde se supone que habitaban los dioses. Tiene varios niveles (entre tres y siete) y en la zona más alta se encuentra un templo dedicado a una divinidad. Se podía subir a él por escaleras. El grueso del zigurat se llevaba a cabo con ladrillos secados al sol y por el exterior se colocaba con una capa de ladrillos cocidos

en horno. El templo, por su parte, era de ladrillos esmaltados. En ocasiones se construía sobre las ruinas de otros zigurats.

EL CRECIENTE FÉRTIL: CUNA DE LA CIVILIZACIÓN OCCIDENTAL

Se trata de una zona que abarca el Levante mediterráneo, Mesopotamia y Persia y por la que discurren los ríos Nilo, Jordán, Éufrates y Tigris. Precisamente, gracias a las

EL CRECIENTE FÉRTIL

Siglos XVIII-XII a. C	Siglo XII a. C	4200-1955 a. C.
Civilización hitita	Los frigios se establecen en la actual Turquía	Los sumerios pueblan la zona del Tigris y Éufrates

tierras que regaban sus aguas, el ser humano dejó de ser nómada para hacerse sedentario y empezar a cultivar, lo que los estudiosos han identificado como el paso del Paleolítico al Neolítico. El trigo y las higueras fueron de los primeros cultivos, y el ganado ovino, caprino y bovino se encuentran entre los primeros animales domesticados (c. 9000 a. C.). Procesos similares tuvieron lugar en otras regiones del mundo, como entre los ríos Indo y Ganges de India y en los ríos Huang He y Yangtzé de China.

Se sabe que la Torre de Babel ya existía hacia el año 1750 a. C., en que pudo ser destruida en 689 a. C. por el rey de Asiria Senaquerib y que el gran Nabucodonosor II, babilonio de la dinastía caldea, la reconstruyó.

La Torre de Babel, de Pieter Brueghel «el Viejo». 1563. Óleo sobre tabla, 114 x 154 cm. Museo de Historia del Arte, Viena, Austria.

c. 2000-612 a. C — Imperio Asirio

1300 a. C. – 70 d. C. — Los israelitas se asientan en la Tierra Prometida

GRANDES PUEBLOS DE LA ANTIGÜEDAD
1. **Hititas (Anatolia, hoy Turquía, siglos XVIII-XII a. C.)**. Dueños de un gran imperio gracias al uso del carro de combate.
2. **Frigios (Frigia, hoy Turquía, siglo XII a. C.)**. Grandes jinetes y domadores de caballos, eran buenos artesanos y agricultores.
3. **Sumerios (Desembocadura de los ríos Eúfrates y Tigris, hoy Irak y Kuwait, 4200-1955 a. C.)**. Fundaron ciudades míticas, como Uruk o Nínive.
4. **Asirios (Valle del Tigris en Oriente Medio, c. 2000-612 a. C.)**. Llegaron a tener un gran imperio entre 1813 y 1780 a. C.
5. **Hebreos (Caldea, Mesopotamia) e israelitas (Canaán, hoy Israel, Gaza y Jordania, 1300 a. C. – 70 d. C.)**. Originarios de Mesopotamia, los hebreos eran unas tribus nómadas cuyos patriarcas van desde Adán, el primer hombre según la *Biblia*, hasta Noé.

El rey Nabucodonosor de Babilonia, su séquito y prisioneros en un sello, alrededor de 1969.

NABUCODONOSOR II (c 650-562 a. C.)

El rey babilonio fue uno de los monarcas más importantes de la Antigüedad. Le acompaña la fama de buen estratega militar y hábil político. Le gustaba tanto la arquitectura que hizo de Babilonia una ciudad casi mágica. Su palacio era magnífico: ricamente decorado, impresionaba a sus visitantes tanto lujo y buen gusto. A su esposa, Amitys de Media, le dedicó los famosos Jardines Colgantes, una de las siete maravillas del mundo antiguo, para que no echase de menos la vegetación de su tierra de nacimiento. Fue el conquistador de Jerusalén, cuyo templo destruyó.

¡Esto es Esparta!

Esparta es una de las míticas ciudades de la Antigua Grecia, una civilización que proporcionó al mundo las bases de la ciencia, el arte, la filosofía y la democracia occidental. La admiración por aquella cultura fue tal que revivió con fuerza en diferentes momentos de nuestra historia, como el Renacimiento y el Neoclasicismo. Y de aquellas ciudades, el mito de Esparta prosigue tan vivo que el cine recurrentemente la hace su protagonista.

En el verano del 480 a. C. los enviados del Shah de Persia hicieron una reverencia y se dirigieron a Leónidas de Esparta. Uno de ellos le explicó que su soberano, Jerjes, hijo y heredero del gran Darío, le exigía tributos. Leónidas no pudo contenerse: «¡Esto es Esparta!», exclamó indignado. ¡Cómo se les podía exigir nada! Ni siquiera había tenido la deferencia de entrevistarse directamente con él. La guerra iba a ser inevitable.

En realidad, el enfrentamiento entre algunas Ciudades-Estado griegas y el Imperio aqueménida de Persia se remontaba varios años atrás. El padre de Jerjes, Darío, se había encontrado con la intromisión de Atenas en la revuelta de Jonia (la Grecia asiática, tomada por su antecesor, Ciro) y ahora Jerjes iba a castigarles. Ante el temor de nuevos ataques del poderoso Imperio aqueménida, Atenas y Esparta habían firmado un pacto para protegerse (481 a. C.). Los experimentados espartanos dirigirían al ejército ateniense en

caso de un ataque exterior. En 480 a. C. el ejército de Jerjes, unos 250.000 hombres, se puso en marcha sabiendo que los testarudos espartanos nunca se avendrían a razones, pero tendrían su merecido. Sus enviados para exigir tributos a Esparta habían sido arrojados a un pozo con estas palabras: «Aquí tenéis toda la tierra y el agua que queráis». La Segunda Guerra Médica había comenzado.

LA BATALLA DE LAS TERMÓPILAS

Las Termópilas son un estrecho desfiladero que obligatoriamente tenían que atravesar los persas en su avance. Leónidas, con solo 300 espartanos y 700 hoplitas tespios, fue capaz de detener al magnífico ejército persa durante tres días. Cuando la batalla estaba perdida, Leónidas prefirió luchar hasta el final con sus espartanos que rendirse. El choque entre aqueménidas y griegos se prolongó durante más de dos siglos y solo acabó cuando Alejandro Magno conquistó las tierras persas para sí.

ALEJANDRO MAGNO
Alejandro III de Macedonia (356 a. C.-323 a. C.) fue hijo de Filipo II y alumno de Aristóteles. En sus 13 años de mandato conquistó el Imperio Aqueménida y extendió sus dominios por Egipto, Oriente Medio y Asia hasta los ríos Indo y Oxu (hoy, Amu Daria). A su muerte, el Imperio se despedazó en varios reinos, entre los que se impusieron el Egipto de la Dinastía Ptolemaica, el Imperio Seleúcida y la Macedonia antigónida.

ANTIGUA GRECIA

1100 a. C.-750 a. C.	750 a. C.-500 a. C.	500 a. C.-323 a. C.	323 a. C.-146 a. C.	146 a. C.	146 a. C.-siglo VI
Edad oscura	Época arcaica	Periodo clásico	Periodo helenístico	Conquista romana	Antigüedad tardía

LA GUERRA DE TROYA

Eris, la diosa de la discordia, poseía una manzana de oro que estaba destinada a la diosa más bella (de ahí la expresión «la manzana de la discordia»). Hera, Atenea y Afrodita pelearon por ella. Para acabar con la disputa, Paris, príncipe de Troya, fue designado para dar el veredicto en tan difícil cuestión. Paris se decidió por Afrodita, que le había prometido que si ella era la elegida le concedería el amor de la mujer más hermosa del mundo: Helena, esposa del rey Menelao de Esparta. Con ayuda de Afrodita, Paris se las ingenió para seducir a Helena y se la llevó con él. Aquello desembocó en la guerra de Troya, que acabó con la destrucción de la mítica ciudad.

Leónidas en las Termópilas, de Jacques Louis David. 1814. Óleo sobre tela, 395 x 531 cm. Museo del Louvre, París, Francia.

LA POLIS GRIEGA

Los clanes familiares primitivos griegos se convirtieron con el tiempo en Ciudades-Estado (polis) independientes entre sí y con organizaciones sociales muy diversas. De todas ellas destacaron especialmente Atenas y Esparta. Mientras en Esparta, dirigida por un rey, todos los hombres y mujeres se preparaban para la guerra y ellas incluso podían elegir marido, en Atenas, cuyos gobernantes se elegían por voto ciudadano, las mujeres ni podían salir solas y a los hombres se les educaba en diferentes disciplinas. A pesar de estas diferencias, en momentos cruciales, las Ciudades-Estado podían unirse para defenderse de enemigos comunes. En el siglo IV a. C. las polis griegas quedaron absorbidas por el reino macedonio de Alejandro Magno.

Retrato idealizado de Alejandro Magno.

HISTORIA CONTEMPORÁNEA

HISTORIA MODERNA

EDAD MEDIA

HISTORIA ANTIGUA

PREHISTORIA

Los elefantes de Aníbal cruzan los Alpes

El hombre que se atrevió cruzar los Pirineos y los Alpes con un ejército de hombres y elefantes estuvo a punto de poner de rodillas a Roma. Sin embargo, su decisión de quedarse a las puertas de la Ciudad Eterna cuando pudo haberla tomado con facilidad le pasó una triste factura: Roma, sin esa derrota, iba a alzarse con el dominio del mundo, mientras la otrora poderosa Cartago desaparecería para siempre.

A Aníbal le gustaba encaramarse a su enorme elefante, Surus, para dirigir las batallas al inicio de su campaña en Italia. La sensación de poderío desde esa altura era magnífica. Los enemigos temblaban cuando veían a los paquidermos. Sabían que su avance era prácticamente imparable y caer entre sus patas era una muerte segura. Muchos de los hombres de Aníbal habían muerto, pero los que habían superado con valor y fortaleza los obstáculos de la cordillera alpina estaban ahí, dispuestos a seguirle sin dudar. En 219 a. C. el general y estadista cartaginés Aníbal Barca (247 a. C.-183 a. C.) atacó al Imperio romano con miles de hombres y decenas de elefantes: comenzaba así la Segunda Guerra Púnica. Para avanzar desde la península Ibérica sobre Italia había que atravesar los Pirineos. Y después se alzaba una barrera casi inexpugnable: los Alpes. Decidido, Aníbal se dispuso

Aníbal cruzando los Alpes sobre un elefante, de Nicolas Poussin. Óleo sobre lienzo, 100 x 135,5 cm. Colección privada.

a atravesar la difícil cordillera, gesta que solo consiguieron realizar los mejores de sus 40.000 hombres y algunos de sus elefantes. El duro invierno de 218-217 a. C. se había cobrado un alto precio. Sin embargo, Aníbal cruzó y continuó su avance y Roma se echó a temblar. La amenaza estaba a sus puertas.

LOS ELEFANTES

Los primeros elefantes con los que contó Cartago eran ejemplares asiáticos. Le llegaban a través del Egipto Ptolemaico, que además le facilitaba cornacas; es decir, guías de elefantes. Se trataba de unos animales altos, de 3 m de altura, y corpulentos, en los que podían ir hasta cuatro personas contando al conductor o sobre los que se disponía una especie de torreta; de este modo, los paquidermos hacían las funciones de carro de combate. Cuando no contaban con los suficientes animales, los cartagineses se hacían con elefantes de los bosques del norte de África, mucho más pequeños, que se empleaban como arma de choque.

ASCENSO Y CAÍDA DE CARTAGO

825/ 820 a. C	264 a. C.- 241 a. C.	247 a. C.	c. 227 a. C.
Fundación de la ciudad de Cartago	Primera Guerra Púnica	Nace Aníbal Barca	Fundación de Cartago Nova (hoy Cartagena) por Asdrúbal el Bello, cuñado de Aníbal

Aníbal vencedor contempla por primera vez Italia desde los Alpes, de Francisco de Goya. 1770. Óleo sobre lienzo, 87 x 131,5 cm. Fundación Selgas-Fabalde, Cudillero, Asturias, España.

CONTRA ROMA

Aníbal había tenido que jurar a su padre, Amílcar Barca, que siempre odiaría a los romanos. Este general y estadista cartaginés se había visto obligado a firmar la paz con ellos en la Primera Guerra Púnica (264 a. C.-241 a. C.) y no quería que si él moría, Cartago quedara sin venganza. Pero la Segunda Guerra Púnica (218 a. C.-201 a. C.) también terminó con la derrota de Cartago, que comenzó su decadencia, mientras Roma se alzaba como el futuro imperio que lograría ser. Finalmente, la Tercera Guerra Púnica (149 a. C.-146 a. C.) se saldó con la victoria de Roma, que se apropió de todos los territorios cartagineses. Cartago fue totalmente arrasada y de su casi millón de habitantes, apenas sobrevivieron 50.000, que terminaron convertidos en esclavos.

LOS CARTAGINESES

Fundada en 825/820 a. C., Cartago, a 17 km de la ciudad de Túnez, fue el centro de un gran imperio que peleó durante siglos con Roma por el control del Mediterráneo. Su intensa actividad comercial enriqueció a este pueblo, que poco a poco se expandió por el Mediterráneo. Sus habitantes eran de origen fenicio, sirio, egipcio, griego e itálico, así como algunos africanos. Los hombres vestían con turbante y sandalias y las mujeres se cubrían con velos. La clase alta ocupaba los cargos más importantes, que fueron hereditarios hasta el ascenso de una clase media en el siglo III a. C. Por debajo se encontraban los mercaderes, artesanos y campesinos. Y por debajo de todos ellos se encontraban los libio-fenicios, que vivían como trabajadores de grandes propiedades agrícolas de la aristocracia. La religión estaba constantemente presente y hasta los campamentos militares disponían de santuario.

218 a. C.-201 a. C.	149 a. C.-146 a. C.	146 a. C.	46 a. C
Segunda Guerra Púnica	Tercera Guerra Púnica	Derrota ante Roma y desaparición del Estado cartaginés	Julio César ordena construir una ciudad donde estuvo Cartago por su estratégica localización

ORIGEN DEL TÉRMINO «HISPANIA»

Mientras el término «Iberia» es de procedencia griega, el latino de «Hispania» podría proceder del que empleaban los cartagineses, quienes podrían referirse a la península Ibérica con la palabra y-spn, que quiere decir «costa del norte».

El asesinato de Julio César

A la muerte del militar y político que conquistó las Galias, Roma se convirtió en un imperio cuyas tierras se extendieron de la península Ibérica al Eúfrates y de las islas Británicas al norte de África. La Medicina, la Ingeniería, la Literatura o el Derecho de nuestros días serían diferentes sin el Imperio Romano.

Roma estaba llena de traidores. Los senadores a los que César había perdonado cuando tomaron partido por su enemigo Pompeyo tenían algo que ver. Ese debió de ser el pensamiento que se le vino a la mente a Julio César,

tendido en el suelo, mientras la vida se le escapaba por las 23 puñaladas recibidas.

Dictador romano desde su victoria sobre Pompeyo (46 a. C.), en su carrera política y militar, Julio César (100 a. C.-44 a. C.) había aprendido cómo manejarse en la compleja maquinaria de poder de Roma. Había sido cuestor en Hispania, edil curul en Roma, cónsul del Primer Triunvirato con Cneo Pompeyo Magno y Marco Licinio Craso, procónsul de las Galias, donde había conseguido someter a sus obstinados pueblos. Su generosidad le había granjeado el amor de los romanos, que se resintió por su relación con Cleopatra VII, la última reina de Egipto. Un adivino le había advertido: «Cuídate de los idus de marzo»; es decir, del día 15 de marzo. Sin embargo, César acudió al Senado acompañado de sus

La muerte de Julio César, de Vincenzo Camuccini. 1798. Óleo sobre lienzo, 112 x 195 cm. Galeria Nacional de Arte Moderno, Roma, Italia.

ANTIGUA ROMA

753 a. C.-509 a. C.	509 a. C.-27 a. C.	27 a. C.-476	395 d. C.	476 d. C.
Monarquía	República	Imperio	División del Imperio en dos: Imperio Romano de Occidente e Imperio Romano de Oriente	Fin del Imperio Romano de Occidente

Busto de Bruto, de Miguel Ángel Bounarotti. 1539. Palacio Bargello, Florencia, Italia.

colaboradores, entre ellos, Marco Antonio. Era el año 44 a. C. Por el camino César vio al adivino y le dijo que ya habían llegado los idus y no había pasado nada. Pero el adivino le respondió que aún no habían acabado. Cuando llegó a la Curia, los conspiradores apartaron al fiel Antonio y rodearon a César fingiendo que le iban a pedir favores. De pronto empezó el ataque y uno tras otro le clavaron sus dagas. Le apuñalaron más de 20 veces. César trató de defenderse y cuando supo que estaba perdido, se cubrió el rostro con su toga: no quería que nadie le viera signo de dolor alguno en ese último momento.

EL INDIGNO BRUTO

Entre los atacantes se encontraba Marco Junio Bruto, que había combatido con él en la Galia. Bruto era hijo de Servilia, una de las amantes de César y en Roma se rumoreaba que este era su padre. Lo cierto es que César le quería con locura y que siempre le protegió, e incluso le aupó en su carrera política. Ingrato, Bruto no supo apreciar el amor del dictador y prefirió conspirar contra él. La excusa era acabar con su dictadura y reinstaurar la república.

OCTAVIO, EL PRIMER EMPERADOR

Octavio (63 a. C.-14 d. C.) fue el primer emperador romano. Conocido como César Augusto, había sido adoptado por su tío abuelo Julio César. Un año después del asesinato del dictador conformó el Segundo

LA MÍTICA FUNDACIÓN DE ROMA

Según la leyenda, Roma fue fundada por Rómulo y Remo. Se trataba de dos nietos del rey Numitor, de Alba Longa, destronado por su hermano Amulio. El usurpador mató a todos los hijos varones de Numitor y obligó a su hija, Rea Silvia, a permanecer virgen, dedicada al culto de la diosa del hogar, Vesta. Sin embargo, el dios Marte se enamoró de ella y de esa relación nacieron los gemelos Rómulo y Remo. Para protegerlos, la madre depositó a los pequeños en una cesta en el río Tíber. Los niños sobrevivieron gracias a que la loba Luperca los amamantó. Cuando crecieron, regresaron a Alba Longa, mataron a Amulio y devolvieron el trono a Numitor. Los desacuerdos entre ambos hermanos por la fundación de una ciudad en el lugar donde les había encontrado la loba terminaron en el asesinato de Remo a manos de Rómulo. El escritor Marco Terencio Varrón sitúa la fundación de Roma en el 753 a. C.

Triunvirato junto con Marco Antonio y Marco Emilio Lépido. Pero la alianza entre estos tres hombres reventó en una guerra civil, que culminó con la victoria de Octavio sobre Marco Antonio y Cleopatra en la batalla naval de Accio (31 a. C.). Desde el año 27 a. C., el del comienzo del gobierno de Augusto, se instauró la denominada Paz Romana en los territorios interiores del imperio. Esta época de prosperidad se prolongó hasta la muerte del emperador Marco Aurelio en 180 d. C.

CRUZAR EL RUBICÓN

La expresión «cruzar el Rubicón» significa aventurarse valientemente a una empresa arriesgada. Su origen está en la decisión de Julio César de pasar el río Rubicón en su camino de las Galias a Italia. Era una ilegalidad cruzarlo acompañado de su ejército y sabía que si lo hacía se convertiría en enemigo de la república. «*Alea jacta est*!»; es decir, «la suerte está echada», dijo antes de pasarlo, según el historiador romano Suetonio. Entonces comenzó la Segunda Guerra Civil de la República de Roma (49 a. C.-45 a. C.), en la que se enfrentó y venció a la facción tradicionalista del Senado, encabezada por Pompeyo. Tras su victoria, se convirtió en dictador.

Marco Antonio y Cleopatra

Fueron los protagonistas del final de un imperio de varios milenios de existencia, que ha asombrado al mundo por su sabiduría y poderío. Y 2.000 años después de su desaparición, los misterios y riquezas del Antiguo Egipto siguen seduciéndonos.

Posiblemente Cleopatra se quedó absorta mirando el vaso que tenía en sus manos. La combinación que contenía era letal. No iba a permitir que el arrogante Octavio la humillara por las calles de Roma a ella, la reina de Egipto, Cleopatra VII. Había pensado en dejarse morder por una serpiente, pero la muerte por su veneno, dolorosa y lenta, le desfiguraría. Tenía que irse con dignidad. En esos últimos momentos, pensaría qué sería de sus hijos. El mayor, Cesarión, tenía que sucederla, o eso le habían prometido los romanos.

También recordaría al padre del niño, el grandísimo Julio César, al que había acompañado a Roma en un par de ocasiones, y tendría la tristeza de no haber podido ver una última vez a Marco Antonio, ese romano por quien había apostado y que había perdido la guerra frente a Octavio. Había errado en sus cálculos y su amante había sido derrotado. Pero Marco Antonio se había suicidado unos días antes. Con un gesto decidido Cleopatra bebería hasta la última gota y colocándose sobre su lecho se despediría de la vida.

LA ÚLTIMA REINA DE EGIPTO

Cleopatra VII (c. 69 a. C.-30 a. C.) llegó al trono egipcio tras muchas complicaciones familiares que incluyen algún que otro asesinato. Su hermano y esposo a la vez, Ptolomeo XIII, la había obligado a exiliarse en Siria y maniobró para hacerse con el favor de Julio César, pues por entonces Roma era dueña del Mediterráneo. Cuando César llegó a Alejandría, entonces capital de Egipto, Cleopatra se las ingenió para llegar hasta él sin que Ptolomeo lo supiera. Se dice que consiguió entrar

En la nave de Cleopatra, de Lawrence Alma-Tadema. 1883. Óleo sobre lienzo, 65,4 x 92,1 cm. Colección privada.

HISTORIA CONTEMPORÁNEA

HISTORIA MODERNA

EDAD MEDIA

HISTORIA ANTIGUA

PREHISTORIA

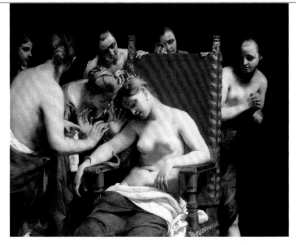

La muerte de Cleopatra, de Guido Cagnacci.1659. Óleo sobre lienzo, 153 x 168,5 cm. Kunsthistorisches Museum, Viena, Austria.

terminaron en una declaración de guerra a Egipto. La batalla naval de Accio el 2 de septiembre de 31 a. C. se saldó con la victoria de Octavio, quien se convertiría en el primer emperador romano. A Cleopatra y a Antonio solo les quedó el suicidio como salida.

en los aposentos de César envuelta en una alfombra y una vez delante del general romano, desplegó toda su astucia política y psicológica para deslumbrarle. Desde entonces, ya no se separaron y Cleopatra recuperó el trono. Se casaron para aunar en un único Estado a Roma y Egipto, pero los romanos nunca la quisieron como soberana. Tras el asesinato de Julio César (15 de marzo de 44 a. C.), ella regresó a Egipto y en Roma se instauró el Segundo Triunvirato en las personas de Marco Antonio, Octavio y Lépido. Pronto estalló una guerra civil.

Antonio solicitó apoyo a Cleopatra y se encontraron en Tarso (41 a. C.). Él se enamoró perdidamente de la reina, pero regresó a Roma a casarse con Octavia, la hermana de Octavio. Sin embargo, cuatro años más tarde regresó a Egipto y se casó con Cleopatra. A partir de entonces la enemistad con Octavio no tuvo vuelta atrás. La animadversión de los romanos hacia la reina egipcia y las acusaciones de traición contra Antonio

MÍTICAS PAREJAS DE GOBIERNO DEL ANTIGUO EGIPTO

Nefertiti y Akenatón. Gran esposa real de Akenatón (décimo faraón de la Dinastía XVIII), Nefertiti (c. 1370-1330 a. C.) es famosa por su legendaria belleza y por su protagonismo político, ya que llegó a ser corregente y reina-faraón por deseo de su esposo. Misteriosamente, su pista se pierde en el año 14 del reinado de Akenatón. Mientras algunos estudiosos creen que falleció, otros consideran que cambió de función y llegó a convertirse en faraón.

Ramsés II y Nefertari. Ramsés II, tercer faraón de la Dinastía XIX, reinó de 1279 a 1213 a. C., un largo periodo de 66 años, de los cuales durante 26 años contó con la inteligencia y actuación política de la hermosa Nefertari, la gran esposa real. Militar valiente y decidido, logró finalizar las viejas hostilidades con los hititas (Tratado de Qadesh, c. 1259 a. C.), para lo que la mediación de Nefertari fue clave. Entre las magníficas construcciones que a él le debemos destaca Abu Simbel (en Nubia), un gigantesco complejo de templos, entre los que dedicó uno a su amada esposa.

EL IMPERIO EGIPCIO

3000-2686 a. C.	2686-2160 a. C.	2160-2055 a. C.	2055-1650 a. C.	1650-1550 a. C.	1550-1069 a. C.	1069-664 a. C.	664-332 a. C.	332-30 a. C.
Periodo Temprano. I-II (III) Dinastías	Imperio Antiguo. (III) IV-VIII Dinastías	Primer Periodo Intermedio. IX-XI Dinastías	Imperio Medio. XI-XIV Dinastías	Segundo Periodo Intermedio. XV-XVII Dinastías	Imperio Nuevo. XVIII-XX Dinastías	Tercer Periodo Intermedio. XXI-XXV Dinastías	Época Tardía. XXVI Dinastía-2.° periodo persa	Época Ptolemaica. Macedonia-Dinastía Ptolemaica

HISTORIA CONTEMPORÁNEA

HISTORIA MODERNA

EDAD MEDIA

HISTORIA ANTIGUA

PREHISTORIA

El nacimiento de
Jesucristo

La aparición de Jesús de Nazaret en el Imperio Romano facilita la expansión de la nueva fe de los cristianos por todos sus territorios. La civilización occidental está profundamente marcada por este personaje y la nueva fe que impulsó: el Cristianismo. Por él se han llevado a cabo guerras y grandes gestas, así como fabulosas obras de arte, y hasta nuestro calendario depende de su llegada al mundo.

La noche santa, de Carlo Maratta. 1565. Óleo sobre lienzo, 75 x 99 cm. Gemäldegalerie, Dresde, Alemania.

Según el Evangelio de Mateo (2: 2-20), unos magos de Oriente llegaron a Jerusalén preguntando por el rey de los judíos, que acababa de nacer. Herodes pidió a los magos que cuando le encontraran, le dijeran dónde estaba porque él también quería adorarle. Los magos, sin embargo, regresaron a su tierra por otro camino. Entonces Herodes ordenó la muerte de todos los niños menores de dos años. Pero, según el Evangelio, Jesús se salvó porque un ángel advirtió a José de la amenaza y le dijo que se llevara al niño y a su madre a Egipto, donde se quedaron hasta que Herodes falleció (año 4 a. C.).

Adoración de los Reyes Magos, de Andrea Mantegna. Siglo XV. Témpera sobre madera, 54,5 x 71 cm. Paul Getty Museum, California, EE. UU.

DESACUERDO SOBRE LA EXISTENCIA HISTÓRICA DE JESÚS

Una mayoría de estudiosos creen que Jesús es un personaje histórico que vivió a principios del siglo I. Pero como no fue un gran político o militar, sino un predicador, no hay evidencias arqueológicas que confirmen su existencia. De ahí que haya una minoría de expertos que sostengan que se trata de un personaje legendario, irreal. Los primeros escritos que se refieren a Jesús de Nazaret se redactaron varios años después de su muerte. Entre ellos destacan sobre todo las Cartas de Pablo de Tarso y los Evangelios de Mateo, Marcos y Lucas. También se le menciona en textos del historiador Flavio Josefo.

LA HISTORIA DESPUÉS DE CRISTO

34 a. C.-4 a. C.	c. I a. C.	6 d. C.	29 d. C.	c. 34 d. C.	64 d. C.	c. 64/67 d. C.
Palestina, gobernada por Herodes el grande, es un Estado vasallo de Roma	Nace Jesús de Nazaret	Palestina se convierte en una provincia del Imperio Romano	Jesús es crucificado	Lapidación de san Esteban, el primer mártir cristiano	Gran incendio de Roma	San Pedro y san Pablo son ajusticiados. El emperador Nerón persigue a los cristianos

¿EL MESÍAS?

El Antiguo Testamento de los judíos profetiza la llegada del Mesías, el Hijo de Dios, descendiente del rey David y, por lo tanto, rey también, que les liberaría y daría paso a una época próspera para Israel. Los cristianos creen que Jesús de Nazaret (c. 7 a. C.-29 d. C.) es el esperado Mesías. En cambio, en los judíos, que se refieren a él como Ieshú, despierta sentimientos encontrados: para algunos es un sabio rabino, mientras que para otros es un hereje responsable de la división de la fe hebrea y de las persecuciones a las que les han sometido instituciones como la Inquisición. Los musulmanes, por su parte, creen que Jesús, al que llaman Isa, hijo de Maryam, es uno de los mensajeros de Alá. Curiosamente piensan que no fue crucificado, sino que ascendió directamente al cielo y Dios puso su apariencia física en otro hombre, que fue al que crucificaron.

LOS PRIMEROS CRISTIANOS

Eran judíos de distintas tendencias: unos procedían del judaísmo oficial, otros eran afines a los grupos más heterodoxos y algunos procedían de la diáspora que, en su peregrinar a Jerusalén, escuchaban a Jesucristo hablar y se convencían de que habían conocido al Mesías. Los cristianos de Jerusalén eran en su mayoría gente humilde y de ahí que el apóstol Pablo de Tarso organizase colectas para ayudarles entre los cristianos del exterior. Sin embargo, fuera de Jerusalén había cristianos con una posición económica más pudiente. En los primeros años, los grupos de cristianos eran pequeños, por lo que solían reunirse en las casas de sus integrantes. Muchos de ellos continuaron yendo al templo a orar, lo que aceleró los enfrentamientos con los judíos tradicionales.

La última oración de los mártires cristianos, de Jean-Léon Gérômee. 1883. Óleo sobre lienzo, 87,9 x 150,1 cm. Walters Art Museum, Maryland, EE. UU.

La Dirce cristiana, de Henryk Siemradzky. 1897. Óleo sobre lienzo, 263 x 530 cm. Museo Nacional de Varsovia, Polonia.

¡A LOS LEONES!

Hollywood ha colocado en nuestras mentes la imagen de los cristianos devorados por los leones en el circo romano. Pero la persecución de los cristianos no fue como nos la ha contado el cine. Empezó antes de que a los romanos les molestaran, cuando el *establishment* judío se sintió amenazado por un predicador de éxito. De hecho, el primer mártir, Esteban, fue lapidado (c. 34) por miembros del sanedrín, el gran consejo y tribunal judío, por blasfemo. Tras su muerte hubo nuevas persecuciones en las que participó el mismísimo san Pablo hasta que se convirtió. Luego, sí, vinieron algunas persecuciones romanas. Al parecer las inició Nerón, cuando culpó a los cristianos del gran incendio de Roma en el año 64. A partir de entonces, empezaron a ser vistos como rebeldes incitadores al levantamiento contra el Imperio o culpables de epidemias. Echarlos a las fieras del circo es anecdótico y solían y crucificarlos o quemarlos. Quizá la más famosa sea la persecución de Diocleciano –iniciada en 303– porque fue la última y la más dura.

313 d. C.	380 d. C.	2016 d. C.
El emperador Constantino I legaliza la religión cristiana	El emperador Teodosio hace del cristianismo la religión oficial del Imperio (Edicto de Tesalónica)	De los 7.000 millones de seres humanos existentes, más de 2.000 millones son cristianos

HISTORIA CONTEMPORÁNEA

HISTORIA MODERNA

EDAD MEDIA

HISTORIA ANTIGUA

PREHISTORIA

La caída del **Imperio Romano**

El poderoso Imperio Romano, dividido en dos, y aquejado de violencia, desgobierno y corrupción, se desplomó ante los vigorosos pueblos germánicos para colapsar definitivamente en 476 d. C. Los invasores se instalaron en sus tierras, adoptaron el latín como lengua y el Cristianismo como religión. Con su llegada dio comienzo la Edad Media.

Busto de Teodosio I.

Los bárbaros habían estado presionando a las puertas del Imperio Romano desde 376 d. C. En el año 410, los visigodos de Alarico entraron en Roma y la saquearon, lo que repitieron los vándalos de Genserico en 455. Sin embargo, el Imperio Romano de Occidente pudo resistir un poco más, hasta 476, cuando el líder de los hérulos, Odoacro, destituyó al último emperador occidental, Rómulo Augusto.

LOS PRIMEROS SÍNTOMAS

Anteriormente, los pueblos germánicos, empujados por los hunos, procedentes de las estepas asiáticas, habían

Los romanos de la decadencia, de Thomas Couture. 1847. Óleo sobre lienzo, 472 c 722 cm. Museo D'Orsay, París, Francia.

INVASIONES BÁRBARAS

Siglos II-IV	376	395	410	452	455	476	476-1000
Primeros desplazamientos	Los godos, presionados por los hunos, entran en el Imperio	A la muerte de Teodosio I se divide el Imperio Romano en dos: Oriente y Occidente	Los visigodos de Alarico saquean Roma	Atila, rey de los hunos, llega a las puertas de Roma	El vándalo Genserico saquea Roma	El hérulo Odoacro destituye al último emperador	Alta Edad Media

avanzado hacia las fronteras del Imperio Romano de Occidente y poco a poco habían ido instalándose en tierras del interior de las fronteras. El Imperio había entrado en decadencia desde el siglo III: las guerras civiles se sucedían, lo que golpeó duramente a la industria y el comercio. Además, los límites territoriales quedaron desprotegidos. Los ejércitos, mal pagados, estaban más empeñados en deponer emperadores para entronizar a uno de los suyos que en defender las fronteras y la legalidad. La división del Imperio en dos en el año 395 –Occidente para Flavio Honorio y Oriente para Arcadio, ambos hijos de Teodosio I– fue solo el preludio de lo que le esperaba al Imperio, que terminó despedazado entre diferentes pueblos.

COMIENZA LA EDAD MEDIA

La destrucción del Imperio Romano de Occidente marcó el inicio de un nuevo tiempo para Europa: la Edad Media. Este nuevo periodo se prolongó hasta el siglo XV, cuando acontecimientos tan singulares como la caída del Imperio bizantino (1453) y el descubrimiento de América (1492) dieron paso al Renacimiento. El Medievo siempre se ha considerado un momento oscuro e ignorante, plagado de guerras, invasiones y epidemias. Sin embargo, durante el mismo tuvieron lugar procesos claves para el estallido renacentista. Por ejemplo, el desarrollo de las ciudades y de la burguesía como nueva clase social o la recuperación de las vías romanas, base de las comunicaciones.

LA IGLESIA TOMA LAS RIENDAS

Gracias a la mediación del Papa, el líder vándalo Genserico, que había saqueado Roma en 452, se avino a no quemar la ciudad mi matar a sus habitantes. Desde ese momento, la Iglesia tomó las riendas del poder romano que hasta entonces habían detentado los emperadores.

ATILA, EL REY DE LOS HUNOS

Por donde pisaba su caballo no volvía a crecer la hierba, se decía. Era una referencia a Atila (c. 395 d. C.-453 d. C.), el rey de los hunos, una tribu de Asia que, en los tiempos de este legendario guerrero, conquistó un extenso imperio entre Europa Central y el mar Negro y del Danubio al Báltico. Sin embargo, como le había ocurrido al imperio de Alejandro, el de Atila se desmembró a la muerte de su líder. Los hunos de Atila sitiaron Constantinopla, invadieron los Balcanes y les faltó poco para hacerse con Roma. Combatían a caballo armados con arcos y lanzas y emigraban para conseguir pastos para sus monturas y los demás pueblos huían de sus tierras antes de que llegaran, por el temor que les infundían. En combate, Atila blandía una legendaria arma, la espada de Marte o espada de Dios, que se convirtió en todo un símbolo del poderío y fiereza de su dueño.

El encuentro de León Magno con Atila, de Rafael Sanzio. 1513-1514. Fresco. Museos Vaticanos, Roma, Italia.

¿POR QUÉ SE LLAMABAN BÁRBAROS?

En Roma se denominaba bárbaro a todo aquel que no era romano. El término «bárbaro» es una palabra de origen griego que se empleaba para referirse a los que no eran helenos, a quienes no entendían y cuya manera de hablar imitaban con la onomatopeya «bar-bar», una especie de balbuceo.

COMIENZA LA EDAD MEDIA

1000-1453   1492

Caída de   Baja Edad Media.
Bizancio   Descubrimiento
                      de América

América precolombina: mayas, aztecas e incas

El emperador Montezuma II en Cahapultepec, de Daniel del Valle. 1895. Óleo sobre lienzo.

El continente americano fue escenario del nacimiento de civilizaciones asombrosas comparables a las más brillantes de Oriente Medio y el Mediterráneo. Mayas, aztecas e incas fueron dueños y señores de aquellas tierras, en donde desarrollaron su propia ciencia, arquitectura y organizaciones sociales.

Hace miles de años, grupos de hombres, mujeres y niños emprendieron la marcha desde Siberia y atravesaron el denominado puente de Beringia, un territorio que durante la última glaciación (desde hace 100.000 años hasta hace 12.000) conectó las lejanas tierras siberianas con Alaska y parte del mar de Bering. Aquella andadura se prolongó durante generaciones y poco a poco fueron colonizando un nuevo mundo. Fue el descubrimiento humano de América.

LOS MAYAS

Desarrollaron una magnífica civilización de amplios conocimientos matemáticos y astronómicos, así como su propio sistema de escritura. Su historia se remonta a 2000 años a. C., pero fue en el llamado periodo clásico (250 d. C.-900 d. C.) cuando alcanzaron el máximo esplendor. Oriundos de América de Norte,

finalmente se establecieron en la península mexicana del Yucatán y en gran parte de Centroamérica. Tikal, Chichén Itzá y Palenque destacan entre sus numerosos centros urbanos.

Ciudades-Estado

Los mayas no formaron un imperio bajo el dominio de un señor, sino que se organizaron en Ciudades-Estado, cada una de las cuales controlaba un territorio. El jefe de estas ciudades, llamado *halach uinik*, gobernaba en nombre de los dioses y a su muerte le sucedía su hijo mayor. Un grupo de funcionarios recaudaba los impuestos, aplicaban la justicia y dirigían a los guerreros.

La complejidad del calendario maya

Sus conocimientos astronómicos y matemáticos, que les permitían incluso prever eclipses, les llevó a elaborar un calendario de 365 días (calendario Haab), que seguía el recorrido de la Tierra alrededor del Sol. Para las tareas agrícolas y las ceremonias religiosas empleaban otro calendario de 260 días (calendario Tzolkin).

CIVILIZACIONES AMERICANAS

c. 1500 a. C.-400 a. C.	2000 a. C.-900 d. C.	500 a. C.-1000 d. C.	1000 a. C.-650 d. C.	950 d. C.-1170 d. C.	1325 d. C.-1520 d. C.	c. 1200 d. C.-1533 d. C.
Olmecas Veracruz y Tabasco (México)	**Mayas** Guatemala, Belice, Honduras, El Salvador y sudeste de México	**Zapotecas** Oaxaca, Guerrero, Puebla y el istmo de Tehuantepec (México)	**Teotihuacán** Teotihuacán y San Martín de las Pirámides (México)	**Toltecas** Tlaxcala, Hidalgo, México, Morelos y Puebla (México)	**Aztecas** México, Veracruz, Puebla, Oaxaca, Guerrero, Chiapas, Hidalgo (estados mexicanos) y Guatemala	**Incas** Perú, Argentina, Bolivia, Chile, Colombia y Ecuador

Calendario
precolombino.

LOS AZTECAS

Texcoco que hoy se identifica con la capital mexicana, Ciudad de México. Al igual que los mayas, tenían una gran influencia cultural de los olmecas, de quienes heredaron el culto al Sol, a la Luna y sobre todo a Quetzalcóatl, la serpiente emplumada que los mayas denominan Kukulkán. Los aztecas armaron una confederación de distintas comunidades con las que compartían elementos religiosos, pero a las que exigían tributos y soldados.

Los más respetados

La capa social superior estaba constituida por los sacerdotes, a quienes les seguían los militares y los altos funcionarios. Los comerciantes también contaban con prestigio. Por encima de todos ellos estaba el soberano.

Sacrificios humanos

Los prisioneros de guerra podían ser sacrificados en ceremoniosos ritos religiosos. Según el franciscano español de siglo XVI Bernardino Sahagún, los sacrificadores pasaban la noche anterior al sacrificio junto a la víctima, a la que le cortaban un mechón de cabello para fabricar objetos mágicos. Al amanecer se conducía a la víctima al templo, se le descubría el pecho y se le extraía el corazón.

LOS INCAS

La última de las grandes civilizaciones precolombinas. Con centro en la ciudad de Cuzco, su economía se basaba en la agricultura, con un ingenioso sistema de terrazas de cultivo, en las que recolectaban maíz, yuca, patatas, frijoles, algodón, tabaco y hoja de coca. Su ganadería se fundamentaba en llamas y alpacas. Al máximo gobernante, el Inca, se le consideraba hijo del Sol. Él era quien organizaba a la población, mediaba entre lo humano y lo divino y declaraba la guerra o firmaba una alianza con otros pueblos.

Las comunicaciones

El mundo inca contaba con una buena red de comunicaciones gracias a la construcción de caminos a lo largo de todo su territorio con puentes fijos, colgantes y flotantes con los que salvaban los ríos y desfiladeros. La vía más destacada es el Camino del Rey (*Qhapac*

Ñan), de más de 5.000 km de longitud, que no solo se debe a los incas, sino también a los pueblos que los precedieron.

Machu Picchu

El poblado andino que se construyó en el siglo XV al sur de Perú a casi 2.500 m de altura (aunque hay pruebas de cultivos en el lugar desde el año 760 a. C.) fue una ciudad con fabulosos edificios. La guerra civil incaica de 1531-1532 y la llegada de los conquistadores españoles influyeron en el declinar de Machu Picchu, que fue despoblándose y ocultándose con la vegetación.

EL MAÍZ Y LAS PATATAS

Antes del año 6000 a. C., los nativos americanos ya cultivaban maíz, patatas y calabazas, un desarrollo fundamental para la aparición de las grandes civilizaciones americanas a partir de las primeros asentamientos urbanos. De ahí al nacimiento de ciudades más complejas, comparables a las de Mesopotamia y Egipto –por ejemplo, las peruanas Sechín Bajo (3500 a. C.-1500 a. C.) y Caral-Supe (3000 a. C.-1800 a. C.)– solo había un paso.

Cosechando
maíz.

Recolección de
patatas.

HISTORIA CONTEMPORÁNEA

HISTORIA MODERNA

EDAD MEDIA

HISTORIA ANTIGUA

PREHISTORIA

El Lejano Oriente:
China, India y Japón

China, India y Japón vivieron sus particulares desarrollos como civilizaciones. En el caso chino e indio ese florecimiento estuvo muy conectado con los cauces de grandes ríos, como ocurrió en el nacimiento de Mesopotamia y Egipto. Sus particularidades lingüísticas, sus tradiciones milenarias y sus creencias religiosas hacen que estas culturas brillen con luz propia.

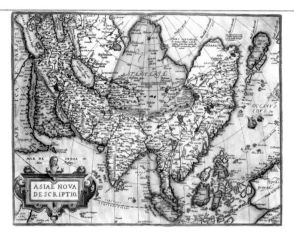

Mapa de Asia, de Ortelius.

CHINA

La cuenca del río Amarillo (Huang He) puede considerarse la cuna de la civilización china. Los restos arqueológicos allí encontrados atestiguan la presencia del ser humano desde la Prehistoria. Aquí también se hallan vestigios de la civilización han, el grupo étnico más numeroso de China y cuyas dinastías (Qin, Ming y Tang) se asocian a las etapas cultural y económicamente más brillantes.

Los primeros gobernantes de China

Se llamaban Fuxi, Shennong y Emperador Amarillo que, según la tradición oral, vivieron hace 6.000 años. Fuxi enseñó a los hombres a pescar, a cazar y a cocinar, creó la institución del matrimonio y ofreció los primeros sacrificios a la divinidad. A Shennong se le identifica con el conocimiento de la agricultura y el descubrimiento del té. Al Emperador Amarillo se le asocia con la medicina tradicional china. Los tres forman parte del grupo de los tres augustos y los cinco emperadores, que son los gobernantes de China anteriores a la primera dinastía Xia. Ellos fueron los inventores de las instituciones sociales y culturales chinas, así como de la escritura.

INDIA

El valle del Indo fue el lugar en el que se desarrollaron las primeras culturas de India hacia el año 6000 a. C., cuyo máximo esplendor tuvo lugar hacia 3300 a. C. en tierras que hoy pertenecen a Pakistán, Afganistán y norte de la India. Los desbordamientos del río, como ocurría con el Nilo en Egipto, fertilizaban grandes extensiones de terreno que propiciaban la agricultura y la aparición de centros urbanos. Según los estudiosos, en 2400 a. C., las orillas del Indo contaban con una civilización tan compleja y elevada como la de Mesopotamia.

Periodo védico

Se denomina así porque fueron los años (c. 1500 a. C.-500 a. C.) en los que se redactaron los *Vedas*, que son los cuatro textos más antiguos de la literatura india. Estos escritos contienen una revelación comunicada por Dios a los sabios. La palabra veda en sánscrito significa «conocimiento». El más antiguo de los cuatro se denomina *Rigveda*. El saber sobre los dioses lo tenían los *chatrías* (reyes y grandes guerreros) y los sacerdotes brahmanes.

CHINA

	ERA ANTIGUA					
ERA MITOLÓGICA	XXI a. C.-XVI a .C.	1766 a. C.-1046 a. C.	1050 a. C.-256 a. C.	722 a. C.-481 a. C.	Siglo V a. C.-221 a. C.	221 a. C.-1912 d. C.
Tres augustos y cinco emperadores	Dinastía Xia	Dinastía Shang	Dinastía Zhou	Periodo de las Primaveras y los Otoños	Periodo de los Reinos Combatientes	Era Imperial

Tablillas japonesas con escenas de lucha tradicionales.

JAPÓN

Los primeros hombres de Japón empezaron a fabricar vasijas de cerámica en el siglo XIV a. C., cuyos restos se han utilizado para calificar a esa época como periodo Jomon (hasta el año 300 a. C.) y diferenciarla del periodo Yayoi (300 a. C.-250 d. C.). Fue en este segundo periodo cuando comenzó el cultivo del arroz, base del desarrollo del archipiélago, procedente de China. De hecho, fue gracias a las migraciones desde el norte de Asia, China y Corea el modo en que se introdujeron tecnologías en el archipiélago. A la cultura Yayoi le siguió el periodo Yamato (250 d. C.-710 d. C.), durante el cual se produjo una organización social más centralizada bajo la figura de un emperador. El trono imperial japonés se conoce como «Trono del Crisantemo» y su primer emperador fue Jinmu Tenno, que gobernó entre 660 a. C. y 585 a. C. A partir del siglo VI entró en el archipiélago el budismo, lo que dio lugar a grandes cambios en la sociedad y el gobierno.

Los primeros samuráis

En el periodo Yamato la clase aristócrata la formaban guerreros a caballo, antepasados de los samuráis, la clase guerrera de élite que en el siglo XII se conocieron como samuráis. Aquellos primeros caballeros solían hacerse enterrar con sus armaduras y unas estatuillas que simulaban ser soldados y criados en unos túmulos llamados *kofun*. En 602, el príncipe Asuka lideró una expedición a Corea con un centenar de caciques, que a su vez iban acompañados de un pequeño ejército. Sus integrantes podrían compararse a la función bélica que los samuráis desarrollarían siglos después.

BUDA

Procedente de la segunda casta hindú, la *ksatriya*, integrada por nobles y guerreros), Buda (560 a. C.-483 a. C.) es el fundador de una religión que en la actualidad tiene alrededor de 250 millones de seguidores. Su predicación, que alentaba a emprender una nueva forma de vida, se centraba en el ascetismo y la renuncia a los bienes materiales para alcanzar un estado de perfección, el nirvana, en el que desaparece el sufrimiento. Esta filosofía fue difundida por Siddhartha Gautama (Buda) en el siglo VI a. C. y en el III a. C. ya era la religión predominante en India.

EL INVENTOR DE LOS CARACTERES CHINOS

Se atribuye a Cang Jie su invención, aunque no se le considera el único. Según la leyenda, el Emperador Amarillo necesitaba un método para almacenar información y le encargó crear un sistema de escritura. Mientras pensaba en ello, Cang Jie observó una huella de un animal y preguntó a un cazador a qué ser pertenecía. El cazador la identificó inmediatamente. Eso hizo pensar a Cang Jie que con un dibujo se podían plasmar las características de cada cosa que existía en el mundo. Y así comenzó a crear los caracteres.

Las revelaciones de
Mahoma

La predicación de Mahoma dio a luz la tercera de las religiones monoteístas, un acontecimiento que cambiaría la historia del mundo para siempre. Aquel joven árabe que en el siglo VII quiso dotar a los suyos de un único Dios, como ya tenían judíos y cristianos, inauguró una fe que hoy siguen 1.200 millones de seres humanos.

El ángel Gabriel comunica a Mahoma la revelación del Corán, en un manuscrito del siglo XIV en la ciudad persa de Tabriz.

Mahoma (569 d. C.-632 d. C.) era hijo póstumo de un mercader de La Meca (Arabia Saudí) y se quedó sin madre cuando contaba seis años. Por eso fue educado por su tío, Abu Talib, padre de Alí (con los años, Alí se casaría con Fátima, la hija del profeta). En sus viajes en caravanas a Siria y Palestina, Mahoma entró en contacto con comunidades cristianas y judías, que despreciaban a los árabes por considerarlos idólatras. Al parecer, Mahoma se obsesionó con la idea de dar a su pueblo un Dios verdadero al que adorar. Cuando tenía 40 años, Dios lo envió a predicar. Las primeras revelaciones se las hizo el arcángel Gabriel (para los musulmanes Yibril) mientras meditaba en el monte Hirab, a donde se retiraba con frecuencia. Una de las revelaciones le invitaba a sustituir el politeísmo por el culto a un único y verdadero Dios, Alá, y a prepararse para el juicio y la resurrección.

Los primeros miembros de su comunidad religiosa fueron familiares suyos. Sus predicaciones pronto tuvieron seguidores entre los más humildes, explotados por la aristocracia y los mercaderes que veneraban la piedra negra de la Kaaba, en La Meca (Arabia Saudí). Pronto los jefes de las tribus se volvieron hostiles a Mahoma: si predicaba contra el culto a la piedra negra, desaparecerían los peregrinos y con ellos su negocio. El año 622 se identifica con la hégira o emigración. Los seguidores de Mahoma, perseguidos, dejaron La Meca para establecerse en Medina, en donde se les unió el profeta, que desde entonces empezó a tener un papel de líder político y militar, además de espiritual. La falta de entendimiento con judíos y cristianos llevó a Mahoma a

una ruptura total de relaciones con dichas comunidades y a no considerarlos verdaderos creyentes. Murió en junio de 632. Atrás quedaban años de combates para extender la nueva fe por Oriente Medio.

LAS PRIMERAS ESCISIONES DEL ISLAM

A Mahoma le siguió como sucesor espiritual o califa, Abu Bakr, suegro del profeta, y a este le sucedieron Umar, Uthmán y Alí, primo y yerno del profeta. Sin embargo, parte de la comunidad de creyentes acusó a Alí de ser responsable de la muerte de su antecesor, Uthmán, entre ellos el gobernador sirio Muawiya. Así comenzó un duro enfrentamiento en el que ambos bandos estaban muy igualados. Entonces se decidió que un consejo arbitral designara al que debía ser el califa, que escogió a Muawiya. Sin embargo, Alí no aceptó el veredicto y siguió siendo califa en los territorios bajo su control. Así se produjo la escisión entre suníes (o seguidores de la Sunna, el sistema de comportamiento instituido por Mahoma) y chiíes, los guerrilleros de Alí. De estos últimos luego se escindieron los jariyíes (año 657), que reprochaban a Alí haber aceptado someterse al arbitraje.

AL-ÁNDALUS

En el año 711, tropas musulmanas cruzaron el estrecho de Gibraltar y comenzaron la conquista de la península Ibérica. En la batalla de Guadalete derrotaron al último rey visigodo, Rodrigo, y en tres años conquistaron casi toda la península, excepto algunas zonas montañosas del Cantábrico y el Pirineo. Y así nació Al-Ándalus como una nueva provincia del califato de Damasco, controlado por la dinastía Omeya. Poco después, hacia 722, don Pelayo, rey cristiano de Asturias, se alzó contra los musulmanes, a los que venció en Covadonga: acababa de comenzar la Reconquista que terminaría cuando el rey Boabdil entregó la ciudad de Granada a los Reyes Católicos.

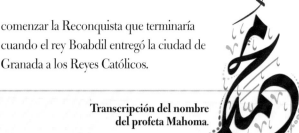

Transcripción del nombre del profeta Mahoma.

LOS CINCO PILARES DEL ISLAM

1. **La profesión de fe**: no hay más Dios que Alá y Mahoma es su profeta.
2. **La oración**: los musulmanes deben rezar cinco veces al día mirando hacia La Meca: al alba, a mediodía, por la tarde, durante la puesta de sol y por la noche.
3. **Limosna**: los creyentes deben dar limosna a los más humildes. Pueden hacerlo en dinero o en especie (por ejemplo, alimentos o ganado).
4. **Ayuno**: lo practican obligatoriamente en el mes de Ramadán desde la salida del Sol hasta el ocaso.
5. **Peregrinar a La Meca** al menos una vez en la vida siempre que se tenga salud y los medios económicos precisos.

La rendición de Granada, de Francisco Pradilla. 1882. Óleo sobre lienzo, 330 x 350 cm. Palacio del Senado, Madrid, España.

AL-ÁNDALUS

711	722	756	929	1031	1212	1238	1492
Se inicia la conquista musulmana de la península Ibérica	Rebelión de don Pelayo: comienza la Reconquista	Emirato de Córdoba	Abderramán III se proclama califa: comienza el Califato de Córdoba	División del Califato de Córdoba en 27 taifas	Batalla de las Navas de Tolosa: el avance cristiano se vuelve imparable	Fundación del reino nazarí de Granada	Capitulación de Granada: el rey Boabdil entrega la ciudad a los Reyes Católicos

Carlomagno, el
padre de Europa

Al rey de los francos se le reconoce como impulsor de la cultura y la enseñanza en el vasto territorio europeo que gobernó. Por eso el Premio Carlomagno, que galardona a quienes han destacado por su contribución al desarrollo de Europa y por sus servicios a la humanidad, lleva su nombre. Su increíble biografía sería digna de ocupar una exitosa serie de televisión.

Enfermo de pleuritis, Carlomagno, postrado en el lecho, seguramente recordaría el día en que nació su primogénito, Pipino. La política le había llevado a deshacerse de la madre del pequeño, Himiltruda, para casarse con la lombarda Desiderata con el fin de evitar una guerra con su hermano Carlomán, que estaba conspirando contra él con los lombardos. Su amado hijo Pipino era apodado «el Jorobado» por una deformidad de su columna que afeaba su porte, pero para Carlomagno era su sangre y aunque se había visto obligado a apartarle de la línea sucesoria, le tenía en la Corte, a su lado y no podía entender por qué Pipino se había unido a los nobles traidores que conspiron contra él. A pesar de la deslealtad, le faltó el valor para ejecutarlo con los demás conspiradores y dictó que se le confinara en un monasterio. El rey, a punto de morir, había prohibido a sus hijas que se casaran para evitar ramificaciones familiares que en el futuro litigaran por la corona. El 28 de enero de 814, Carlomagno dio su último aliento. Había cumplido 72 años de edad y 47 de reinado.

UN EMPERADOR RODEADO DE MISTERIOS

Todo lo que rodea a Carlomagno es misterioso. Se dan por ciertas varias fechas de su nacimiento (1 o 15 de abril de 742, 747 o 748), así como localidades natales (Herstal, Ingelheim, Aquisgrán...). También se duda sobre cuál fue su idioma materno y sobre la forma exacta en la que se pronunciaba su nombre (Karl, Carolus, Karel, Churl). Por lo menos sí se sabe algo de su aspecto físico: era alto y corpulento, tenía el cabello largo y blanco, y le gustaba llevar una capa azulada y una espada. Carlomagno era el primogénito de Pipino el Breve, el primer soberano de la dinastía carolingia, que

Carlomagno siendo coronado por León III en la Navidad del año 800.

EL REINADO DE CARLOMAGNO

771	774	775	778	796	800
Toma de los territorios de su difunto hermano Carlomán	Derrota al rey Desiderio y se convierte en rey de los lombardos	Inicia la campaña contra los sajones	Campaña en la península Ibérica	Conquista el territorio ávaro	Coronado emperador por el Papa León III

Miniatura de la derrota de Roncesvalles en el Cantar del Roldán. S. XI. Museo del Hermitage, San Petersburgo, Rusia.

llegó al trono tras un golpe de Estado contra Childerico III, el último rey merovingio. Pipino dividió el reino entre sus dos hijos varones, Carlomagno y Carlomán, cuyas tensas relaciones a punto estuvieron de terminar en guerra. Solo la muerte de Carlomán en 771 la evitó. De este modo, Carlomagno se quedó con todo el reino de su padre. Durante sus campañas militares sometió a lombardos, aquitanos, bretones, sajones, eslavos y ávaros.

RONCESVALLES

En 777 los gobernantes musulmanes de Huesca, Zaragoza, Gerona y Barcelona pidieron ayuda a Carlomagno frente al acoso al que les sometía el emir de Córdoba, Abderramán I. Al rey franco le pareció una oportunidad de ampliar territorios y al año siguiente envió a sus ejércitos a cruzar los Pirineos. Carlomagno llegó a tomar Pamplona y sitió Zaragoza. Sin embargo, algunos levantamientos en sus propias tierras le obligaron a retirarse, no sin antes saquear Pamplona. Fue entonces cuando tuvo lugar la batalla de Roncesvalles, cuando los vascones, al parecer como

venganza por lo ocurrido en Pamplona, atacaron la retaguardia de los francos. Allí murió el legendario Roldán, entre otras personalidades.

EL IMPERIO

En 795 fue elegido Papa León III en contra del parecer de la nobleza romana, que cuatro años después, organizó una emboscada para matarle. La conjura fracasó y León III se refugió junto a Carlomagno. El 24 de noviembre de 800, el Papa coronó a Carlomagno emperador de Roma.

LA MARCA HISPÁNICA

La conquista de la península Ibérica por los musulmanes en 711 puso sobre aviso a los carolingios de la potencia expansiva del islam. Y para impedir nuevos avances se organizó la llamada Marca Hispánica, una especie de cinturón de seguridad entre Pamplona y Barcelona integrado por diversos territorios a cuyo frente se designaron condes de probada eficiencia militar y lealtad. Con el tiempo, estos territorios reclamaron su independencia y algunos incluso mantuvieron alianzas con los vecinos musulmanes.

EL CABALLERO ROLDÁN

Era margrave de la Marca de Bretaña (el territorio fronterizo que servía como protección de Neustria de los ataques bretones) y uno de los comandantes de Carlomagno (quien posiblemente además fuera su tío). Su muerte a manos de los vascones el 15 de agosto de 778 en Roncesvalles se transformó en el mito de un caballero cristiano muerto a manos de los musulmanes. Así, Roldán es el protagonista de obras legendarias, entre ellas, el poema épico *Cantar de Roldán*, del siglo XI, y *Orlando*, de Virginia Woolf.

El emperador de Oriente, Miguel I, le reconoce como emperador de Occidente

Nombra sucesor a su hijo Luis el Piadoso

La era vikinga

Guerreros feroces y valientes, los vikingos aterrorizaron Europa durante más de tres siglos. Buscaban tesoros y esclavos, pero también nuevas tierras donde instalarse. Su conversión al cristianismo y su integración con otros pueblos terminó con más de tres siglos de incursiones y saqueos devastadores.

Ilustración del explorador vikingo Leif Erikson.

El asalto del 8 de junio de 793 al monasterio de Lindisfarne (hoy condado inglés de Northumberland) fue la carta de presentación vikinga en la historia europea. Hasta ese momento únicamente se tenía idea de la existencia de un pueblo feroz por las tierras del norte. A partir de aquella fecha los vikingos se convirtieron en una entidad aterradora que de tanto en tanto realizaban vandálicas incursiones en distintos puntos de Europa. Los vikingos mataron a muchos monjes de Lindisfarne, a otros los apresaron y los vendieron como esclavos, y robaron todos los objetos religiosos de oro y plata que encontraron.

NOTICIAS ANTERIORES

La *Crónica anglosajona* (que reúne historias sobre los anglosajones y la isla de Gran Bretaña desde 60 a. C.) recoge que unos años antes, en 789, habían llegado a las costas inglesas tres barcos normandos y

Maqueta de una nave vikinga estilo drakkar.

habían matado a un funcionario real. Sin embargo, apenas contiene más información. Se especula con que uno de los esclavos que se llevaron con ellos le explicaría a su amo dónde era posible encontrar oro: en las iglesias y monasterios.

¿QUIÉNES ERAN LOS VIKINGOS?

El término vikingo se refiere a los antiguos pueblos escandinavos de Noruega, Suecia y Dinamarca. De religión animista, pertenecían a la familia de los pueblos germanos tanto desde el punto de vista étnico como por su lengua y su cultura. Como los territorios que habitaban eran de geografía difícil, navegar se convirtió en su mejor medio de comunicación.

A AMÉRICA ANTES QUE COLÓN

Su pericia navegando llevó a los vikingos a surcar los mares con facilidad. Así, eran los amos del mar del Norte y se movían con relativa facilidad por el Atlántico. Los vikingos noruegos establecieron colonias en Islandia y Groenlandia, así como en un territorio que bautizaron como Vinlandia. Se trata de la isla de Terranova y algunas zonas del golfo de San

INCURSIONES VIKINGAS

793	799	844	845
Asalto al monasterio de Lindisfarne	Arribo a la costa bretona	Saqueo de Sevilla	Primer ataque a París

Escudo vikingo.

Lorenzo, en Canadá. El responsable de aquella primera colonia americana fue Leif Erikson, el segundo hijo de Erik el Rojo, que hacia el año 1000, pasó un invierno en aquella tierra que describió como rica en salmón y pastos. Poco antes, en 985, Erik el Rojo había fundado un asentamiento en Groenlandia.

INCURSIONES EN EL VIEJO CONTINENTE

Tras las primeras expediciones en Gran Bretaña los vikingos se aventuraron por otras tierras. Sus *drakkar*, naves de poco calado y gran maniobrabilidad, les permitían adentrarse por los ríos. En 799 llegaron a la Bretaña francesa e iniciaron sus batidas por el Loira. En 820 atacaron por el Sena y para 834 comenzaron sus incursiones en los Países Bajos. Al-Ándalus también tuvo que soportar saqueos vikingos, como los de Medina Sidonia, Cádiz y Sevilla, a donde llegaron remontando el Guadalquivir. Sin embargo, la respuesta del emir Abderramán II fue contundente: los vikingos, derrotados en la batalla de Tablada (11 de noviembre de 844), pusieron rumbo a las costas africanas. También conocieron las incursiones vikingas las costas del mar Negro y del mar Caspio.

EL FIN DE LA ERA VIKINGA

La conversión de los vikingos al cristianismo entre los siglos XI y XIII, a medida que iban creando asentamientos y entrando en contacto con la población de nuevos territorios, significó la integración de este pueblo en la cultura europea. Hasta tal punto esto fue así, que incluso hubo vikingos asentados en Francia; es decir, normandos que llegaron a ceñirse la corona, por ejemplo, del Reino de Jerusalén y de Inglaterra.

Ragnar Lodbrok.

HÉROES MÍTICOS

Ragnar Lodbrok. Rey de Suecia y Dinamarca, se consideraba a sí mismo descendiente del dios Odín. Ragnar (755-865) es el nombre de una figura legendaria que aparece como protagonista de multitud de hechos históricos que algunos estudiosos vinculan con distintos líderes. Una de sus hazañas más famosas fue su participación en el asedio de París del 28 de marzo de 845.

Erik el Rojo. Se llamaba Erik Thorvaldsson (c. 950-1003). A él se atribuye la colonización de Groenlandia. Había tenido que salir de Islandia exiliado porque se había visto envuelto en disputas con rivales de su familia que terminaron en venganza y muerte. El asentamiento que fundó Erik y que fue poblando con colonos llegó a tener unos 3.000 habitantes. Sin embargo, la denominada Pequeña Edad de Hielo (1550-1850) dificultó tanto las condiciones de vida que el lugar entró en declive.

Canuto el Grande. Al rey de Inglaterra, Dinamarca y Noruega, Canuto II, llamado el Grande (995-1035), se le atribuye una anécdota para tapar las bocas de sus aduladores, que le decían que él era el señor del sol, el mar y las estrellas. El soberano, enfadado por tanta alabanza, pidió que pusieran su trono de madera en la orilla de una playa y ordenó al mar que no se le acercara. Pero las olas le mojaron repetidamente y Canuto aprovechó para dar a su Corte una lección de humildad.

853	863	866	1014[1], 1100[2]
Control de Irlanda	Toma de Kiev	Conquista de parte de Inglaterra	[1] Canuto II se proclama rey de Inglaterra. [2] Suecia se convierte al cristianismo

HISTORIA CONTEMPORÁNEA

HISTORIA MODERNA

EDAD MEDIA

HISTORIA ANTIGUA

PREHISTORIA

Ricardo Corazón de León

Caballero medieval, cristiano y cruzado, Ricardo I de Inglaterra, Corazón de León, es el producto de una Europa medieval que iba cada poco a la guerra por capricho de sus señores, dispuestos a blandir la espada por la fe cristiana, el honor y... La ambición.

Ricardo I de Inglaterra.

Ricardo Corazón de León (1157-1199), rey de Inglaterra, duque de Aquitania y Normandía y conde de Anjou, era el prototipo del caballero medieval: buen guerrero y hombre generoso y galante. Hombre de fiestas y torneos, le gustaba la música y componía algo de poesía. El físico, además, le acompañaba: medía más de 1,90 m, tenía el cabello y los ojos claros, y la piel blanca y como todo héroe que se precie, su vida estuvo llena de aventuras que han nutrido novelas y películas.

Ricardo I y Felipe II de Francia discuten en Mesina.
Siglo XIV. Les Chroniques de France ou de St-Denis.

LAS GRANDES CRUZADAS

LA GUERRA SANTA

Cuando a Ricardo le llegaron noticias de que el musulmán Saladino había conquistado Jerusalén (1187), acordó con Felipe II de Francia vestirse la cota de malla y partir a luchar en una cruzada. Era la tercera vez que los cristianos organizaban ejércitos para recuperar Tierra Santa del Islam. En realidad, fueron juntos porque era más seguro que ninguno de los dos se quedara en Europa por si se le ocurría robarle tierras al otro. Ricardo y Felipe tomaron Acre en julio de 1191 con la ayuda de Leopoldo V de Austria, vasallo del Sacro Imperio Romano Germánico. Sin embargo, en seguida empezaron las disputas de Ricardo con Felipe y con Leopoldo. Estos últimos decidieron marcharse y dejaron a Ricardo solo en la cruzada.

TABLAS

Después de meses de enfrentamiento, Ricardo y Saladino se dieron cuenta de que a ninguno de los dos le iba a ser fácil vencer, y el 2 de septiembre de 1192 llegaron a un acuerdo: una tregua de tres años y el libre y seguro acceso de los peregrinos cristianos a Jerusalén. En realidad, Ricardo tenía prisa por volver a Europa. En su ausencia, su hermano Juan y Felipe II de Francia conspiraban en su contra y tenía que recuperar su trono.

1095	1145	1031	1199
Primera Cruzada Urbano II llama a que los cristianos inicien una guerra santa para proteger a los reinos cristianos de Oriente y a los peregrinos que iban a Jerusalén	**Segunda Cruzada** Eugenio III llama a defender los Estados cruzados de Oriente	**Tercera Cruzada o Cruzada de los Reyes** Gregorio VIII convoca una cruzada tras la conquista de Jerusalén por Saladino. En esta fue en la que participó Ricardo Corazón de León	**Cuarta Cruzada** Inocencio III pide una nueva ofensiva para reconquistar Tierra Santa

EN PRISIÓN

En su viaje de regreso, Ricardo fue apresado por Leopoldo V de Austria (diciembre de 1192), quien lo entregó cautivo al emperador Enrique VI de Alemania. Este lo mantuvo cautivo hasta febrero de 1194 en el castillo de Dürnstein y solo lo liberó cuando recibió un suculento rescate que con muchos esfuerzos había logrado reunir su madre, Leonor de Aquitania. Por su parte, su hermano Juan Sin Tierra y Felipe II de Francia llegaron a ofrecer al emperador un suculento soborno para que mantuviera a Ricardo encarcelado.

REGRESO A CASA

Al volver de su cautiverio, Ricardo se coronó por segunda vez rey de Inglaterra. Al parecer, además, perdonó a su hermano Juan Sin Tierra y le nombró su heredero (1194), lo que dio lugar a posteriores disputas porque tres años antes Ricardo había escogido para sucederle a su sobrino Arturo. Poco después partió hacia tierras francesas, donde prosiguió con sus enfrentamientos con Felipe II.

SALADINO

Sultán de Egipto y Siria, y fundador de la Dinastía Ayubí, Saladino (1138-1193) fue uno de los más grandes gobernantes del mundo musulmán. Nacido en una familia kurda, se convirtió en una figura temible para los cruzados cuando les derrotó en la batalla de Hattin (1187) y ocupó Jerusalén, lo que desencadenó la Tercera Cruzada. La tregua que pactó con Ricardo Corazón de León en 1192 puso fin a aquella cruzada. Saladino entró en la leyenda como hombre generoso, sabio y caballeroso. Los cristianos aseguraban que trataba con honor a sus prisioneros, a los que de todas maneras obligaba a una convertirse al Islam si querían conservar sus vidas.

LEONOR DE AQUITANIA

Leonor de Aquitania (1122-1204) se casó en 1137 con Luis VII de Francia, al que se empeñó en acompañar a la Segunda Cruzada, ya que ella era duquesa de Aquitania y quería participar en la guerra santa como hacían otros grandes señores feudales. Aquel viaje sentó mal al matrimonio y la pareja se distanció hasta que lograron la anulación de su boda en marzo de 1152. Habían tenido dos hijas durante su matrimonio. En mayo de ese mismo año, Leonor se casó con Enrique II de Inglaterra, y fruto de este segundo matrimonio, nacieron ocho hijos, entre ellos Ricardo Corazón de León y Juan Sin Tierra. Leonor alentó a tres de sus hijos a rebelarse contra el rey, por lo que Enrique II ordenó encarcelarla, y no fue liberada hasta la muerte del soberano. Hasta sus últimos días mantuvo una intensa actividad política. Por ejemplo, en 1200 hizo todo lo que estuvo en su mano para que una de sus nietas, Blanca de Castilla, se convirtiera en la esposa del que luego sería Luis VIII de Francia.

HISTORIA CONTEMPORÁNEA

HISTORIA MODERNA

EDAD MEDIA

HISTORIA ANTIGUA

PREHISTORIA

Gengis Kan, creador del Imperio Mongol

Carisma, inteligencia, lealtad y disciplina fueron las cualidades del hombre que en 20 años reunió un imperio semejante al que los romanos levantaron en cuatro siglos. Pero, además de buen militar, Gengis Kan fue un gran gobernante. Así, quiso unir bajo las mismas leyes a todos los habitantes de su territorio y supo reservar un trato especial para médicos y maestros.

DE HUÉRFANO INDEFENSO A PODEROSO EMPERADOR

Temujín (1162-1227) era el nombre original de Gengis Kan, líder máximo de la gran confederación de tribus mongolas en el siglo XIII. Temujín había perdido a su padre cuando aún era pequeño, y él y su familia pasaron grandes dificultades por la hostilidad de los otros clanes rivales. Fue durante sus correrías juveniles cuando comenzó a rodearse de fieles compañeros que le acompañarían en su aventura conquistadora.

Poco a poco fue imponiéndose entre las demás tribus y por fin, en 1206, la asamblea de clanes (*juriltai*) le nombró gran kan, momento en que tomó el nombre de Gengis Kan. Entonces los mongoles se fijaron un objetivo común: China. Al final, el territorio que llegó a conquistar Gengis Kan abarcaba de Europa Oriental al Pacífico y desde Siberia hasta Mesopotamia e Indochina.

EL TERROR COMO ARMA DE GUERRA

El miedo era la herramienta que Gengis Kan aplicaba sobre los territorios que iba conquistando. Antes de atacar una localidad, planteaba a sus habitantes la posibilidad de rendirse y de que le pagaran un tributo, a cambio de lo cual les respetaría la vida. Pero si la comunidad se resistía, los mongoles se comportaban cruelmente y, además, se aseguraban de que quedaran supervivientes que pudieran relatar a qué se exponían quienes decidieran presentarles batalla. Matar al mayor número de personas de una población sometida era la manera de asegurarse de que no

DESPUÉS DE GENGIS KAN

1227	1230	1241	1256
Muere Gengis Kan. Sus sucesores, comandados por su hijo Ogodei, continúan la expansión hacia Persia	Invasión de Rusia	Tras derrotar a polacos, alemanes y húngaros los ejércitos mongoles vuelven a Mongolia para elegir al sucesor de Ogodei	Hugalu, nieto de Gengis Kan, conquista del califato abasida de Bagdad y ocupa Siria y Palestina

tuvieran posibilidad alguna de organizar una resistencia. Los mongoles no pretendían conquistar territorios cuyos pobladores trabajaran para ellos. Por tanto, que el número de habitantes de un lugar disminuyera dramáticamente no les quitaba el sueño.

GRANDES LOGROS

Para asegurar la convivencia entre los distintos pueblos del imperio, Gengis Kan creó una ley denominada *Yasa*. Redactada en rollos de pergamino, recogía preceptos como la prohibición de robar ganado, secuestrar mujeres

Batalla de Legnica, de Jan Matejko. Ilustra la invasión mongola de Europa.

o saquear sin permiso. En 1209 la ciudad de Turfán (China) accedió a someterse a los mongoles. Como Gengis Kan acostumbraba a hacer en estos casos, perdonó la vida a sus habitantes, uigures, que empezaron a trabajar para los mongoles y, entre otras tareas, se dedicaron a enseñarles a leer y escribir. Por otra parte, en sus dominios comenzaron a realizarse censos y se crearon escuelas de Medicina con sabios chinos y persas. Asimismo, se eximió de impuestos a los médicos, maestros y sacerdotes.

Conquista de Bagdad por los mongoles en 1258, de Rashid-ad-Din Gami. Siglo XIV. Acuarela y oro, 37 x 29 cm. Staatsbibliothek, Berlín, Alemania.

1279
Toma de China y reunificación de su gobierno bajo el gobierno de los mongoles

1304
Los kanatos (reinos) mongoles aceptan la supremacía de los emperadores chinos de la dinastía Yuan. El fin del imperio mongol es irreversible.

REY DE REYES

Kan es el término que los mongoles utilizaban para referirse a un gobernante, la persona que dirige un kanato, una especie de reino o principado. En cambio, gran kan es el título que daban al rey de reyes (un kan de kanes). Gengis Kan fue uno de estos últimos, al igual que su nieto Kublai Kan.

HISTORIA CONTEMPORÁNEA · HISTORIA MODERNA · EDAD MEDIA · HISTORIA ANTIGUA · PREHISTORIA

La ruta de la seda

La seda china fue la impulsora de una red de vías comerciales que comenzó a tejerse en el siglo II a. C. y terminó conectando China con Europa a través de Mongolia, India, Persia, Arabia, Siria, Turquía y África. Pero además de la seda y otros valiosos productos, por la mítica ruta comercial circulaban la cultura, la ciencia, los avances técnicos y la religión.

La expresión ruta de la seda es relativamente reciente, pues se le ocurrió al geógrafo y geólogo alemán Ferdinand Freiherr von Richthofen, que la utilizó en su obra *Viajes y nuevas aproximaciones a la ruta de la seda*, de 1877, para referirse a los caminos comerciales que durante siglos habían conectado Europa con Asia. Sin embargo, la ruta de la seda pudo inaugurarse oficialmente, por así decirlo, en el siglo II a. C., cuando el rey parto Mitríades II recibió una delegación del emperador chino Wu de Han. De todos los fabulosos objetos que llegaron de Oriente, la seda causó sensación. Y cuando los intercambios comerciales llevaron este producto a Roma, los patricios quedaron boquiabiertos.

LOS SECRETOS DE LA SEDA

La seda fue durante siglos un tejido exclusivo de la familia imperial china y los altos dignatarios. El castigo para quien revelara el secreto de su fabricación era la pena capital. Y es que la seda era tan apreciada que incluso se utilizó como patrón monetario y como regalo de los emperadores chinos a sus vasallos y a los pueblos vecinos. No se sabe a ciencia cierta cómo comenzó la increíble historia de la fabricación de la seda. Según una leyenda, fue la esposa del emperador Huangdi (que reinó de 2698 a 2598 a. C.) la que descubrió cómo fabricar este tejido. Al parecer, un día cayó en su taza de té un capullo de gusano de seda y al intentar retirarlo, se empezó a deshilar. Admirada por la suavidad y resistencia de los filamentos que extrajo, se le ocurrió unir varios de ellos hasta lograr un hilo del suficiente grosor como para poder tejer con él.

EL RECORRIDO DE LAS CARAVANAS

A partir del siglo II a. C. las caravanas de mercaderes empezaron a trazar las vías de la ruta de la seda. Salían de China, bordeaban el desierto de Taklamakán por el norte o por el sur. Las que iban por el norte pasaban la cordillera del Pamir mientras que las que iban por el sur atravesaban por Yunan, Birmania e India. Un año después de partir, las caravanas alcanzaban Antioquía (Turquía). Las caravanas solían estar compuestas por entre 100 y 500 personas, que se movían gracias a los camellos y yaks, cada uno de ellos cargado con 140 kg de mercancía.

MÁS QUE COMERCIO

Las distintas vías de la ruta de la seda sirvieron, no solo para el intercambio de productos, sino también de inventos, avances científicos, costumbres culturales y contactos políticos. Asimismo, las distintas creencias las emplearon para expandirse. Por ejemplo, gracias a la ruta de la seda, el budismo alcanzó India, el Sudeste asiático, Asia central y China, el cristianismo nestoriano se extendió por Turquestán, Mongolia, Tíbet, China e

DECADENCIA DEL IMPERIO MONGOL

1513	1557
Los portugueses iniciaron su aventura en el océano Índico y en 1513 colocaron el primer barco mercante en la costa china	Años después, en 1557, el imperio chino permitió a los portugueses establecerse en la ciudad de Macao a cambio del pago de una especie de alquiler y algunas tasas

India, y el maniqueísmo se difundió desde el Imperio romano hasta la mismísima China. A partir del siglo VII fue el Islam quien que aprovechó este sistema de comunicaciones para propagarse.

EL ASOMBROSO VIAJE DE MARCO POLO A CHINA

Durante la Baja Edad Media, la República de Venecia era una potencia económica y comercial del Mediterráneo. Sus comerciantes recorrían la ruta de la seda, donde compraban productos que no había en Europa, como especias y seda, y regresaban para venderlos en el Viejo Continente. Sin embargo, las tierras más lejanas que los europeos habían llegado a conocer, estaban en Oriente Medio, por lo que para comerciar solían tratar con árabes y persas. Precisamente, Marco Polo (1254-1324) pertenecía a una familia de mercaderes venecianos. Tenía 15 años cuando comenzó a viajar con su padre y con él llegó dos años después hasta la Corte del emperador mongol Kublai Kan (1215-1294), nieto de Gengis Kan. Según relata el propio Polo, conectó tanto con el soberano

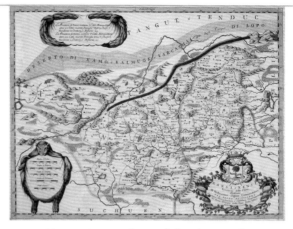

Mapa antiguo con la ruta de la seda marcada en rojo.

mongol, que le hizo consejero y emisario. Al menos eso es lo que él dejó escrito en su libro *Il Millione* (también conocido como *Los viajes de Marco Polo o Libro de las maravillas*), en donde recoge sus peripecias en aquellas lejanas tierras orientales y lo que en ellas vio. Sin embargo, ni siquiera hoy se sabe qué parte de ese relato es real y qué parte es simple imaginación del mítico viajero.

La desmembración del Imperio mongol fue un acicate para la exploración europea de nuevas rutas comerciales que conectasen con China

1519 1522

Ese afán por abrir vías marítimas que sustituyesen a la ruta de la seda fue la que impulsó la aventura de Cristóbal Colón que, aunque dio con un nuevo continente, buscaba alcanzar Asia, y la expedición de Fernando de Magallanes y Juan Sebastián Elcano (1519-1522), que fue la primera en dar la vuelta al mundo

SAMARCANDA

Esta mítica ciudad uzbeka de 2.700 años de antigüedad debe su prosperidad a su estratégica ubicación en la ruta de la seda. En el siglo VIII albergó la primera fábrica de papel en el mundo musulmán, cuya fórmula llegó después a Europa. En 1220 Samarcanda cayó en manos del emperador mongol Gengis Kan y en 1370, el conquistador y político turco-mongol Tamerlán (c. 1336-1405) la convirtió en capital de su imperio. En 1499 pasó a estar controlada por los uzbekos y llegó a ser la capital de la República Socialista Soviética de Uzberkistán desde 1925 hasta 1930.

HISTORIA CONTEMPORÁNEA

HISTORIA MODERNA

EDAD MEDIA

HISTORIA ANTIGUA

PREHISTORIA

La Inquisición

Para preservar la fe católica, la Iglesia creó tribunales que perseguían las desviaciones de la ortodoxia. Sus objetivos fundamentales fueron los herejes, los judeoconversos sospechosos de practicar su antigua fe y las brujas, dependiendo del país y de la época.

Durante la Edad Media se extendieron por Europa diferentes movimientos religiosos, como el de los cátaros o la valdense, que Roma consideraba heréticos porque cuestionaban el monopolio de la Iglesia sobre la predicación de la verdad cristiana, entre otras razones. En un primer momento, fueron los obispos los encargados de perseguir a los herejes y se establecieron tribunales por toda la cristiandad. Pero la descoordinación de la lucha contra la herejía llevó finalmente al Papa Gregorio IX a dictar en 1231 la bula *Excommunicamus*, por la que los inquisidores quedaban sometidos a la autoridad del pontífice. Dominicos y franciscanos fueron las órdenes preferidas para seleccionar inquisidores por sus conocimientos teológicos y su rechazo de los bienes materiales. Dependientes directamente del Papa, las autoridades eclesiásticas locales no tenían autoridad sobre ellos.

LOS PERSEGUIDOS

Durante los primeros años, la Inquisición solo perseguía a presuntos herejes. Pero a partir del siglo XV comenzó a poner en su punto de mira a los sospechosos de brujería, personas que habrían renunciado al cristianismo y adorarían al diablo. En realidad, los

Retrato de Fray Tomás de Torquemada, inquisidor general de Castilla.

tribunales civiles llevaban persiguiendo a las brujas desde mucho antes y fueron mucho más duros que los eclesiásticos en esta cuestión. Posteriormente, también fueron objetivo de los inquisidores fundamentalmente los conversos musulmanes y en mayor medida los conversos judíos, de los que se sospechaba que seguían practicando a escondidas su religión de origen.

EL PROCESO

- **La denuncia:** era obligatorio denunciar a los sospechosos de herejía y brujería bajo pena de excomunión. El denunciante estaba considerado un testigo protegido, por lo que el denunciado no sabía quién había hablado en su contra ni de qué se le acusaba con exactitud.
- **Periodo de gracia:** al sospechoso se le concedían 30 o 40 días para confesar voluntariamente su delitos.

HISTORIA DE LA INQUISICIÓN

1184	1249	1478	1520	1536	1542	1821
Primeros pasos de la Inquisición episcopal contra la herejía	Se instaura la Inquisición en el reino de Aragón	Aparece la Inquisición española para combatir las prácticas judaizantes de los judeoconversos	Primeros procesos de la Inquisición de México contra blasfemos e idólatras	Empieza a funcionar la Inquisición portuguesa	Instauración de la Inquisición romana o Congregación del Santo Oficio para combatir el protestantismo	Fin de la Inquisición española y portuguesa

Este margen de tiempo, sin embargo, quedó suprimido en 1500.

- **Interrogatorio:** el sospechoso declaraba ante un jurado y si negaba las acusaciones, podía ser presionado por distintos medios, como la prolongación de la prisión o la tortura.
- **El proceso acababa con la absolución del acusado o una condena,** que podía quedar en una simple multa, la obligación de llevar un sambenito o la ejecución a manos de la justicia ordinaria.

LA INQUISICIÓN ESPAÑOLA

En 1249 se implantó la Inquisición en Aragón y cuando este reino se unió al de Castilla, los Reyes Católicos la extendieron a todo el territorio español (1478) y a las colonias americanas. La Inquisición española estuvo activa hasta 1821 y dio pie a una leyenda negra que durante siglos ensombreció la fama del país.

EL TEMIBLE TORQUEMADA

Tomás de Torquemada (1420-1498), inquisidor general español, fue un dominico castellano confesor de Isabel la Católica que llevó a cabo una dura persecución de los judeoconversos. Su nombre se identifica con los métodos crueles al servicio del fanatismo católico. Promovió la destrucción de las bibliotecas judías y musulmanas y durante su mandato la Inquisición llevó a la hoguera a centenares de personas.

Torquemada tenía fama de persona austera, de vestir con sencillez y no comer carne, pero al mismo tiempo se le acusa de acumular una gran fortuna procedente de los bienes incautados a los herejes, que invirtió en ampliar y construir monasterios.

LA CAZA DE BRUJAS

Las persecuciones contra los sospechosos de brujería comenzaron como fenómeno social y la Iglesia lo que en realidad hizo fue apuntarse a una corriente popular. Hubo que esperar a 1484 para que Inocencio VIII hiciera oficial la existencia de la brujería. Hasta ese momento, creer en brujas había sido una herejía. Más adelante, en 1487, se publicó en Alemania el *Malleus Maleficarum*, un tratado sobre brujería que se difundió por Europa, alimentó la histeria colectiva por este fenómeno y se convirtió en el manual de cabecera de inquisidores, sacerdotes católicos, protestantes y jueces ordinarios. Esta obra explica que las mujeres, consideradas mentalmente inferiores a los hombres, son más propensas a pactar con el diablo; cómo son los hechizos y cómo prevenirlos y remediarlos; y cómo detectar, enjuiciar y destruir a las brujas.

Una escena de la Inquisición, de Víctor Manzano y Mejorada. 1859. Óleo sobre lienzo, 52 x 34 cm. Museo del Prado, Madrid, España.

ILUSTRES VÍCTIMAS DE LA INQUISICIÓN

Juana de Arco (1412-1431). Heroína, militar y santa francesa, fue quemada en la hoguera acusada de herejía.

Giordano Bruno (1548-1600). Dominico y sabio italiano, condenado a morir en la hoguera por desviarse de la doctrina religiosa.

Galileo Galilei (1564-1642). Fue un sabio italiano que se vio obligado por la Inquisición a declarar que su teoría de que el Sol era el centro de todo, y no la Tierra, en realidad solo era una hipótesis. Aun así, fue condenado a prisión domiciliaria por hereje.

HISTORIA CONTEMPORÁNEA

HISTORIA MODERNA

EDAD MEDIA

HISTORIA ANTIGUA

PREHISTORIA

La peste

Una terrible enfermedad que mataba ricos y pobres se instaló en Europa en 1348. Era la peste bubónica, que ya se había cobrado la vida de miles de personas a lo largo de la historia, pero en el siglo XIV se convirtió en una terrorífica epidemia.

El origen de las oleadas de peste generalmente se situaba en ciudades portuarias y desde ellas alcanzaban localidades del interior muy alejadas del foco de origen. El miedo a la enfermedad empujaba a la población a huir hacia el campo, movimiento migratorio que contribuía a que la enfermedad llegara hasta los rincones más recónditos. Las consecuencias económicas de la peste eran brutales: a la dramática pérdida de población se unía la paralización absoluta de toda actividad económica derivada del pánico y la falta de mano de obra que el contagio provocaba.

LA GRAN PESTE DEL SIGLO XIV
La gran peste del siglo XIV se llevó por delante entre el 30% y el 40% de la población europea entre 1348 y 1349. La epidemia comenzó en Asia. De ahí se extendió por el sur de Rusia y llegó a la península de Crimea, desde donde se embarcó rumbo a Constantinopla. De esta mítica ciudad la peste pasó a Tracia y Macedonia y de ahí saltó a través de Grecia a Italia, Egipto y norte de África. Solo en 1348 Venecia perdió dos tercios de su población a causa de la epidemia y en Florencia fallecieron por el mismo motivo más de 100.000 personas. Por esas mismas fechas la epidemia alcanzó Alemania, Francia, Aragón (cada día fallecían 300 personas a causa de la epidemia) e Inglaterra. Y desde esos territorios se propagó a todo el continente. Llamaron poderosamente la atención dos muertes reales: el rey castellano Alfonso XI el Justiciero (1350) y la reina de Navarra Juana II (1349).

SÍNTOMAS Y ORIGEN
El escritor y humanista italiano Giovanni Boccaccio describió en su *Decamerón* –redactado entre 1349 y

1351– la manifestación en el cuerpo humano de la peste: «... En su comienzo nacían a los varones y a las hembras semejantemente en las ingles o bajo las axilas ciertas hinchazones que algunas crecían hasta el tamaño de una manzana y otras de un huevo, y algunas más y algunas menos, que era llamadas bubas por el pueblo. Y de las dos dichas partes del cuerpo en poco espacio de tiempo empezó la pestífera buba a extenderse a cualquiera de sus partes indiferentemente...». Y es que la peste es el hilo de conexión de esta obra de cien cuentos que relata un grupo de jóvenes que se refugian

GRANDES BROTES

Siglos VII y VIII	1097	1629-1631
Brotes severos en territorios mediterráneos y en las islas Británicas	Durante las cruzadas, 100.000 muertos en Antioquía	Epidemias de Italia: Lombardía y Véneto, 300.000 muertes

de la enfermedad a las afueras de Florencia. La peste bubónica también se llama peste negra o muerte negra porque los afectados suelen sufrir hemorragias internas, trombosis y necrosis, como describe muy bien el propio Boccaccio: «... E inmediatamente comenzó la calidad de la dicha enfermedad a cambiarse en manchas negras o lívidas que aparecían a muchos en los brazos y por los muslos...». El agente transmisor de la enterobacteria causante de la peste, la *Yersinia pestis*, es la pulga de la rata, cuya picadura la introduce en el cuerpo humano. Esta bacteria aprovecha el torrente sanguíneo para

desplazarse hasta los nódulos linfáticos, que se inflaman (los famosos bubones) hasta que estallan y entonces la infección se generaliza.

CONSECUENCIAS SOCIALES

El miedo fue el gran triunfador de la plaga, y con él las reacciones extremas de la población. Hubo persecuciones a los judíos, a quienes se acusaba de haber envenenado el agua por pura maldad, a pesar de ser ellos mismos víctimas de la enfermedad. Desde los púlpitos, en cambio, se aseguraba que se trataba de un castigo divino a los pecadores. Algunos tratadistas medievales creían que la epidemia tenía causas astrológicas, otros pensaban que se originaba por la acumulación de materia putrefacta y había quienes la conectaban con los cambios climáticos que también habían causado malas cosechas. La consciencia de la brevedad de la vida instaló el pesimismo en la sociedad, así como el ansia por el disfrute fácil, junto con la corrupción política y social. Así pues, se generalizaron actitudes vitales radicalmente opuestas: la religiosidad extrema, la rebeldía y la desesperación.

El triunfo de la Muerte, de Pieter Brueghel el Viejo. 1562-1563. Óleo sobre tabla, 117 x 162 cm. Museo del Prado, Madrid, España.

1649/1665-1666   **1679**

1649: 60.000 muertos en Sevilla. De 1665-1666, cerca de 100.000 personas en Londres

Viena en 1679, a causa de la cual hubo cerca de 80.000 fallecimientos

LA PESTE DE JUSTINIANO

El primer gran brote de peste en Europa tuvo lugar en el año 532, bajo el imperio de Justiniano, y se prolongó hasta el final del siglo VI. La epidemia se inició en Constantinopla y de ahí se extendió a todo el Mediterráneo. En el

Mosaico del poderoso emperador bizantino Justiniano. Rávena, Italia.

punto más álgido de la epidemia se llegaron a contabilizar más de 10.000 muertos diarios. En el año 544 la peste llegó al sur de Francia y se propagó al interior. En 546 se asentó en ciudades alemanas como Maguncia y Bingen y en 552 por localidades del sur de Alemania.

Dos (o tres) **Papas** para un mismo trono

En la lucha por el poder en la Europa medieval, la Iglesia de Roma fue uno de los principales actores. Utilizada por príncipes y reyes para sus propios fines terrenales, terminó por tener dos y hasta tres Papas que reclamaban ser sucesores de san Pedro. Y así, durante casi 40 años, los católicos estuvieron tratando de saber a qué Papa obedecer en un contexto en el que la fe formaba parte fundamental de sus vidas.

EL CISMA DE OCCIDENTE

Fue un momento de la historia de la Iglesia católica (1378-1417) en el que se encontró con dos Papas que reclamaban para sí el trono de san Pedro.

Todo empezó por un enfrentamiento entre el rey de Francia Felipe IV, el Hermoso, y el Papa Bonifacio VIII: el pontífice no admitía impuestos del rey sobre las propiedades de la Iglesia. Bonifacio VIII ponía el derecho pontificio por encima de todos los hombres y Felipe IV no admitía ningún poder sobre el suyo. El choque entre ambos fue aumentando hasta que el monarca fue excomulgado y el Papa, acusado de corrupción, herejía y hechicería.

UN PONTÍFICE AL GUSTO FRANCÉS

A la muerte de Bonifacio VIII en 1294 le sucedió Benedicto XI, que poco duró en el trono de san Pedro,

pues terminó envenenado por orden del rey de Francia en 1303, que colocó al frente de la Iglesia a Clemente V, obispo de Burdeos. En vez de instalarse en Roma, Clemente prefirió establecerse en Aviñón y empezó a actuar de un modo que no contrariase demasiado al rey francés. Y así, por ejemplo, accedió a disolver la Orden del Temple por presiones del monarca, que se apropió de los bienes de estos monjes soldados. Las presiones de los reyes de Francia y la inseguridad que sacudía a la ciudad de Roma hicieron que los siguientes pontífices fijaran su Corte en Aviñón hasta 1377, cuando Gregorio XI se instaló en Roma. Había colocado demasiados cargos eclesiásticos franceses en las ciudades italianas y estas se hallaban en continua contestación a la autoridad pontífica. Por eso, Gregorio XI decidió que para defender el poder del papado su sitio estaba en la Ciudad Eterna.

LLEGA LA DIVISIÓN

Gregorio XI falleció en marzo de 1378 y se convocó un cónclave para elegir sucesor. Los romanos presionaron

LOS PAPAS DEL CISMA

1378	1378	1389	1394	1404	1406	1409
24 de junio. Elección de Urbano VI, Papa de Roma	**20 de septiembre**. Elección de Clemente VII, Papa de Aviñón	**2 de noviembre**. Nuevo Papa de Roma: Bonifacio IX	**20 de septiembre**. Nuevo Papa de Aviñón: Benedicto XIII. Apodado Papa Luna, instaló su Corte en Peñíscola porque Francia le había retirado su apoyo	**17 de octubre**. Nuevo Papa de Roma: Inocencio VII	**30 de noviembre**. Nuevo Papa de Roma: Gregorio XII (renunció voluntariamente el 4 de julio de 1415)	**26 de junio**. El Concilio de Pisa elige a Alejandro V, que se instaló en Bolonia. En este momento la Iglesia contaba con tres Papas

De izquierda a derecha, **Clemente VII**, de Sebastiano del Piombo.
1531. **Gregorio XI**, de Rafael Sanzio y **Benedicto XIII**.

violentamente para que los cardenales no eligieran un
Papa extranjero. Al fin, el 24 de junio de ese año resultó
elegido el arzobispo de Bari, que llegó al pontificado
como Urbano VI. En seguida empezaron a oírse las
voces de quienes decían que la elección había sido
inválida porque se había llevado a cabo bajo amenazas
de turbas violentas. Finalmente, el 20 de septiembre, se
reunió un nuevo cónclave con el apoyo del rey francés,
que eligió pontífice a Clemente VII. Como Urbano VI
no pensaba renunciar, la Iglesia se encontró con dos
Papas. Francia, Saboya y Escocia se pusieron de parte
de Clemente –que tuvo que instalarse en Aviñón por
cuestiones de seguridad–, mientras Inglaterra y parte del
imperio germánico se situaron al lado de Urbano. Y
como telón de fondo, la Guerra de los Cien Años, un
conflicto que enfrentó a Francia e Inglaterra entre 1337
y 1453. Llegó un momento en que todos los católicos
quedaron excomulgados, puesto que los dos pontífices
se excomulgaron mutuamente. Los católicos no sabían a
qué atenerse, en algunas diócesis había dos obispos y en
las órdenes religiosas, dos generales.

UN TERCER PAPA

Las muertes de Urbano VI y Clemente VII, así como las
de sus sucesores, no solucionaron el problema, ya que
sus respectivos fieles eligieron sus propios Papas. Y así
se llegó al 25 de marzo de 1409, cuando algunos
cardenales, las ciudades italianas del norte, el rey de
Francia y la Universidad de París convocaron el
Concilio de Pisa, que además logró el apoyo de
alemanes e ingleses. El concilio depuso a los dos
pontífices del momento, el romano Gregorio XII y el
aviñonés Benedicto XIII (el Papa
Luna), y nombró nuevo Papa al
franciscano Alejandro V. De
este modo, la Iglesia se
encontró no ya con dos,
sino con tres pontífices
simultáneamente.

FIN DEL CISMA

Este desbarajuste se prolongó hasta
noviembre de 1417, cuando el Concilio de
Constanza, auspiciado por Segismundo de
Hungría (emperador del Sacro Imperio Romano
Germánico de 1433 a 1437), eligió a Oddone
Colonna, de una aristocrática e influyente familia
romana, como Papa único con el nombre de
Martín V. Resuelto el cisma de la Iglesia, las
luchas por el poder en Europa continuaron.

1410

25 de mayo.
Juan XXIII
(antipapa) es
elegido para
suceder a
Alejandro V

1417

11 de septiembre. Fin
del cisma: Martín V,
elegido único Papa en
el Concilio de
Constanza, en el que se
depuso a Juan XXIII y
Benedicto XIII

HISTORIA CONTEMPORÁNEA

HISTORIA MODERNA

EDAD MEDIA

HISTORIA ANTIGUA

PREHISTORIA

África indómita

Antes de las grandes exploraciones europeas a partir del siglo xv, África ya había desarrollado sus propias civilizaciones y creado grandes Estados que practicaban un intenso comercio. La cuna de la humanidad participó de los avances que el ser humano alcanzó en otros continentes.

Los investigadores creen que África fue el lugar donde surgió el ser humano tal y como hoy lo conocemos; es decir, el *Homo sapiens sapiens*, hace unos 200.000 años. Y desde allí se extendió por todo el mundo, pero ¿qué pasó con los que se quedaron en el continente? A lo largo del Nilo surgió la asombrosa civilización egipcia. A orillas del Mediterráneo, los cartaginenses estuvieron a punto de conquistar el mundo conocido si no llegan a toparse con el pujante ascenso romano. Posteriormente, en el siglo VII, el norte de África cayó en manos de los musulmanes. ¿Y en el resto del territorio qué pasó?

EL REINO DE KUSH

A orillas del Nilo, en el territorio del actual Sudán, se encontraba el Reino de Kush, el nombre con el que los egipcios denominaban Nubia. Se trataba de un lugar rico en materias primas que Egipto trató de conquistar en más de una ocasión. En una de sus localidades, Kerma, hay vestigios de una cultura de pastores de 7.500 a. C. y de posteriores poblamientos. Hacia el año 2000 a. C., Kerma se convirtió en la principal ciudad del Reino de Kush. El destino de Nubia se mantuvo entrelazado con el de Egipto durante siglos. Posteriormente, en la región surgió el Reino de Nobatia, que recibió una fuerte influencia griega y luego romana. A partir del siglo V empezó a recibir eremitas y monjes cristianos y desde el siglo VII se produjo una arabización del territorio.

REINO DE AKSUM

Entre los siglos I y X d. C. hubo un reino de comerciantes en el nordeste de África que ocupaba parte de Etiopía, de Sudán, de Eritrea y de la península Arábiga. Tuvo un papel comercial clave como punto de encuentro entre la India y el Mediterráneo. Con la expansión del Islam entró en decadencia.

IMPERIO KANEM-BORNU

Cerca del lago Chad, en las rutas comerciales que conectaban el África subsahariana con Oriente Medio, hubo un imperio denominado Kanem-Bornu. Comenzó a expandirse en el siglo XII d. C., cuando un grupo étnico llamado kanuri empezó a conquistar tierras hasta alcanzar Libia y Nigeria. Los kanuri cambiaban sus tejidos, minerales y esclavos por armas y caballos, y durante siglos mantuvieron su poderío en la región, hasta que en el siglo XIX su rivalidad con el Imperio fulani y la llegada del colonialismo europeo acabaron con su poder.

REINO DEL CONGO

Fue un Estado que se extendía por parte de lo que ahora es Angola, la República del Congo y la República Democrática del Congo. Fundado en el siglo XIII, su rey gobernaba sobre nueve provincias y tres reinos. Tenía su capital en M'Banza Kongo, que los portugueses rebautizaron como São Salvador do Congo. Antes de la llegada de los europeos mantenía un intenso comercio a base de marfil, objetos de cobre y cerámica y tejidos. Tras la llegada de los portugueses en 1483, el reino del Congo empezó además a vender a los europeos esclavos, la mayoría de ellos, cautivos procedentes de sus campañas de expansión territorial. La cada vez mayor presencia

LA MÍTICA TOMBUCTÚ

c. 1100	1312	1468
Fundación por los tuaregs. Punto de encuentro de camelleros para comerciar (traían sal del norte y la cambiaban por oro, fruta y pescado del sur)	**Innovaciones de Mansa Musa, rey del Imperio de Malí.** La ciudad se vuelve un lugar de estudios islámicos y centro comercial relevante	**Conquista por el rey songhai Sonni Alí Ber.** La ciudad queda bajo el dominio del Imperio songhai

portuguesa en sus tierras y los conflictos con otros pueblos vecinos llevaron al reino a su decadencia.

IMPERIO DE GHANA

Fue el primero de los Estados (750-1068) forjados en el Sahel. Ocupaba el sudeste de Mauritania y parte de Malí. Sus habitantes, los soninké, lo llamaban Wagadu, que significa tierra de rebaños. Vivió su época de esplendor durante los siglos X y XI, sobre todo gracias al comercio de sal, oro y marfil hacia el norte, Oriente Medio y Europa. Su capital se llamaba Kumbi Saleh y estaba dividida en dos: una zona estaba destinada al palacio real y los centros administrativos y en otra se encontraban los comerciantes. El Imperio de Ghana cayó en manos de los almorávides en 1076, cuando Abu-Bakr Ibn Umar conquistó la capital. Finalmente, a partir de 1240, pasó a formar parte del Imperio de Malí. Según la leyenda, la actual Ghana se llama así porque a ella emigraron antiguos habitantes del Imperio de Ghana.

IMPERIO SONGHAI

Los songhai formaron un poderoso imperio entre los siglos XV y XVI en un territorio a orillas del río Níger, que se extendía por lo que hoy es Níger y Burkina Faso. Los songhai se asentaron en Gao hacia el año 800 a. C. Con el tiempo formaron un Estado que se mantuvo bajo el dominio del Imperio de Malí hasta el siglo XV. A mediados de ese siglo, ya independizados, los songhai se hicieron con el control de la ruta comercial que conectaba Tombuctú con Djenné, lo que puso en sus manos todo el comercio transahariano. Los songhai vendían sal, oro, ámbar gris, pieles de leopardo y esclavos y compraban sobre todo armas, espejos, tejidos y caballos. Las luchas intestinas debilitaron al imperio, lo que el sultán marroquí Ahmad al-Mansur aprovechó para convertirlo en una provincia a su merced. Era 1591. El gran Imperio songhai había llegado a su fin.

Representación de Mansa Musa, gobernante del Imperio de Malí en el siglo XIV, a partir de un atlas de 1375 catalán del mundo conocido (mapamundi), dibujado por Abraham Cresques de Mallorca.

IMPERIO DE MALÍ

Entre los siglos XIII Y XVI los maninka levantaron un Estado en torno a la región de Bamako que ocupaba parte de Guinea y Malí y que en su momento de mayor esplendor alcanzaba desde el océano Atlántico hasta Níger. Llegó a gobernar sobre 50 millones de personas de diferentes grupos étnicos distribuidos entre 400 ciudades y pueblos. El imperio se conformó como una federación cuyos territorios, que ocupaban un espacio tan extenso como el de Europa occidental, compartían las mismas leyes. Una gran asamblea servía para la deliberación de los diferentes clanes. Malí era rico en oro. De hecho, de sus minas procedía la mitad del oro que llegaba a Europa antes del descubrimiento de América. El fallecimiento del último emperador, Mansa Mahmud IV, en el siglo XVII, abrió un periodo de guerras entre sus tres hijos que deshicieron el imperio. La llegada de los colonos franceses en el siglo XIX terminó con aquel fabuloso Estado, que quedó integrado en el África Occidental Francesa hasta su independencia en 1960.

1519

Conquista de la ciudad por el sultán marroquí Ahmad al-Mansur. Los marroquíes se quedaron con Tombuctú durante dos siglos

1893

Colonización francesa. La dominación colonial se prolongó hasta 1960

La revolución de la imprenta

La invención de Johannes Gutenberg de mediados del siglo xv posibilitó la divulgación a gran escala del saber y de la información. Esos cambios permitieron a la humanidad los progresos del Renacimiento y más adelante las transformaciones sociales que llegarían con la aparición de la prensa.

LOS POCOS DATOS QUE HAY SOBRE GUTENBERG

De Johannes Gutenberg (c. 1400-1468) apenas se sabe que nació en Maguncia (Alemania), hijo de Friele, un patricio de Maguncia, y de Else, de familia de comerciantes. Pero poco más: ni cómo fue su infancia ni qué ni dónde estudió. Hay noticias de que en 1434 estaba en Estrasburgo, en aquel momento un potente centro económico e intelectual del Sacro Imperio Romano Germánico. En 1438 empezó a trabajar con unos socios en un proyecto secreto del que apenas hay

Johannes Gutenberg (a la derecha) en un grabado de 1881.

HITOS DE LA IMPRENTA DE GUTENBERG

c. 3000 a. C.	c. 105 d. C.	c. 1041	Siglo x
Cilindros-sellos de Mesopotamia con los símbolos del poder o divinidades	El chino Cai Lun, consejero del emperador He de Han, inventa un papel parecido al actual	El chino Pi Sheng inventa la imprenta de tipos móviles de porcelana	El esplendor cultural de Córdoba, que ya tenía molinos papeleros en Bagdad, Damasco y El Cairo, los instala también en la España musulmana

datos, pero que pudo tratarse de una imprenta primitiva. Después las pistas le sitúan en 1448 de nuevo en Maguncia. Mientras estaba imprimiendo ejemplares de la Biblia discutió con su prestamista, Johannes Fust. El juicio consiguiente, del que apenas hay información, se decantó en contra de Gutenberg, que tuvo que dejar el negocio a Fust, así como las Biblias que ya había hecho. Fust prosiguió el trabajo de Gutenberg con la ayuda del impresor Peter Schöffer.

CÓMO ERA EL INVENTO DE GUTENBERG

La imprenta de Johannes Gutenberg puso en marcha la producción en masa de los libros, hasta entonces extremadamente limitada, pues eran el resultado del trabajo artesanal de los copistas. Lo que a Gutenberg se le ocurrió fue descomponer los textos en letras, signos de puntuación y números individuales y plasmarlos en piezas de metal, de manera que fueran reutilizables, además de ahorrar material y espacio. Antes de imprimir, había que componer las líneas de texto de cada página del libro con los distintos caracteres (tipos móviles) dispuestos en planchas de madera. El proceso era laborioso, pero el resultado; es decir, la obtención de ejemplares, mucho más rápido que el de los copistas.

INFORMACIÓN MÁS VELOZ

Antes de que los libros de la imprenta llegaran a las librerías, en los siglos XII y XIII, ya había libreros en las universidades y en algunos centros urbanos. Los volúmenes que vendían no procedían de los monjes, sino de copistas laicos a los que se les pagaba por sus trabajos. Con la aparición del invento de Gutenberg, la producción de libros creció, por lo que el conocimiento y la información llegaron a un mayor número de personas (tampoco a todas al principio, puesto que una gran parte de la población era analfabeta). Así fue posible que estudiosos de distintos lugares tuvieran en sus manos una misma obra y que pudieran luego intercambiar impresiones sobre su contenido. Como los autores también estaban al tanto de esos comentarios, pudieron publicar copias corregidas. Paulatinamente, los libros empezaron a organizarse con índices, así como en catálogos, y las leyes a recogerse en volúmenes

preparados para su consulta. Por otro lado, además de textos, se propagaron imágenes: mapas, cartas marítimas y hasta estilos de vestimenta circulaban libremente, lo que proporcionó todo tipo de información sobre puntos geográficamente distantes. Los primeros talleres reunieron en un único lugar a personas de mundos tan dispares como antiguos clérigos reconvertidos en correctores y editores con impresores, metalisteros, oficiales mecánicos, astrónomos, grabadores, médicos y pintores, por lo que era un lugar de encuentro de eruditos.

LA BIBLIA DE LA PRODUCCIÓN EN CADENA

Los 180 primeros ejemplares de la Biblia de Gutenberg, impresos entre 1452 y 1455, tenían 42 líneas de texto en cada página y a las iniciales les daban color los iluminadores de libros. Por eso cada ejemplar es único. En España hay dos de ellos: uno en la Biblioteca Pública del Estado en Burgos y otro en la Biblioteca Universitaria Provincial de Sevilla. El Museo Gutenberg de Maguncia atribuye al taller de Gutenberg otras obras: un fragmento del poema *Weltgericht,* otro del libro en latín *Donatus* y una de las cartas chipriotas de indulgencia, destinada al príncipe elector de Maguncia.

La Reconquista

La leyenda asegura que el último rey de Granada sollozó cuando abandonó la ciudad, último reducto musulmán en la península Ibérica que conquistaron los Reyes Católicos en 1492. Pero la Reconquista fue un proceso de siglos en el que los avances territoriales de los cristianos fueron difíciles.

Boabdil, apodado el Chico, era el nombre con el que los cristianos conocían a Abu Abd Allah Muhammad Ibn Alí (1459-1533), el último sultán de Granada. En enero de 1492 entregó la ciudad a los Reyes Católicos, Isabel de Castilla y Fernando de Aragón, tras 10 años de guerra por el reino nazarí. Pero la Reconquista de la península Ibérica por los cristianos fue un proceso plagado de dificultades que duró varios siglos. Todo empezó hacia el año 722, cuando un señor astur de nombre Pelayo derrotó a las tropas musulmanas en la batalla de Covadonga. Pelayo había convencido a los suyos de dejar de pagar impuestos a los musulmanes y cuando estos fueron a aplastar la rebelión, ambos ejércitos se encontraron. A partir de ahí comenzó un lento proceso de expansión de los reinos cristianos, que unas veces pactaban entre ellos y otras lo hacían con señores

Salida de la familia de Boabdil de la Alhambra, de Manuel Gómez-Moreno González. 1880. Óleo sobre lienzo, 250,5 x 371 cm. Museo de Bellas Artes, Granada, España.

HITOS DE LA RECONQUISTA

711	c. 722	739	1031	1212	1236
Invasión musulmana de la península Ibérica	Rebelión de don Pelayo	Alfonso I de Asturias expulsa a los musulmanes de Galicia y del norte de Portugal	Disgregación del Califato de Córdoba en varios reinos (taifas)	Derrota almohade en las Navas de Tolosa	Fernando III de Castilla, apodado el Santo, reconquista Córdoba

Expulsión de los judíos, de Emilio Sala Francés. 1889. Museo del Prado, Madrid, España.

musulmanes. En 1212 tuvo lugar la batalla de las Navas de Tolosa, que fue el principio del fin de la presencia musulmana en la península Ibérica. A partir de entonces, la reconquista cristiana, con protagonismo sobre todo de Castilla y Aragón, se aceleró e hizo de España el fuerte occidental que ponía freno a los embates musulmanes. El final de la guerra civil castellana (1475-1479) y la consolidación de Isabel I de Castilla en el trono posibilitaron que los Reyes Católicos se centraran en la conquista del último reducto musulmán en la península: el Reino de Granada que, finalmente, en enero de 1492, también sucumbió.

LOS REYES CATÓLICOS

Isabel I de Castilla (1451-1504) y Fernando II de Aragón (1452-1516) se casaron en 1469 antes de que ella hubiese sido coronada con idea de unir los dos reinos de la península Ibérica y convertirla en una superpotencia. La toma definitiva de Granada era, por tanto, otro paso más en la construcción del gran Estado que ambos

1238	1248	1492
Jaime I de Aragón toma Valencia	Fernando III de Castilla se hace con Sevilla	Conquista del Reino de Granada

monarcas soñaban. Fernando de Aragón era el prototipo de apuesto caballero medieval que encabezaba a sus hombres en el campo de batalla. Era buen estratega militar y un político hábil. Isabel, por su parte, era la imagen de una princesa rubia de tez clara. De voluntad firme y fe inquebrantable, cabalgaba por sus tierras para acudir allí donde era necesario y para no perderse la campaña de Granada.

TIPOS SOCIALES

Los mozárabes. Eran los cristianos hispano-visigodos que vivían en Al-Ándalus. De ser el 90% de los habitantes de la Península cuando comenzó la invasión, pasaron a ser el 50% en el siglo XI por la conversión de muchos de ellos al Islam (los llamados muladíes). Estaban considerados en una categoría social idéntica a la de los judíos; es decir, la de los no creyentes. Fueron objeto de persecuciones, sobre todo en el sur y en Toledo.

Los moriscos. Así se llama a los musulmanes que se convirtieron al cristianismo de forma voluntaria y los que fueron bautizados obligatoriamente tras la reconquista de Granada.

Los mudéjares. Eran los musulmanes que antes de la conversión forzosa de 1492 vivían como tales y practicaban la religión islámica en los reinos cristianos de Castilla. A esta población en Valencia se les llamaba sarracenos y en Aragón, moros.

Almorávides y almohades. Cuando Alfonso VI de León conquistó Toledo en 1085, los andalusíes pidieron ayuda a los almorávides, un grupo ultrarreligioso procedente del Sáhara que, entre los siglos XI y XII, se hicieron con Mauritania, Marruecos, Argelia y el sur de España. Animados por la división de la península Ibérica en distintas taifas, los almorávides terminaron por imponerse en Al-Ándalus. Poco después, hacia 1130, una nueva fuerza comenzó a imponerse en África: los almohades, musulmanes de origen bereber que en 1147 llegaron a España y se impusieron como fuerza dominante hasta 1269.

HISTORIA CONTEMPORÁNEA

HISTORIA MODERNA

EDAD MEDIA

HISTORIA ANTIGUA

PREHISTORIA

¡Tierra a la vista!

Poco más de dos meses después de haber zarpado de Palos de la Frontera, la expedición de Colón al fin veía la costa. No eran las Indias de las especias que perseguía el almirante, sino mucho más: ¡un continente nuevo! Aquel viaje cambió la historia del mundo y amplió horizontes para más descubrimientos entonces inimaginables.

EL GRAN PROYECTO DE COLÓN

Navegante genovés, Cristóbal Colón (c. 1451-1501) tenía en la cabeza la idea de que se podía llegar a la India navegando hacia el oeste a través de la mar océano, como se conocía en su época al Atlántico. Con este proyecto, que, según decía, acortaría los viajes comerciales para conseguir especias, se presentó en las Cortes de Portugal, Francia e Inglaterra, pero en todas desecharon su plan. Su

última esperanza era el Reino de Castilla y allá que fue en 1485 a presentar su proyecto. Isabel de Castilla le tomó bajo su protección, pero le hizo esperar hasta que la Reconquista de la península Ibérica se hubiera completado. Rendido el Reino nazarí de Granada en enero de 1492, Colón supo plantear como objetivo principal de su expedición la extensión de la fe ante una reina profundamente creyente. Cuando consiguió la financiación precisa y la promesa del título de virrey para las tierras que conquistara, Colón partió de Palos de la Frontera (Huelva) el 3 de agosto de 1492 con tres embarcaciones (*La Pinta, La Niña y la Santa María*) y una tripulación de 90 hombres. Tras una escala en las islas Canarias para ultimar detalles, la expedición partió rumbo a lo desconocido. El 7 de octubre, cuando los nervios empezaban a hacer mella en la tripulación, avistaron unas aves migratorias y Colón dio orden de seguirlas. Iban en dirección sudoeste, lo que libró a la expedición de la corriente del Golfo, que les hubiera

Colón ante la reina, de Emanuel Gottlieb Leutze. 1843. Brooklyn Museum of Art, EE. UU.

Retrato de Colón, de Rodolfo Ghirlandaio. c 1520. Museo del Mar y la Navegación, Génova, Italia.

arrastrado hacia el norte y a mar abierto. Por fin, el 12 de octubre desembarcaron en tierra firme. Habían llegado a un nuevo continente, pero ellos aún no lo sabían.

EL NUEVO CONTINENTE

Tras su tercer viaje, Colón perdió el monopolio de la navegación a las Indias y los Reyes Católicos autorizaron a otros expedicionarios a buscar nuevas tierras. Américo Vespucio fue uno de ellos y en 1499 llegó con la expedición capitaneada por Alonso de Ojeda a la costa de Venezuela. En un segundo viaje (1501-1502), este bajo bandera portuguesa, Vespucio desechó la idea de encontrarse en Asia, y empezó a pensar que se hallaba en una tierra que hasta entonces había sido desconocida. El Nuevo Continente, América, tomó su nombre en honor de este cosmógrafo y comerciante florentino.

Los navegantes portugueses

Cuando Colón empezó a solicitar financiación en diversas Cortes europeas para buscar una nueva ruta comercial hacia la India, los portugueses llevaban ya tiempo abriendo nuevas vías hacia Asia. Contaban con kilómetros de costa que les llamaba a adentrarse en los mares y con Enrique el Navegante (1394-1460), infante de Portugal que, además del hallazgo de riquezas, se movía por un profundo deseo de extender la fe. La conquista de Ceuta (1415) a los musulmanes fue la señal de salida para el inicio de la exploración de la costa occidental de África. En la primavera de 1488, Bartolomeu Dias dobló el cabo de Buena Esperanza y se encontró con un océano, el Índico, cuyas rutas comerciales enlazaban interesantes puertos y ciudades. Diez años después, Vasco da Gama estableció una nueva ruta por el Índico hacia la India.

VIAJES DE RODAJE

Antes de América, Colón fue un experto marino que conoció bien las aguas del Mediterráneo, pero también las del Atlántico. En 1477 se embarcó en Lisboa con el encargo de sus patronos genoveses de llegar a Islandia. Después de hacer escala en Bristol (Inglaterra) y en Galwy (Irlanda) zarpó rumbo a Islandia en una travesía que por lo general se prolongaba dos semanas. Así pudo observar las diferencias de las mareas atlánticas respecto de las mediterráneas y, según su propio testimonio, navegar cien leguas más allá de la isla de Tule, como llamaban al límite del mundo conocido.

LOS VIAJES DE COLÓN

1492	1493	1498	1502
Primer viaje Colón llega a las Bahamas, a La Española y a Cuba. Regresa a Moguer (Huelva) el 15 de marzo de 1493	**Segundo viaje** Alcanza la isla Guadalupe y explora Puerto Rico y Jamaica. Vuelve a Cádiz el 11 de junio de 1496	**Tercer viaje** Llega a la isla Trinidad y explora la costa venezolana. El 15 de septiembre, Francisco de Boadilla envía encadenados a Colón y a dos de sus hermanos acusados de maltrato y nepotismo. Arriban a Cádiz el 25 de noviembre de 1500	**Cuarto viaje** Tras La Española, pone rumbo a Honduras. Vuelve a Sanlúcar de Barrameda el 7 de noviembre de 1502

Los Borgia

Astucia, crueldad y maquiavelismo son algunos de los atributos con que se ha adornado a esta interesante familia de origen valenciano que supo maniobrar en el corazón de Europa y manejar las más altas instituciones a su antojo. Sin embargo, la leyenda siniestra que acompaña a este apellido ha dejado en segundo plano la inteligencia de muchos de ellos y su papel como mecenas del Renacimiento europeo.

EL APELLIDO ORIGINAL

El apellido Borgia siempre se ha relacionado con corrupción, crímenes, incesto y ambición. Quizá solo fueron producto de su tiempo o puede que llevaran el pecado a su máxima expresión, pero lo cierto es que ese nombre sigue despertando curiosidad y asombro. Los Borgia pertenecían a una familia noble de Gandía (Valencia). Su nombre original era Borja, pero la grafía italiana la ha hecho pasar a la historia como Borgia.

EL PRIMER BORGIA PAPA

Nacido como Alfonso de Borja (1378-1458), se hizo un primer hueco en la historia en la resolución del cisma de Occidente que en 1378 había dividido a la Iglesia en dos. El rey Alfonso V de Aragón le encargó que convenciera al antipapa Clemente VIII de que debía renunciar y someterse al Papa Martín V. Tras este primer gran éxito, Alfonso de Borja fue escalando en la curia romana hasta convertirse en consejero del Papa Nicolás V, y cuando este murió (1455) fue elegido pontífice con el nombre de Calixto III. Como Papa fracasó en la cruzada que organizó para recuperar Constantinopla de manos turcas y constituyó una comisión que anuló el juicio que

Alejandro VI, de Cristofano dell'Altissimo. Óleo, 59 x 44 cm. Galaería de los Uffizi, Florencia. Italia.

condenó a Juana de Arco por brujería en 1431 y la declaró inocente. A lo largo de su carrera eclesiástica siempre se hizo acompañar por dos de sus sobrinos, Luis de Borja y Rodrigo de Borja, el futuro Papa Alejandro VI.

EL POLÉMICO ALEJANDRO VI

De nombre Rodrigo de Borja (1431-1503), su figura está asociada a las intrigas palaciegas y las disputas entre los antiguos Estados italianos y entre familias legendarias, como los Farnesio, los Sforza y los Orsini. La escalada hacia el poder de Rodrigo –que tuvo mucho que ver con los privilegios familiares, pero también con sus habilidades personales– culminó cuando en 1492 fue elegido como Alejandro VI; eso sí, entre rumores de haber pagado sobornos para lograr el cargo. Sin embargo, ser la máxima autoridad de la Iglesia no era suficiente para una persona tan

ALEJANDRO VI

1431	1456	1458	1492	1503
Nacimiento de Rodrigo Borgia	Es ordenado cardenal	Es designado obispo	Es nombrado Papa con el nombre de Alejandro VI	Muere en extrañas circunstancias

ambiciosa como él. Así que pronto comenzaron sus maniobras políticas para ampliar la influencia del Vaticano en el escenario europeo y fortalecer la posición de su familia entre la nobleza italiana. Entre sus logros, destacan sus esfuerzos para acabar con la alta criminalidad que había en Roma, la mejora de las condiciones de vida de los romanos, la reorganización administrativa de la ciudad y el fortalecimiento de la justicia.

SECRETOS DE ALCOBA

Alejandro VI tuvo una docena de hijos conocidos y varias amantes. Una de las más famosas fue Vanozza Catanei, a la que posteriormente sustituyó por Giulia Farnese, una hermosa joven casada con Orsmo de

Moneda con con el rostro de Giovanni Sforza.

Orsini. Los rumores acusaron también al pontífice de mantener relaciones incestuosas con su hija Lucrecia, aunque esto no está históricamente probado.

UNA MUERTE MISTERIOSA

Alejandro VI se reunió con varios de los suyos a celebrar un banquete en la residencia de campo del cardenal Adriano Castellesi. Días después los asistentes a la celebración se pusieron muy enfermos y Alejandro finalmente falleció. ¿Qué había ocurrido? Algunos autores sostienen que César quería envenenar a Castellesi o a algún otro comensal, pero que los sirvientes equivocaron las copas. En cambio, otros estudiosos aseguran que murió de malaria.

LUCRECIA Y CÉSAR

Lucrecia (1480-1519) y César (1475-1507) eran hijos de Alejandro VI y de Vanozza Catanei, y de ambos se rumoreó que fueron amantes. A Lucrecia la leyenda siempre le ha atribuido un papel protagonista en los manejos y crímenes de su padre y de su hermano, pero no hay pruebas que lo confirmen. En cambio, sí es posible que la joven Borgia fuese un simple peón en manos de ambos, a la que concertaron sucesivos matrimonios que políticamente les convenían. El primero de sus

Izquierda, **Retrato de un gentilhombre (César Borgia)** de Altobello Melone. c. 1500. Óleo sobre lienzo 58 x 48 cm. Accademia Carrara, Bergamo, Italia. Derecha, **Supuesto retrato de Lucrecia Borgia**, de Bartolomeo Véneto. 1520. Óleo sobre tabla, 44 x 35 cm. Städel Museum, Frankfurt, Alemania.

esposos, Giovanni Sforza, estuvo a punto de ser asesinado cuando Alejandro VI dejó de necesitar de sus servicios. Al final, a Giovanni le obligaron a aceptar que era impotente, lo que anulaba el matrimonio con Lucrecia. El segundo matrimonio de la joven fue con Alfonso de Aragón (hijo ilegítimo de Alfonso II de Nápoles) que, en cuanto dejó de ser útil para los Borgia, fue asesinado por orden de César. Alejandro VI logró casar a Lucrecia una tercera vez, en esta ocasión con Alfonso I de Este, duque de Ferrara. La duquesa fue muy querida en sus nuevas tierras, en donde se reveló como una generosa mecenas de las artes. Falleció de fiebre puerperal tras dar a luz a su octavo hijo. Por su parte, César murió con su propia medicina: una emboscada a traición acabó con su vida en Viana (Navarra).

Roma corrupta

La Iglesia había evolucionado hasta convertirse en un poder terrenal que acumulaba riquezas e influencia política. En este contexto caló el mensaje de Lutero, que predicaba contra la corrupción y a favor de una reforma que suprimiera los lujos del clero, lo que muchos nobles vieron como una oportunidad para hacerse con ellos. A esta contestación, Roma reaccionó con un movimiento contrarreformista que restituyera su autoridad.

La Ciudad Eterna se había convertido en epicentro de los escándalos. Los prelados se habían construido magníficos palacios cuyas paredes, lujosamente decoradas, apenas podían esconder unas costumbres licenciosas que escandalizaban incluso a los más atrevidos. Algunos de ellos hasta se mostraban en público con sus amantes sin atisbo de vergüenza. Y las grandes familias italianas colocaban a los suyos en la Santa Sede; los Médici y los Sforza, por ejemplo, lograron poner su apellido a los sucesores de san Pedro.

LA REFORMA

Las transformaciones de los siglos XV y XVI con el nacimiento de los Estados modernos, los cambios económicos y la proliferación de nuevas ideas, acabaron con la convicción generalizada del poder universal del Papa. Los pontífices se afianzaron sobre todo como príncipes que anteponían la política a su posición como líderes de la cristiandad. A partir del papa Alejandro VI sobre todo, Roma se dedicó a acumular riquezas, al mecenazgo de artistas y al lujo, la corrupción y el nepotismo.

La aparición de Martín Lutero

Monje agustino y teólogo alemán, Martín Lutero (1483-1546) fue el impulsor de la Reforma protestante, un movimiento religioso que supuso la escisión de la Iglesia católica de otras iglesias. Seguramente, a Lutero le impresionaron el lujo y la corrupción que había visto en un viaje a Roma en 1511. Julio II había iniciado la construcción de la actual Basílica de San Pedro cinco años antes. Para conseguir fondos con los que continuar

Cardinal Giovanni de Medici (Leon X), de Rafael Sanzio. c. 1518. Óleo. Galería de los Uffizi, Florencia, Italia.

la obra, su sucesor, León X, anunció la concesión de indulgencias, un medio para librarse de las penas de carácter temporal que los fieles debían cumplir en su vida terrenal o en el purgatorio. En octubre de 1517 Lutero protestó públicamente –mediante un documento llamado *Las 95 tesis*– por la venta de indulgencias y luego por la simple existencia de las mismas. En poco más de dos meses, *Las 95 tesis* habían llegado a toda Europa. Así fue cómo León X le declaró hereje. Lutero siguió predicando y empezó a reclamar que había que reducir a la Santa Sede a la sencillez del Evangelio. Para la nobleza alemana, esa idea de despojar a la Iglesia de su riqueza representaba una magnífica oportunidad para hacerse con sus bienes. Y si además podían quitarse de encima la autoridad del emperador, mejor aún.

LA CONTRARREFORMA

La reacción de la Iglesia a la Reforma luterana fue un movimiento que se ha llamado Contrarreforma, encarnado en diversas órdenes religiosas, de las que destacó sobre todo la Compañía de Jesús.

Los jesuitas

Fundada en 1534 por el soldado guipuzcoano Ignacio de Loyola, la Compañía se constituyó como un ejército

Izquierda, **Retrato de Lutero**, de Lucas Cranach el Viejo. 1528, Óleo, 39,5 x 25,5 cm. Veste Coburg, Coburgo, Alemania. Centro, **Ignacio de Loyola con armadura**, Anónimo del siglo XVI. Derecha, **Retrato de Carlos V**, de Barend van Orley. 1519. Museo de Bellas Artes, Budapest, Hungría.

de religiosos sometidos a una férrea disciplina. El objetivo de la nueva orden era garantizar la autoridad absoluta de Roma sobre la cristiandad. Los jesuitas recibían una educación amplia que les capacitara para combatir con la razón el humanismo y las desviaciones de la doctrina. Asimismo, atrajeron a las clases dirigentes a sus centros de educación para someterlas a la influencia de la Santa Sede.

El Concilio de Trento

Lo convocó Paulo III el 13 de diciembre de 1545. El emperador Carlos V quería que en él se pusiera fin a la corrupción y los abusos de la Iglesia que habían originado el luteranismo y llegar a una unidad de la cristiandad para hacer un frente común contra el enemigo turco. Sin embargo, en el concilio, que se prolongó hasta el 4 de diciembre de 1563 –ya con Felipe II en el trono de España y Paulo IV en el de san Pedro–, la intransigencia se adueñó de los debates: la conciliación con los herejes quedó totalmente

descartada y se reforzó la autoridad papal sobre los Estados en cuestión de fe.

EL CALVINISMO

Fue una evolución del luteranismo que siguió la doctrina del teólogo francés Juan Calvino, uno de los primeros reformistas. Se extendió por los Países Bajos y algunas zonas de Alemania, Francia, Inglaterra y Europa del Este. Posteriormente, llegó a América del Norte de manos de los primeros colonos. Los calvinistas creen en la intervención de Dios en todos los aspectos del ser humano, que queda totalmente sometido a su voluntad. El hombre es un pecador que necesita que Dios le regenere, pero solo unos pocos escogidos se salvarán. Se atribuye a Calvino la justificación religiosa del desarrollo del capitalismo porque aseguraba que Dios no había prohibido que el hombre tuviera ganancias.

INTENTOS DE CONCILIACIÓN

1521 (28 de enero-25 de mayo)	25 de mayo de 1521	1530
El emperador Carlos V convoca la Dieta de Worms, la asamblea de príncipes del Sacro Imperio Romano Germánico, e invita a Lutero a retractarse de sus ideas. Lutero se niega	Carlos V redacta el Edicto de Worms: se prohíben las obras de Lutero, al que además se declara prófugo y hereje	Carlos V convoca la Dieta de Augsburgo para tratar de lograr una doctrina cristiana común para luteranos y católicos. La falta de entendimiento lleva al cisma

Enrique VIII, el Barba Azul inglés

El rey de Inglaterra fue artífice de un Estado moderno, unió Inglaterra con Gales y fundó la Armada Real Británica. Sin embargo, su nombre se asocia a sus seis esposas y a que a dos de ellas las mandó al cadalso. Por sus líos de alcoba, además, se enfrentó al Papa y se fabricó una iglesia, la anglicana, que estuviera a sus órdenes.

Tercer hijo de Enrique VII e Isabel de York, quien estaba destinado al trono era su hermano Arturo. Cuando el príncipe de Gales falleció, Enrique ocupó su lugar y no solo como heredero del trono, sino también como nuevo esposo de Catalina de Aragón, la hija de los Reyes Católicos con la que Arturo se había casado a los 15 años de edad (noviembre de 1501). Enrique y Catalina fueron coronados el 24 de junio de 1509 y vivieron muy enamorados los primeros años. Su posterior ruptura con la hija de los Reyes Católicos para unirse a Ana Bolena resultó traumática para Catalina. El rey solicitó la nulidad matrimonial, pero el Papa Clemente VII se la negó: Catalina era tía de Carlos V. ¿Cómo iba a ponerse al emperador en contra? Por esa razón, Enrique rompió con la Iglesia de Roma, fundó la Iglesia de Inglaterra y se casó con Ana en 1533. Tres años después, Enrique empezó a fijarse en una dama de la Corte, Jane Seymour. Con Ana había tenido una hija, la futura Isabel I, y otros dos embarazos que terminaron en aborto. Entonces Enrique aseguró que Ana le había embrujado para casarse con él y mandó

Enrique VIII, de un autor desconocido. Siglo XVI.

que la arrestaran. Sus enemigos además la acusaban de adulterio, de haber cometido incesto con su hermano Jorge y de conspirar para asesinar al rey. Finalmente, Ana fue decapitada, al igual que su hermano y los hombres acusados de haber mantenido relaciones con ella. Unos días después, Enrique se casó con Jane Seymour, con la que tuvo un hijo, el que luego fue Eduardo VI.

CUATRO, CINCO Y SEIS MUJERES

Jane Seymour murió pocos días después de haber dado a luz, así que Enrique pensó en volver a casarse para tratar de tener más hijos varones. Su primer ministro, Thomas Cromwell, le sugirió el nombre de Ana de Cléveris, cuyo hermano, el duque Guillermo de Cléveris, era un alemán protestante que podría ser un aliado en el caso de un ataque papista a Inglaterra. Cuando Ana llegó a la Corte, a Enrique le pareció muy fea y ni siquiera consumaron el

LAS SEIS BODAS

1509	1533	1536	1540		1542	1543
11 de junio Con Catalina de Aragón	**25 de enero** Con Ana Bolena	**19 de mayo** Ana Bolena es decapitada **30 de mayo** Con Jane Seymour	**6 de enero** Con Ana de Cléveris	**28 de julio** Con Catalina Howard. Decapitación de Cromwell	**13 de febrero** Catalina Howard, ejecutada	**12 de julio** Con Catalina Parr

De izquierda a derecha Catalina I, Ana Bolena, Jane Seymour y su hijo Eduardo VI.

matrimonio. El monarca consiguió la anulación de este matrimonio, a lo que nunca se opuso Ana, por lo que fue recompensada con propiedades y se convirtió en una buena amiga, a menudo invitada a la Corte. En cambio, Cromwell cayó en desgracia y fue decapitado. El mismo día de la ejecución de Cromwell, Enrique se casó con Catalina Howard, una dama de compañía del gusto del rey. Pero el matrimonio duró poco porque ella inició un romance con un cortesano del rey. Cuando se descubrió el adulterio, fue ejecutada, acusada de traición. Catalina Parr, una rica viuda de la que se encaprichó Enrique VIII, fue su sexta esposa.

Catalina logró la reconciliación del rey con sus dos hijas, María e Isabel, y ejerció como regente cuando Enrique salió de Inglaterra en su última campaña contra Francia.

POLÍTICA INTERNACIONAL

Enrique intervino repetidamente como mediador entre España y Francia, y en los momentos de máxima tensión entre Francisco I de Francia y el emperador Carlos V, rey de España, era cortejado por ambos reyes para obtener su respaldo. En la cuestión luterana se mantuvo al lado de la Santa Sede y no dudó en escribir un documento titulado *Defensa de los siete sacramentos* en contra de las ideas de Martín Lutero.

MARÍA I DE INGLATERRA. María I de Inglaterra (1516-1558), hija de Catalina de Aragón, fue separada de su madre siendo una niña. Vivió apartada de la Corte y cuando se privó a Catalina del título de reina, María fue declarada hija ilegítima y por tanto apartada de la sucesión. Posteriormente, el rey se casó con Jean Seymour, con la que tuvo un hijo, Eduardo VI, que murió seis años después.

María pudo coronarse porque el Acta de Sucesión de 1544 la volvía a incluir, junto con Isabel, la hija de Ana Bolena, en la línea sucesoria. Su llegada al trono de Inglaterra supuso la vuelta del catolicismo al país y una furibunda persecución de los anglicanos que la hizo acreedora del apodo *Bloody Mary*. Casada con Felipe II, el hijo de Carlos V, no tuvieron descendencia y cuando falleció, le sucedió Isabel.

ISABEL I. Hija de Ana Bolena y de Enrique VIII y cuando su madre fue ejecutada, Isabel (1533-1603) logró una reconciliación con su padre y que se le restituyeran sus derechos sucesorios. Tras la muerte de sus hermanos subió al trono de Inglaterra, en el que se mantuvo durante 44 años. Con ella volvió a restablecerse la Iglesia anglicana. La reina ni se casó ni tuvo descendencia, y ella fue la última Tudor en ceñirse la corona inglesa.

HISTORIA CONTEMPORÁNEA

HISTORIA MODERNA

EDAD MEDIA

HISTORIA ANTIGUA

PREHISTORIA

Conquistadores

Lograr riquezas, tierras y gloria fue la ambición que movió a los conquistadores en el Nuevo Mundo. La intensa vida de uno de ellos, Lope de Aguirre, es paradigma de las miserias y grandezas de aquellos hombres que valientemente se internaban en territorios y mares desconocidos. Hoy son míticos nombres como los de Cortés, Pizarro y Legazpi.

El conquistador guipuzcoano Lope de Aguirre, apodado Aguirre el Loco (c. 1515-1561), fue asesinado por dos de sus hombres y condenado póstumamente por traición.

Un año antes había formado parte de la expedición que el virrey de Perú, Andrés Hurtado de Mendoza, encargó al navarro Pedro de Ursúa para que buscara el país de Omagua, que los españoles identificaban con una tierra abundante en oro, el mítico El Dorado.

EN BUSCA DE EL DORADO

En la expedición, que partió el 26 de septiembre de 1560, con 300 soldados y cientos de indios, iba también la hija de Aguirre, Elvira. El viaje resultó durísimo: se iban perdiendo embarcaciones, los hombres morían y llegó un momento en el que las provisiones escasearon. Entonces cundió el descontento entre los expedicionarios, que deseaban regresar a Perú, pero

El emperador de México apresado por Hernán Cortés.

LA CONQUISTA DE MÉXICO

	1519				1520
21 de abril. Llegada de Hernán Cortés a Cozumel	**Septiembre.** Combates con los tlaxcaltecas	**16-18 octubre.** Matanza de Cholula	**14 de noviembre.** Prisión de Moctezuma	**Mayo.** Matanza del Templo Mayor	**30 de junio.** Noche triste

Izquierda, **Retrato de Francisco Pizarro**, de un autor desconocido. Derecha **Retrato de Hernán Cortés**, del siglo XVIII. Real Academia de Bellas Artes de San Fernando, Madrid, España.

Ursúa se negó. El dirigente navarro aparecía ante la tropa como un hombre que había perdido la cabeza, ocupado solo en acostarse con su amante, una mestiza llamada Inés de Atienza, y reprimir cruelmente a los descontentos. La rebelión no tardó en estallar y Ursúa fue asesinado. Los rebeldes escribieron una carta a Felipe II para explicarle lo ocurrido. Aguirre firmó así: «Lope de Aguirre, traidor». El guipuzcoano asumió el mando de la expedición y poco después rompió definitivamente con el monarca. Para entonces, en el grupo había algo más que mal ambiente: las conspiraciones y los espías

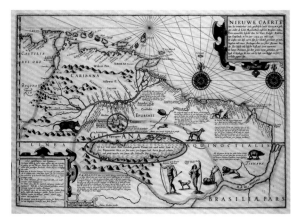

Mapa de 1598 de Jodocus Hondius. 36 x 52 cm. Se pueden observar los lagos Casipa y Parime y la ciudad de El Dorado. Biblioteca Nacional de Brasil.

eran habituales y Aguirre fue eliminando a todos sus rivales. Posteriormente, se hizo con la ciudad de Valencia (Venezuela) y allí se impuso como hombre fuerte hasta su muerte, el 27 de octubre de 1561.

LA CONQUISTA DE AMÉRICA

Hernán Cortés (1485-1547) fue el conquistador del Imperio azteca. Salió de Cuba el 10 de febrero de 1519 hacia la península de Yucatán al mando de una expedición de exploración y descubrimiento. En su avance fue conquistando localidades y en una de ellas conoció a una india esclava llamada Malinche, que se convirtió en su intérprete, amante y consejera. También supo entonces que existía un gran país, el Imperio mexica, gobernado por un emperador, Moctezuma II, y odiado por otros pueblos indígenas, con los que Cortés tuvo la idea de establecer una alianza a cambio de la libertad tras la derrota mexica.

LA CAÍDA DEL IMPERIO MEXICA

Los españoles llegaron a la capital azteca, Tenochtitlán, el 8 de noviembre de 1519 y Cortés se encontró con Moctezuma. El emperador les acogió en un palacio, en el que los huéspedes encontraron un tesoro. Temerosos de que Moctezuma ordenara su muerte, los españoles hicieron rehén al emperador como medida de protección, aunque a los ojos de los mexicas Moctezuma se encontraba entre los españoles por propia voluntad.

Lope de Aguirre.

¿A QUÉ SE LLAMABA EL DORADO?

A una tierra mítica que los españoles creían llena de tesoros porque habían oído hablar de un lugar escondido cuyo rey, cubierto de polvo de oro, hacía ofrendas en una laguna sagrada. Aquella era una ceremonia que celebraban los muiscas en la laguna de Guatavita (Colombia). En su busca se organizaron varias expediciones hasta el siglo XIX.

1521

| **7 de julio**. Batalla de Otumba | **30 de mayo**. Asedio a Tenochtitlán | **13 de agosto**. Matanza de Tlatelolco y fin de la guerra |

HISTORIA CONTEMPORÁNEA

HISTORIA MODERNA

EDAD MEDIA

HISTORIA ANTIGUA

PREHISTORIA

Cortés y Moctezuma II. Conquista de México, de Kurz & Allison. 1519. Biblioteca del Congreso, Washington D.C. , EE. UU.

La Conquista de México por Cortés, de Kurz & Allison. 1521. Biblioteca del Congreso, Washington D.C. , EE. UU.

El suplicio de Cuauhtémoc, de Leandro Izaguirre. 1892. Óleo sobre tela, 294.5 x 454 cm. Museo Nacional de Arte., Ciudad de México, México.

LA NOCHE TRISTE

Un enfrentamiento con Diego de Velázquez, el gobernador de Cuba, llevó a Hernán Cortés a ausentarse de Tenochtitlán, que dejó al mando de Pedro de Alvarado. Entonces hubo una matanza de indígenas por confundir una celebración ritual con una sublevación. Los mexicas se rebelaron y se pusieron a las órdenes de Cuauhtémoc. Moctezuma fue asesinado cuando trataba de calmar a los suyos, que acorralaron a los españoles. La noche del 30 de junio al 1 de julio de 1520, llamada la Noche Triste, los españoles trataron de huir, pero fueron descubiertos y la mitad de ellos murieron a manos de los mexicas. Los españoles, con el apoyo de los tlaxcaltecas, tomaron Tenochtitlán. Era el 13 de agosto de 1521. El Imperio azteca iba a convertirse en Nueva España.

FRANCISCO PIZARRO

Fue el conquistador del Imperio incaico, cuyo territorio se extendía por zonas de Colombia, Ecuador, Perú, Bolivia, Chile y Argentina, y tenía la capital en la ciudad de Cuzco. Pizarro que había luchado en los tercios españoles con Gonzalo Fernández de Córdoba, el Gran Capitán, y llegó a América en 1502. Tras una primera infructuosa expedición hacia el legendario reino de Birú, del que se decía que estaba repleto de oro, Pizarro volvió a intentar su conquista. Salió de Panamá a finales de 1530 con 180 soldados en busca de oro. El rey inca, Atahualpa, se encontraba en Cajamarca cuando los españoles llegaron a Perú.

UN MALENTENDIDO FATAL

El 17 de noviembre de 1532 Atahualpa fue a encontrarse con los españoles. Iba en un trono de oro entre cientos de sirvientes y escoltado por miles de guerreros. Un capellán español se le acercó, le ofreció una Biblia y le dijo que abandonara a sus ídolos paganos. Atahualpa no entendió nada, cogió la Biblia y la tiró al suelo, lo que para los españoles era una blasfemia. Entonces Pizarro ordenó a sus hombres que dispararan y apresó a Atahualpa. Aunque el emperador inca pagó un rescate inmenso en oro y plata por su libertad, el 26 de julio de 1533 Pizarro mandó que lo ejecutaran. Entonces miles de sus súbditos decidieron suicidarse. La fundación de Lima en enero de 1535 fue el inicio de la colonización del Imperio inca.

LA CONQUISTA DE FILIPINAS

El guipuzcoano Miguel López de Legazpi (c 1503-1572) zarpó del puerto mexicano de Jalisco el 21 de noviembre de 1564 rumbo a las islas Filipinas, que habían sido descubiertas en la primera vuelta alrededor del mundo de Fernando de Magallanes y Juan Sebastián Elcano. Felipe II quería rescatar a los supervivientes de una expedición anterior. El 15 de febrero de 1565 la expedición de Legazpi tocó por primera vez tierras filipinas y después de años de batallas y conquistas, el 24 de junio de 1571, Legazpi fundó la ciudad de Manila.

LA CONQUISTA DE FILIPINAS

1564		1565		1571
21 de noviembre. Legazpi parte de Nueva Galicia (hoy, Jalisco)	**22 de enero**. Conquista la isla de Guam	**15 de febrero**. Toca la isla filipina de Samar	**27 de abril**. Funda la Villa de San Miguel (hoy Cebú)	**24 de junio**. Funda la ciudad de Manila, que se convierte en sede del Gobierno

HISTORIA CONTEMPORÁNEA

HISTORIA MODERNA

EDAD MEDIA

HISTORIA ANTIGUA

PREHISTORIA

Piratas y corsarios

La batalla por el dominio del mar no siempre fue una guerra limpia. Las potencias utilizaron todos los medios para socavar la hegemonía española y sobre todo, en el siglo XVI, dieron cobertura al robo del oro que llevaban los barcos de España desde sus colonias americanas. A este negocio se sumaron buscavidas de todas las clases, como el famoso pirata Barbanegra, que a veces atacaba con el respaldo de un Estado y otras, para su propio lucro.

LA EDAD DE ORO DE LA PIRATERÍA

El monopolio comercial que España había establecido con sus colonias tras el descubrimiento de América dio pie a la envidia de otras naciones, que también querían ser partícipes de esa provechosa actividad mercantil. Corsarios franceses, ingleses y holandeses, así como filibusteros de las Antillas, acechaban los mares que surcaban los barcos españoles para robarles su carga. La llegada al trono de Isabel I de Inglaterra supuso el fin de su alianza con España y el inicio de hostilidades contra los barcos españoles. Así, marinos como Edward Cook, John Hawkins y Francis Drake supusieron enormes pérdidas para España.

La captura del pirata **Barbanegra.**, de Leon Gerome Ferris.

LA ÉPOCA DE LA PIRATERÍA

1522	1560	1621	1618-1648
Primeras actividades piratas contra barcos españoles por el francés Jean Fleury (al servicio de Francisco I)	Edward Cook captura un buque español para la corona inglesa de Isabel I	Creación de la Compañía Holandesa de las Indias Occidentales, dedicada al corso contra España	Guerra de los Treinta Años

BARBANEGRA, EL TERROR DEL MAR

Se llamaba Edward Teach y había sido marino en la Armada Real inglesa hasta el final de la Guerra de Sucesión española, cuando había iniciado su particular carrera como pirata. Durante años, había surcado los mares en el legendario Venganza de la reina Ana, del que se decía que estaba embrujado y solo le obedecía a él. El pirata había sabido cultivar su imagen para resultar aterrador. Como su sobrenombre indica, tenía una poblada barba negra y cuando entraba en combate encendía con fuego mechas por su larga cabellera, que le daban un aspecto diabólico. Cuando saltaba al abordaje lo hacía pistola en mano y con un cuchillo entre los dientes. A lo largo de su carrera delictiva llegó a reunir una fuerza de 400 hombres y seis barcos.

ATAQUES HOLANDESES

En 1621 se creó la Compañía Holandesa de las Indias Occidentales, que tenía como principal cometido hacer la guerra a España y practicar el corso. Asimismo, se dedicó a atacar las colonias negreras de los portugueses en África y a introducir productos de contrabando en el Caribe. Para entonces ya existía la Compañía Holandesa de las Indias Orientales (fundada en 1602), que se hizo con el monopolio del comercio colonial en Asia. Uno de los mayores éxitos de la compañía occidental lo logró el vicealmirante de su flota Piet Pieterszoon en 1628, cuando apresó varios barcos españoles cargados de toneladas de oro y plata de México.

¡TORTUGA!

La Tortuga es una isla del Caribe que en el siglo XVII fue refugio de piratas de la región. Descubierta por Cristóbal Colón en su primer viaje a América, hoy pertenece a la República de Haití.

1648

Paz de Westfalia y acceso a las potencias europeas al Caribe

1713-1715

Tratado de Utrech y prohibición de la piratería en Inglaterra, Francia y Holanda

Izquierda, **Sir Francis Drake**, de Marcus Gheeraerts el Joven. 1590. Abadía de Buckland, Devon, Reino Unido. Derecha, **Retrato del corsario Piet Hein**. 1629.

CLASES DE PIRATAS

Piratas: se llama piratería a la acción naval de expediciones armadas con un fin lucrativo que no tienen autorización de ningún Estado. Se dirige contra todo el comercio en general sin distinción de naciones entre sus posibles presas.

Corsarios: el corso es una actividad naval contra los enemigos del propio Estado, que es el que proporciona permiso o patente de corso para atacar a los enemigos comerciales a cambio de una parte del botín.

Bucaneros: así se llama a los aventureros que ocuparon en el siglo XVII la zona norte de La Española que los españoles habían despoblado para evitar el contrabando que allí se llevaba a cabo. Los bucaneros se dedicaban a ahumar y salar carne de ganado cimarrón para venderla a naves que necesitaban provisiones. Cuando se presentaba la ocasión, también se dedicaban a la piratería.

Filibusteros: se utiliza este término para aquellos piratas del Caribe que durante los siglos XVI y XVII se dedicaban a hostigar las posesiones españolas en América. Algunos de ellos formaron, junto con los bucaneros, una sociedad –los Hermanos de la Costa– para actividades de piratería y contrabando, que se regía por un código de honor.

El rey Sol

Durante sus 72 años de reinado, Luis XIV hizo de Francia una potencia respetada e imitada. Batalló en numerosos frentes externos, durante los cuales amplió los dominios franceses, mientras en el interior se las ingenió para imponer su autoridad a sus nobles y al clero.

El llamado Rey Sol introdujo muchos cambios en Francia: su fastuoso palacio, la complicada vida cortesana, la intrincada política internacional.

EL PALACIO DE VERSALLES

El antiguo pabellón de caza que tenía Luis XIII en Versalles se convirtió en un maravilloso palacio por orden de su hijo, Luis XIV (1638-1715), que se trasladó a vivir allí acompañado de la Corte. Desde entonces y hasta la Revolución francesa los reyes vivieron en este edificio y siguieron embelleciéndolo. En los magníficos jardines proyectados por André Le Nôtre trabajaron miles de hombres para acondicionar tierra y árboles llegados de todo el país en carretas. Dentro del complejo de Versalles, Luis XIV construyó el Gran Trianón, a donde le gustaba retirarse con *Madame* de Montespan, su amante entre 1667 y 1680

Boda de Luis XIV y María Teresa de Austria, de Adam Frans van der Meulen. Museo de Tessé, Le Mans, Francia.

LA CORTE VERSALLESCA

1640-1701	1652-1722
Felipe I de Orleáns, hermano de Luis XIV. Derrotó a Guillermo de Orange en 1677. Se le atribuyen romances con sus favoritos y no tuvo grandes puestos políticos porque el rey censuraba su homosexualidad, así como su comportamiento excéntrico y sus gustos afeminados	**Isabela Carlota del Palatinado**. Casada con Felipe I de Orleáns, tuvo una extraña relación con su marido, más cercana al compañerismo que a la de pareja. Vivió en Versalles como cuñada del rey, con el que congeniaba muy bien y quien la ayudaba económicamente cuando los despilfarros de su marido les ponían en dificultades a ella y a sus hijos

De izquierda a derecha, la madre de Luis XIV **Ana de Austria**; su primera esposa **María Teresa de Austria y de Borbón**; **Madame de Maintenon**, su segunda esposa, y su hijo el delfín, **Luis de Francia**.

y con la que tuvo siete hijos. Se trata de un palacio de mármol rosa rodeado de macetas con flores que, si lo requerían, se reponían a diario. La construcción del Palacio de Versalles sirvió a otros propósitos. Por un lado, su belleza y grandiosidad se alzaban como símbolos del poder de un rey que buscaba el reconocimiento de su grandeza. Por otro lado, sirvió a los propósitos de Luis XIV de tener bajo vigilancia a unos nobles de los que desconfiaba. Al trasladar la Corte a Versalles en 1682 obligó a los aristócratas a permanecer a su lado si deseaban obtener prebendas y favores, lo que les mantenía alejados de sus propios dominios y evitaba tentaciones conspiratorias contra la corona. Para mantener entretenidos a los nobles, Luis XIV se inventaba todo tipo de fiestas y acontecimientos extravagantes. Y mientras los nobles asistían con despreocupación a los festejos reales, el soberano colocaba a fieles plebeyos y aristócratas de segunda fila en los cargos de poder. De este modo podía despedir a quien quisiera cuando lo considerara oportuno sin los problemas que un grande de Francia podía acarrearle.

LOS CORTESANOS

En Versalles vivían entre 3.000 y 10.000 personas, según la época. Los más afortunados tenían incluso su propia residencia dentro del palacio. Como para ganarse los favores del rey era necesario ser asiduo del lugar, tener alojamiento en Versalles facilitaba la cercanía constante al monarca. Dentro del palacio había que observar una etiqueta muy estricta a la hora de hablar, de moverse y de vestir.

EL PEQUEÑO REY

La llegada al mundo del pequeño Luis se hizo esperar. Luis XIII y Ana de Austria lo tuvieron después de 23 años de matrimonio, y por eso le bautizaron Louis-Dieudonné, es decir, Luis-Dado por Dios. Subió al trono con cinco años, tras la muerte de su padre, y su madre se las ingenió para quedar como única regente del reino, ayudada por su primer ministro, el cardenal italiano Giulio Mazarino.

GRANDES LOGROS

Luis XIV está considerado como el monarca francés más grande de la historia. El rey de Francia y de Navarra durante 72 años y copríncipe de Andorra no solo inició la dinastía borbónica del trono español, sino que hizo de su país una gran potencia europea, para la que anexionó nuevos territorios. Gracias a él, el francés se convirtió en la lengua de la élite europea, que comenzó a admirar su cultura y su gastronomía y a imitar su moda y sus maneras.

1635-1719

Madame de Maintenon. Fue la segunda esposa del rey, con la que en 1683 celebró un matrimonio morganático en secreto. Había llegado a la Corte en 1669 de la mano de la amante del rey, Madame de Montespan, como institutriz de los hijos de ambos. Cuando esta última cayó en desgracia y la reina María Teresa falleció, se las arregló para conquistar al rey

HISTORIA CONTEMPORÁNEA

HISTORIA MODERNA

EDAD MEDIA

HISTORIA ANTIGUA

PREHISTORIA

Durante su niñez, el pequeño Luis XIV vio cómo los nobles se amotinaban contra el gobierno de Mazarino, que llevaba a cabo una política centralizadora que cortaba poderes y gravaba con impuestos a muchos aristócratas. El malestar de los nobles terminó en dos sublevaciones, que se denominaron primera y segunda Fronda y desarrollaron la desconfianza con la que el rey siempre miró a la nobleza.

PAZ CON ESPAÑA

En 1659 terminó la guerra con España que se había iniciado 24 años antes por el Tratado de los Pirineos, que se firmó en la isla de los Faisanes, en el río Bidasoa, frontera entre ambos Estados. Al año siguiente se ratificó el tratado con el matrimonio de Luis XIV, entonces a punto de cumplir los 22 años, con María Teresa de Austria, hija de Felipe IV de España y de la princesa Isabel de Francia.

LA EXPANSIÓN FRANCESA

Durante los años siguientes Francia amplió sus territorios tanto en Europa como en Asia y América. Así, por ejemplo, varias expediciones francesas establecieron fuertes a lo largo del río Misisipi y en Canadá, y en 1682 el explorador René Robert Cavalier de la Salle reclamó para Francia aquellos territorios que llamó Luisiana en honor del rey.

Izquierda, **Retrato del rey Felipe V de España**, de Hyacinthe Rigaud. Óleo sobre tabla, 144, 115 cm. Museo del Prado, Madrid, España. Derecha, **Archiduque Carlos de Austria**, de Gonzalo Bartolomé. Óleo sobre lienzo, 117 x 102 cm. Museo del Prado, Madrid, España.

Luis XIV proclama a Felipe de Anjou como rey de España en Versalles, de François Pascal Simon Gérard. Palacio de Versalles, Francia.

UN FRANCÉS PARA EL TRONO DE ESPAÑA

Cuando Carlos II falleció sin descendencia, dos grandes familias europeas se disputaron el trono español: los Borbones y los Habsburgo. La corona española era muy apetecible porque incluía posesiones en Italia y los Países Bajos y un amplio imperio colonial. Los pretendientes fueron dos:

Felipe de Anjou, bisnieto de la hija mayor de Felipe III (Ana, esposa de Luis XIII) y nieto de la hija mayor de Felipe IV (María Teresa, esposa de Luis XIV).

Carlos, archiduque de Austria, nieto de la hija menor de Felipe III (María de Austria, madre del emperador Leopoldo I).

Los titubeos de Carlos II sobre quién debería heredar la corona española a su muerte se debían a su deseo de que el imperio se conservara íntegro y no terminara despiezado. En el último momento, dejó su herencia al duque de Anjou siempre y cuando se comprometiera a renunciar a su posición en la línea sucesoria francesa. La guerra de Sucesión (1701-1713), que implicó a varios países europeos, en España significó un conflicto entre los partidarios del francés (Castilla) y los que apoyaban al archiduque (Aragón). El conflicto terminó con el duque de Anjou como Felipe V de España, pero el Imperio austriaco se quedó con las posesiones españolas en Italia y los Países Bajos. Aunque el archiduque Carlos no logró el trono español, la muerte de su hermano José I en 1711 lo convirtió en el emperador Carlos VI.

HISTORIA CONTEMPORÁNEA

HISTORIA MODERNA

EDAD MEDIA

HISTORIA ANTIGUA

PREHISTORIA

La toma de la Bastilla

El asalto popular a la fortaleza de la Bastilla el 14 de julio de 1789 fue un mensaje de odio y rabia del pueblo de París a sus aristócratas y al rey. La Revolución francesa rodaba ya sin freno y nada volvería a ser como antes. El Antiguo Régimen iba a pasar a la historia para dar paso a una nueva era en el gobierno de los pueblos.

El 21 de junio de 1791 Luis XVI y su esposa María Antonieta fueron detenidos en Varennes-en-Argonne cuando intentaban huir de Francia. La Asamblea suspendió al rey y puso a la pareja real bajo arresto. A cambio de que jurara la Constitución de 1791, el rey fue perdonado, pero por pocos meses. El camino a la guillotina había quedado abierto.

CAUSAS DE LA REVOLUCIÓN

Los franceses se encontraban en una grave crisis. Las cosechas habían sido muy malas y el hambre se extendía sin piedad. Una gran masa de campesinos vivía en duras condiciones de servidumbre. La población de las ciudades se las ingeniaba para sobrevivir con las constantes subidas de los precios. La nobleza y el clero trataban de defender sus privilegios, pero la bancarrota del Estado llevó a la creación de nuevos impuestos y en esta ocasión no iban a poder zafarse de ellos, como habían hecho hasta entonces. Los únicos que no parecían tener problemas económicos eran los burgueses, pero tampoco estaban contentos: ansiaban más libertad económica y participar en política.

LA REVOLUCIÓN FRANCESA

La libertad guiando al pueblo, de Eugène Delacroix. 1830. Óleo sobre lienzo, 250 x 325 cm. Museo del Louvre, París, Francia.

LOS ESTADOS GENERALES

La nobleza y el clero se revolvieron contra las reformas económicas que los ministros del rey trataron de llevar a cabo, como una reforma fiscal para acabar con la exención de impuestos de la nobleza y el clero. La oposición de los privilegiados a los cambios llevó a los representantes de las ciudades (el tercer estado) a pedir la reunión de los Estados Generales, una asamblea que debía convocar el rey y en la que también participaban la nobleza (primer estado) y el clero (segundo estado). Los Estados Generales se convocaron el 5 de mayo de 1789, pero había un problema con las votaciones. Hasta ese momento cada estamento había tenido un voto y como la nobleza y el clero solían estar de acuerdo, siempre ganaban por dos a uno. Pero esta vez el tercer estamento, que tenía más representantes individuales, exigió el voto individual, lo que los otros dos estamentos rechazaron. Entonces los miembros del tercer estado se organizaron en una Asamblea Nacional, cuya primera medida fue votar la Declaración de los Derechos del Hombre.

LA ASAMBLEA NACIONAL

El rey, indignado, impidió a la Asamblea que siguiera reuniéndose en las salas donde siempre lo hacía, así que

1789			1791		
5 mayo Estados Generales	**20 junio** Asamblea Nacional (Juramento del Juego de Pelota)	**14 julio** Toma de La Bastilla	**27 junio** Fuga de Varennes	**3 septiembre** Asamblea Constituyente	**1 octubre** Asamblea Legislativa

La toma de la Bastilla, de Jean-Pierre Houël. 1789. Acuarela. Biblioteca Nacional de Francia.

los asambleístas se trasladaron a un lugar donde la aristocracia jugaba a la pelota y prometieron seguir unidos hasta dar a Francia una nueva Constitución. A aquella reunión del 20 de junio de 1789 se la conoce como el Juramento del Juego de Pelota.

ASALTO A LA BASTILLA

Los rumores de que el rey estaba preparando una represión dispararon la furia general. El populacho asaltó el Hotel de los Inválidos y se apropió de fusiles y cañones. Después se dirigió a la Bastilla para aprovisionarse de pólvora y tras unas horas de enfrentamiento, los sitiadores se hicieron con la fortaleza. Aquello se convirtió en el símbolo del triunfo popular.

LA ASAMBLEA CONSTITUYENTE

El 3 de septiembre de 1791 la Asamblea Constituyente aprobó la primera Constitución francesa. Al rey se le dio el poder ejecutivo y el derecho de veto de las leyes que aprobara la Asamblea Legislativa. La decisión de mantener al monarca no gustó a muchos y una multitud se congregó en el Campo de Marte para protestar, pero la Guardia Nacional disparó contra los manifestantes.

LA ASAMBLEA LEGISLATIVA

Inició su andadura el 1 de octubre de 1791. Tenía diputados conservadores, como los girondinos (republicanos de la gran burguesía), otros de centro y otros más radicales, como los jacobinos (así llamados porque se reunían en el convento dominico de san Jacobo) y los *cordeliers* (representantes del pueblo llano). Su trabajo como Asamblea de una monarquía constitucional duró poco tiempo. El rey buscó la ayuda de Federico Guillermo II de Prusia y del emperador Leopoldo II para acabar con la revolución; los nobles conspiraron para que las fuerzas imperiales invadieran Francia; y los católicos, descontentos con la nueva Constitución civil, se sublevaron en algunas regiones. A su vez, los revolucionarios también estaban divididos: unos abogaban por una monarquía parlamentaria, otros preferían que estallara la guerra para que todos los franceses se unieran contra los enemigos comunes. La ofensiva de los austriacos en apoyo de Luis XVI provocó desórdenes y el 10 de agosto de 1792 los franceses asaltaron el Palacio de las Tullerías. Finalmente, la Asamblea Legislativa suspendió al rey de sus funciones y le puso bajo arresto en el Temple, una torre llamada así porque había pertenecido a los templarios. La Asamblea Legislativa, además, convocó elecciones y de aquellos comicios surgió un nuevo Parlamento: la Convención, que el 21 de septiembre abolió la monarquía y proclamó la Primera República Francesa.

EL TERROR

La inestabilidad social, la crisis económica y la guerra con las potencias extranjeras propiciaron el golpe de Estado de los jacobinos. El Comité de Salvación Pública quedó bajo la dirección de **Maximilien Robespierre**, y con él comenzaron unos meses de terror (de septiembre de 1793 a julio de 1794). El nuevo orden impuesto en Francia quiso acabar con el antiguo régimen a golpe de guillotina.

1792	1793	
21 septiembre Proclamación de la Primera República Francesa	**21 enero** Luis XVI muere guillotinado	**16 octubre** María Antonieta muere guillotinada

Napoleón conquistador

El hombre que puso Europa a sus pies mantuvo una complicada relación con su primera mujer, Josefina, a la que coronó emperatriz y despachó cuando certificó que nunca le daría descendencia. Y al tiempo que invadía países e imponía avanzadas reformas políticas y administrativas, discutía con ella por celos o encontraba amantes para serle infiel.

Cuando Napoleón Bonaparte y Josefina de Beauharnais se conocieron, él era un joven general delgaducho y con gesto enfurruñado mientras ella se deslizaba grácilmente por los salones de la aristocracia revolucionaria francesa. De hecho, el día que los presentaron –entre agosto y septiembre de 1795– habían coincidido en casa de Teresa Cabarrús, o mejor dicho Madame Tallien, en donde solía reunirse lo más granado de la alta sociedad.

Ella tenía 32 años; él, 26. Ella tenía un rico pasado

La consagración de Napoleón y la coronación de Josefina, (detalle) Jacques-Louis David.

EL FIN DE NAPOLEÓN

sentimental; de él se sabe que había pedido matrimonio a una viuda. Poco después, a principios de octubre, Bonaparte ayudó al vizconde Paul Barras a derrotar una insurrección conservadora antirrevolucionaria. Así que cuando en noviembre Barras entró a formar parte del Directorio que a partir de entonces iba a gobernar Francia, Napoleón le sucedió como general en jefe de la Armada del Interior. A esas alturas Josefina se dedicaba a ayudar a regresar a exiliados franceses mientras Napoleón, que buscaba una esposa con posibles, empezó a cortejarla, esta vez con mayor interés.

EL MATRIMONIO

Napoleón (1769-1821) y Josefina (1763-1814) se casaron por lo civil el 9 de marzo de 1796. ¿Qué vio ella en él? Debió de ser potencial porque fueron varios los que le recomendaron que se olvidara de ese militar sin fortuna. La luna de miel fue más que breve porque dos días después Napoleón partió al frente del ejército francés, que invadió con éxito Italia, en cuyos territorios del norte además fundó la República Cisalpina como Estado satélite de Francia. Las cartas que el joven esposo enviaba a su mujer, de las que se conserva una buena parte, revelan el amor apasionado que él sentía entonces por ella. Sin embargo, Josefina no le correspondía de igual manera y en ausencia de su esposo, llevaba una vida de amantes y diversión.

EL RETORNO DE EGIPTO

Napoleón partió al año siguiente para arrebatar Egipto a los otomanos y ya de paso cortar la vía comercial de Gran Bretaña con India. La campaña no obtuvo todos los éxitos esperados, pero el Directorio le quería en Europa porque temía una invasión de Reino Unido, Austria, Rusia, Nápoles y Portugal, que se habían

1812				1813
23 junio Francia inicia la invasión de Rusia	**14 septiembre** Napoleón entra en Moscú, pero Rusia no se rinde	**18 octubre** Comienza la retirada francesa de Rusia	**14 diciembre** Se completa la salida de Rusia de los franceses	**16 octubre** Derrota francesa en la batalla de las Naciones (Leipzig)

De izquierda a derecha, **Napoleón Bonaparte, Josefina de Beauharnais, María Luisa de Habsburgo-Lorena** y su hijo **Napoleón II**.

coaligado. Napoleón regresó y aquello fue el fin del Directorio: el general no solo se unió al golpe de Estado que se estaba preparando para el 9 de noviembre de 1799 (el 18 de Brumario, según el calendario de la Revolución), sino que asumió el control del Gobierno como primer cónsul. Las turbulencias políticas se combinaron con las conyugales. Bonaparte se enteró de los devaneos de Josefina en su ausencia y su cólera fue tal que hasta la echó de casa. Aquel enfado le duró poco y pronto perdonó sus infidelidades para proseguir su vida junto a ella. Fue más o menos por aquella época cuando Josefina empezó a cambiar de actitud ante la posibilidad de perder a su marido y dejó de serle infiel.

SIN HEREDERO

Quizá fue ese cambio lo que empezó a suavizar la obsesión de Bonaparte por su esposa para fijarse en otras mujeres. Una de las mayores crisis de la pareja tuvo lugar cuando Josefina sorprendió a su esposo con una criada. La preocupación de Josefina fue aumentando al no poder tener el hijo que su marido quería a toda costa como sucesor. Porque Napoleón creía que para acabar con las conspiraciones políticas lo mejor era instaurar una monarquía hereditaria: con un hijo varón a su lado desaparecerían las tentaciones de cambiar de régimen mediante un asesinato.

Durante su gobierno, Bonaparte trató de reordenar el

UNA NUEVA FAMILIA

El fin del enfrentamiento en Europa entre Napoleón y Austria se selló con el matrimonio de Bonaparte con la hija de Francisco I, María Luisa, el 11 de marzo de 1810. De aquella unión nació al año siguiente el ansiado hijo del francés, Napoleón II, a quien su padre, nada más venir al mundo, le concedió el título de rey de Roma.

Matrimonio de Napoleón I y María Luisa de Austria, de Rouget.

1814	1815				1821
11 abril Tratado de Fontainebleu: Bonaparte debe exiliarse en la isla de Elba. María Luisa y el pequeño Napoleón II quedan bajo custodia de Francisco I, el padre de ella	**1 marzo** Tras huir de Elba, Napoleón se prepara para retomar el poder	**20 marzo** Entra en París entre vítores. Se inicia el gobierno de los Cien Días	**18 junio** Derrota en la batalla de Waterloo	**15 julio** Destierro en la isla de Santa Elena	**5 mayo** Napoleón fallece

Napoleón pasando revista a las tropas antes de la batalla de Jena el 14 de octubre de 1806, de Horace Vernet. 1836. Óleo sobre lienzo, 543 x 465 cm. Museo Nacional de Versalles, París, Francia.

Napoleón y su ejército regresando de Soissons después de la batalla de Laon, de Jean-Louis-Ernest Meissonier. 1864. Óleo sobre tabla. Museo d'Orsay, París, Francia.

desbarajuste en que había quedado el Estado por la Revolución. Así, realizó reformas modernizadoras en la Administración y la educación e instituyó un nuevo código tributario. Además se elaboró el Código Civil francés (el famoso Código Napoleónico).

EMPERADORES

Así las cosas, Bonaparte se proclamó emperador el 28 de mayo de 1804. Josefina solicitó al Papa Pío VII que se negara a coronarle hasta que su matrimonio no estuviera bendecido por la Iglesia: trataba de asegurar su lugar junto a Napoleón. Por fin, el 1 de diciembre de 1804, la pareja se casó por la Iglesia y el día 2, tras una autocoronación de Napoleón, el mismo Bonaparte coronó emperatriz a Josefina. Pero el matrimonio imperial tenía los días contados. Josefina no se quedaba encinta y cuando Bonaparte se dio cuenta de que con su esposa nunca tendría descendencia, se divorció. En diciembre de 1809 se firmó la separación civil y en enero de 1810 se anuló el matrimonio eclesiástico. Ella se instaló con una buena pensión en el Palacio de Malmaison, a 12 km de París, donde se dedicó a su afición por la botánica. Nunca más acompañaría al emperador ni en sus triunfos, ni en sus derrotas. Falleció cuatro años después, cuando Napoleón se encontraba desterrado en la isla de Elba.

Retrato de Napoleón en su gabinete de trabajo (detalle) de Jacques-Louis David. 1802. Óleo, 20,4 x 12,5 cm. Galería Nacional de Arte, Washington, EE. UU.

Napolón en su trono de emperador, de Jean Auguste Dominique Ingres. Óleo, 259 x 262 cm. Museo del Ejército, Los Inválidos, París, Francia.

NAPOLEÓN REFORMADOR

Durante su gobierno, Bonaparte trató de reordenar el desbarajuste en que había quedado el Estado por la Revolución. Así, realizó reformas modernizadoras en la Administración y la educación e instituyó un nuevo código tributario, un banco central y hasta un sistema de carreteras y cloacas. Además se elaboró el Código Civil francés (el famoso Código Napoleónico) que unificaba las leyes del país y un Código Penal, un Código de Comercio y un Código de Instrucción Criminal para establecer procedimientos judiciales concretos. Su intervención en España, donde coronó rey a su hermano José en junio de 1808, quedó reflejada, por ejemplo, en las reformas urbanísticas de varias ciudades, el establecimiento de liceos y la implantación de una copia del Código napoleónico.

HISTORIA CONTEMPORÁNEA

HISTORIA MODERNA

EDAD MEDIA

HISTORIA ANTIGUA

PREHISTORIA

Bandoleros

La España ocupada por las tropas napoleónicas tuvo su defensa en las partidas de guerrilleros. Al acabar la guerra de la Independencia, algunos de sus hombres prefirieron seguir su carrera fuera de la ley. Este fenómeno del bandolerismo, que se conocía desde hacía siglos, era sobre todo propio de momentos de penurias económicas e injusticia social. Por eso hubo bandoleros que se ganaron la admiración de las clases más humildes.

El bandolerismo es una antigua actividad delictiva que conocieron bien incluso en el Imperio Romano. Así, en época del emperador Septimio Severo se hizo famoso el bandido Bulla Felix que, con su banda de 600 hombres, trajo de cabeza entre los años 205 y 207 d. C. a los que se aventuraban en la vía que unía Brindisi con Roma. Mayoritariamente, pero no siempre, los bandoleros solían ser personas de origen humilde que se dedicaban al robo y al contrabando como medio de vida. Aprovechaban la soledad de los caminos para asaltar a los viajeros, pero también saqueaban poblaciones y practicaban secuestros y asesinatos. Luego, las leyendas populares hacían de ellos personajes famosos y admirados.

ORIGEN DEL FENÓMENO

Son varias las causas que subyacen tras el fenómeno del bandolerismo en España. La pobreza, la concentración de tierras en grandes latifundios, la inestabilidad política, el descontento social en situaciones de opresión y las guerras civiles son algunos de los factores socioeconómicos que contribuyen a su aparición. En España se sabe de la existencia de bandoleros que se remontan a la Sierra Morena del siglo I a. C. También Al-Ándalus tuvo su

Juan Martín Díaz, el Empecinado, de Salvador Martínez Cubells. c 1881. Óleo sobre lienzo, 84 x 67 cm. Museo del Prado, Madrid, España.

bandolero famoso: Omar Ben Hafsún, que entre 880 y 918, mantuvo su particular rebelión contra el emirato de Córdoba. Uno de los momentos de repunte del bandolerismo tuvo lugar en el siglo XVI, cuando las continuas guerras en el exterior solo traían penurias económicas a la población. En ciertas regiones, el problema de esa delincuencia alcanzaba proporciones preocupantes. En el siglo XVIII el fenómeno creció en lugares como Andalucía, donde el latifundismo creaba unas condiciones miserables de vida entre el campesinado que fueron fuente de rebeldía social.

GUERRILLEROS O DELINCUENTES

En el siglo XIX, con la invasión napoleónica de España (1808-1813) surgieron grupos paramilitares que complicaron mucho la situación a los franceses. Con sus tácticas guerrilleras, dificultaban el desplazamiento tanto

BANDOLEROS MÍTICOS

Siglo II	880-918	1693-1721	1706-1739	1777-1806	1775-1825	1804-1837	1805-1833	1819-1849
Bulla Felix	Omar Ben Hafsún	Louis Dominique Garthause, Cartouche	Dick Turpin	Michele Pezza, Fra Diavolo	Juan Martín Díez, el Empecinado	Luis Candelas	José María Hinojosa, el Tempranillo	Andrés López Muñoz, el Barquero de Cantillana

de los convoyes de aprovisionamiento como de las tropas. Al carecer de ejército español, estas partidas se convirtieron en una auténtica fuerza defensora del país. Al frente de ellas destacaron nombres como el de Juan Martín Díez, apodado el Empecinado. Al finalizar la guerra de la Independencia, algunos de estos hombres no supieron incorporarse a la disciplina de un ejército regular y terminaron convirtiéndose en delincuentes.

LOS ESPAÑOLES MÁS FAMOSOS
Juan Martín Díez, el Empecinado (1775-1825). Fue un héroe de la guerra de Independencia española, jefe de una de las guerrillas que, actuando como los bandoleros, puso en jaque al ejército francés en repetidas ocasiones: interceptó correos, cortó suministros, se incautó de armas y dinero. Era tal su eficacia, que los franceses dedicaron un general en exclusiva a perseguirle. Fernando VII, sin embargo, le consideraba un peligroso liberal: al regresar a España tras la derrota francesa, el rey le ofreció un título nobiliario y una suma considerable si se adhería a su causa, pero el Empecinado se mantuvo fiel a la Constitución de Cádiz, lo que finalmente le costó la horca. Juan Martín se convirtió en el protagonista de una de las novelas de los *Episodios Nacionales* de Benito Pérez Galdós.

Luis Candelas (1804-1837). Fue un mítico bandolero madrileño que llevaba una doble vida: de día se presentaba en sociedad como un indiano rico y de noche era un atrevido delincuente. Se jactaba de robar con delicadeza, pero con justicia porque, según decía, la riqueza estaba mal repartida en este mundo. Bien parecido, conquistador y de buenos modales, cada vez que le detenían se las ingeniaba para fugarse. Después de dos atracos importantes, Candelas fue detenido y condenado a morir por garrote vil. Su biografía también dio pie a coplas populares y varios libros.

Los siete niños de Écija. Comenzaron sus aventuras como guerrilleros contra la invasión francesa, pero al terminar la guerra de la Independencia continuaron sus actividades al margen de la ley en Andalucía. La banda tenía este nombre porque estaba compuesta por siete hombres, tres de los cuales procedían de Écija. En 1817 se dictó un edicto para perseguir a la banda. Algunos de ellos fueron ajusticiados, pero otros lograron escapar.

José María Hinojosa, el Tempranillo (1805-1833). Se llamaba José Pelagio Hinojosa y comenzó como bandolero de Sierra Morena a la edad de 15 años, cuando cometió su primer crimen. Formó parte de los siete niños de Écija, pero luego organizó su propia banda, algunos de cuyos miembros fueron veteranos de la guerra de la Independencia. Su especialidad era asaltar carruajes por los caminos. Murió en una emboscada a manos de otro bandolero.

El barquero de Cantillana. Fue un mítico bandolero madrileño que llevaba una doble vida: de día se presentaba en sociedad como un indiano rico y de noche era un atrevido delincuente. Se jactaba de robar con delicadeza, pero con justicia porque, según decía, la riqueza estaba mal repartida en este mundo. Bien parecido, conquistador y de buenos modales, cada vez que le detenían se las ingeniaba para fugarse. Después de dos atracos importantes, Candelas fue detenido y condenado a morir por garrote vil. Su biografía también dio pie a coplas populares y varios libros.

Asalto de ladrones, de Francisco de Goya. c 1793. Óleo sobre hojalata, 42 x 31 cm. Colección Várez Fisa, Madrid, España.

BANDOLEROS EUROPEOS LEGENDARIOS
La Inglaterra del siglo XVIII tuvo su propia estrella del bandolerismo en la persona de **Dick Turpin**. Comenzó robando ganado para su establecimiento, pero pronto se echó al bosque de Epping y con un compañero de aventuras, se especializó en robar carruajes. Coetáneo de Turpin fue el francés Louis **Dominique Garthause**, apodado **Cartouche**, del que se decía que robaba a los ricos para dárselo a los pobres. **Fra Diavolo** fue un forajido italiano que luchó contra la ocupación napoleónica del Reino de Nápoles.

HISTORIA CONTEMPORÁNEA

HISTORIA MODERNA

EDAD MEDIA

HISTORIA ANTIGUA

PREHISTORIA

La Restauración

Derrotado Napoleón en Waterloo, las potencias europeas se apresuraron a borrar todo vestigio revolucionario, restablecer la monarquía absolutista y recuperar las fronteras que había en el Viejo Continente antes de las invasiones francesas.

Las potencias europeas vencieron definitivamente a Napoleón Bonaparte en la batalla de Waterloo en junio de 1815. Inmediatamente, sus ejércitos entraron en Francia a buscarle y cuando le encontraron, le impusieron el exilio en la isla de Santa Elena. Las potencias trataron de volver a la forma de organización política y social que imperaba antes de la Revolución francesa. Querían recuperar el Antiguo Régimen, que se basaba en dos pilares: la monarquía absoluta y la Iglesia, a la que se le devolvieron tierras y atribuciones.

EL CONGRESO DE VIENA

Entre el 1 de octubre de 1814 y el 9 de junio de 1815, la capital austriaca fue sede de las reuniones celebradas entre las potencias europeas para encontrar fórmulas que garantizasen el equilibrio de poder en el Viejo Continente y, por tanto, la paz; el restablecimiento de las fronteras y la defensa de la monarquía frente a nuevos brotes revolucionarios. La vencida Francia se las arregló para participar en las negociaciones al convencer a Austria e Inglaterra de que sería una aliada valiosa frente a las aspiraciones expansionistas de Rusia y Prusia. Los esfuerzos del Congreso de Viena por mantener a raya toda intentona de rebelión al poder establecido no evitaron que las ideas liberales y socialistas se propagaran y fueran fuente de las revoluciones de 1830 y 1848. Sin embargo, el equilibrio de poderes que se estableció en el Viejo Continente logró preservar la paz en suelo europeo hasta la Primera Guerra Mundial.

RESTAURACIÓN ABSOLUTISTA EN ESPAÑA

Acabada la guerra de la Independencia, Fernando VII (1789-1833) entró en España como rey el 22 de marzo de 1814. Finalmente, el Deseado ya estaba en su país, que le recibió con los brazos abiertos. Era hijo de Carlos IV, con el que había abdicado en Bayona de sus derechos al trono español a favor de Napoleón (mayo de

El Congreso de Viena, de Jean-Baptiste Isabey. 1819.

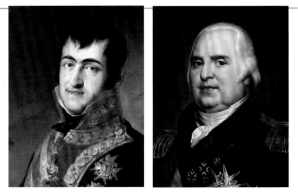

Izquierda, **Fernando VII**, de Vicente López y Portoña. 1814-1815. Óleo sobre lienzo, 107,5 x 82, 5 cm. Museo del Prado, Madrid, España. Derecha, **Luis XVIII**.

1808). Poco tardó el monarca en mostrar su verdadero yo. Menos de dos meses después, el 4 de mayo, declaró ilegales las Cortes de Cádiz y la Constitución de 1812 (apodada la Pepa), una de las más liberales de su época. A partir de ahí se sucedieron los movimientos contrarrevolucionarios: restableció la monarquía absoluta, anuló la obra de las Cortes de Cádiz y empezó a perseguir a liberales y afrancesados. Los sucesivos pronunciamientos contra el absolutismo fracasaron hasta que el 1 de enero de 1829, el coronel Rafael Riego y otros liberales proclamaron la Constitución de Cádiz y en marzo consiguieron que el monarca la aceptara. Se instauró entonces el llamado Trienio Liberal (1820-1823). Finalmente, el respaldo a Fernando VII de la Santa Alianza (Rusia, Prusia y Austria) y la intervención de los Cien Mil Hijos de San Luis con los que Francia invadió de nuevo España, acabaron con el Gobierno liberal. A partir de entonces, el soberano se dedicó a ejecutar a los liberales que no lograron escapar al exilio. La represión había venido para quedarse.

REYES QUE RECUPERARON LA CORONA

Luis XVIII (1755-1824). Era nieto de Luis XV y hermano de Luis XVI, guillotinado por los revolucionarios franceses (su hijo Luis XVII había muerto en prisión). Le apodaban el Deseado (como al español Fernando VII) y tras 23 años en el exilio, en 1814, recuperó el trono de Francia y de Navarra.

Fernando I de Borbón-Dos Sicilias (1751-1825). Era hijo de Carlos III de España y cuñado de María Antonieta, la reina que los franceses guillotinaron. Había tenido que huir de Nápoles a Sicilia tras la victoria de Napoleón en Austerlitz, quien puso en el trono a su hermano José y luego a su cuñado Joaquín Murat.

Víctor Manuel I de Cerdeña (1759-1824). El Tratado de París de mayo de 1814 –que puso fin a la guerra de las potencias europeas con Francia, hizo abdicar a Napoleón y dio el trono francés a Luis XVIII– restauró la Casa de Saboya en sus derechos. Víctor Manuel I de Cerdeña entró en Turín.

LOS NUEVOS PENSAMIENTOS

Romanticismo. Fue un movimiento cultural originario de la Alemania de finales del siglo XVII que ponía los sentimientos por delante de la razón de los ilustrados.

Liberalismo. Heredero directo de la Ilustración y de la Revolución francesa, abogaba por sistemas políticos parlamentarios y la división de poderes como regímenes ideales frente al viejo orden.

Nacionalismo. Las invasiones francesas habían alentado el nacimiento del sentimiento nacionalista de los pueblos, que reivindicaba su cultura, su lengua y la formación de Estados propios.

El movimiento obrero. Se empieza a percibir una nueva conciencia entre los trabajadores, que rechazan tanto el Antiguo Régimen como las soluciones burguesas que habían surgido como remedio al viejo orden.

LOS TRONOS RECUPERADOS

1814	1815	1816

22 de marzo. Fernando VII de España

19 de mayo. Víctor Manuel I de Cerdeña

28 de junio. Luis XVIII de Francia

2 de diciembre. Fernando I de Borbón-Dos Sicilias

HISTORIA CONTEMPORÁNEA
HISTORIA MODERNA
EDAD MEDIA
HISTORIA ANTIGUA
PREHISTORIA

Doctor **Livingstone, supongo**

La célebre frase de Stanley cuando encontró a Livingstone es símbolo de un tiempo en el que los hombres se aventuraban por tierras desconocidas por afán de saber y también de gloria. Gracias a ellos, regiones como África y el Pacífico dejaron de ser inexpugnables y abrieron camino a posteriores exploraciones que alcanzaron el Tíbet, el Polo Norte y hasta la Luna.

«Doctor Livingstone, supongo», le dijo el explorador británico Henry Morton Stanley (1841-1904) al misionero y explorador escocés David Livingstone (1813-1873) cuando lo encontró en 1871 en la aldea de Ujiji, a orillas del lago Tanganica. «Sí –respondió Livingstone–, y me complace estar aquí para darle la bienvenida». Livingstone era el único blanco del lugar en ese momento, así que la pregunta de Stanley habría estado de más si estos dos señores no hubiesen sido británicos. En realidad, algunos estudiosos dudan de que estas fueran las primeras palabras que ambos exploradores cruzaron, pero han pasado a la leyenda de la historia. Cuando Stanley encontró a Livingstone, encabezaba una expedición organizada por el periódico *New York Herald* para buscarle porque habían pasado años sin que se supiera nada del escocés.

LA AVENTURA DEL ESCOCÉS
Livingstone había llegado a Ciudad del Cabo en 1840 de la mano de la Sociedad Misionera Londinense. Desde allí se organizó una expedición al centro del continente a la

que se apuntó Livingstone con el cazador inglés William Cotton Oswell. Ambos se adentraron por el desierto del Kalahari y llegaron al río Zambeze (1851). Pronto, Livingstone descubrió que no tenía vocación misionera, sino que lo que le apasionaba era explorar, adentrarse en tierras desconocidas y descubrir sus misterios. Y todo a pesar de las dificultades que para un europeo entrañaba moverse por África: poblaciones hostiles, enfermedades, animales salvajes y selvas y desiertos impenetrables. Los siguientes años los pasó viajando desde el Atlántico hasta el Índico, exploración durante la cual descubrió las cataratas Victoria (1855), y más adelante, recorrió el río Zambeze. En 1865 la Royal Geographic Society le contrató para que buscara el nacimiento del Nilo. Fue durante esta exploración cuando llegó a la costa del lago Tanganica. Y entonces dejaron de recibirse noticias suyas. Lo cierto era que en aquella aventura le había ocurrido de todo: sus animales de carga habían muerto por la mosca tse-tsé, sus porteadores habían huido y él solo se había salvado gracias a la ayuda de un grupo de esclavistas, a los

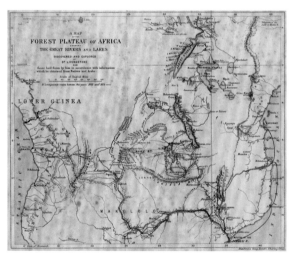

Mapa que muestra en rojo los viajes de Livingstone en África entre 1851 y 1873.

EXPLORACIÓN siglos XVIII Y XIX

1722	1741	1768-1771	1772-1775	1776-1779	1786	1799-1804	1852-1856	1858-1864
Jacob Roggewe en descubre la isla de Pascua	Vitus Bering descubre el estrecho que lleva su nombre	Primer viaje de James Cook	Segundo viaje de James Cook	Tercer viaje de James Cook	Primera ascensión al Mont Blanc	Expediciones de Von Humboldt en Sudamérica	Exploración del África austral por David Livingstone	Segunda expedición de Livingstone al África austral

Izquierda, **Capitán Cook**, de Nathaniel Dance-Holland. Óleo sobre lienzo. Museo Marítimo Nacional, Greenwich, Londres, Reino Unido. Derecha, **David Livingstone**, de Frederick Hawill. National Portrait Gallery, Londres, Reino Unido.

que tanto odiaba, que le habían ayudado a llegar a Ujiji. Tras su encuentro con Stanley, ambos exploraron el norte del lago Tanganica y se mantuvieron juntos hasta 1872, cuando decidieron tomar caminos diferentes. Livingstone prosiguió sus exploraciones hasta su muerte en Zambia en mayo de 1873.

EL CONOCIMIENTO DEL PACÍFICO

El siglo anterior al de Livingstone otro británico se había adentrado en el Pacífico. El capitán inglés James Cook (1728-1779) iba a recorrerlo palmo a palmo a lo largo de tres expediciones durante las cuales se desterraron mitos y se encontraron certezas de qué había en aquellas aguas.

Primer viaje. En 1768 zarpó de Inglaterra hacia el sur en el *Endeavour*, dobló el Cabo de Hornos y prosiguió hasta Tahití, donde se detuvo para realizar unos estudios astronómicos. Después continuó en busca de la Terra Australis, una tierra que imaginaron los antiguos griegos y que siempre aparecía en los mapas europeos del siglo XV. En aquella expedición Cook alcanzó Nueva Zelanda, Tasmania y la costa oriental australiana, que bautizó como Nueva Gales del Sur. En Nueva Zelanda tuvo que hacer frente a los maoríes que, en comparación con los amigables tahitianos, demostraban hostilidad hacia los europeos. Cuando el *Endeavour* se acercaba a sus tierras, decenas de guerreros a bordo de canoas les rodearon. Una vez en tierra los hombres bailaron la haka, una danza de golpes y gritos para intimidar a los posibles enemigos. En junio de 1770 Cook pasó grandes apuros cuando el Endeavour estuvo a punto de irse a pique al encallar en la Gran Barrera de Coral. Superado el contratiempo, la expedición prosiguió hasta Indonesia,

donde perdió muchos hombres por la malaria y la disentería.

Segundo viaje. En 1772 Cook partió a bordo de la Resolution en busca una vez más de la Terra Australis. La expedición navegó hacia el sur y cruzó el círculo polar ártico en enero de 1773. En esta ocasión, Cook descubrió las islas Sandwich del Sur y exploró la Antártida. A su regreso se detuvo en las islas Friendly, en la isla de Pascua y en Vanuatu.

Tercer viaje. De nuevo al mando de la Resolution, Cook desembarcó en las islas Hawái en 1778, donde fue recibido como si se tratara de un dios por los nativos. Después prosiguió su periplo a California y de ahí al estrecho de Bering. En 1779 regresó a Hawái, pero en esta ocasión los nativos le recibieron con hostilidad y además empezaron a robar a los europeos. La gota que colmó el vaso fue la desaparición de una lancha ballenera. Entonces Cook tomó como rehén a un jefe indígena para que devolvieran lo sustraído. Los nativos respondieron rodeando a los ingleses y estos abrieron fuego. En la confusión, Cook fue apuñalado y después descuartizado.

TRIUNFO CONTRA EL ESCORBUTO

Las tripulaciones de Cook se mantuvieron a salvo del escorbuto, una enfermedad producida por la falta de vitamina C que causaba estragos en las largas expediciones por mar. El navegante inglés obligaba a sus hombres a ingerir cítricos y vegetales. Entonces no se sabía muy bien qué alimentos evitaban el escorbuto, pero sí que la falta de algunos de ellos lo causaba.

La era victoriana

Los casi 64 años de reinado de Victoria fueron un tiempo de descubrimientos científicos, de transformaciones económicas y sociales y de consolidación del imperio que el Reino Unido había ido conformando desde el siglo xv. Aquella mujer que llegó al trono casi por casualidad terminó siendo la matriarca de una gran parte de la realeza europea de las siguientes décadas.

LA REINA VICTORIA

Reina de Inglaterra e Irlanda, y luego emperatriz de la India, Victoria (1819-1901) llegó al trono con solo 18 años y a pesar de que no estaba destinada a ocuparlo, pero la muerte sin descendencia de tres de sus tíos la llevaron hasta él. Vivió una infancia solitaria, vigilada estrechamente por su madre, la princesa alemana Victoria de Sajonia-Coburgo-Saalfeld. Gracias a ella y a

De izquierda a derecha, **Los príncipes Alfredo y Alberto Eduardo; la reina y el príncipe consorte; las princesas Elena, Alicia y Victoria**, de Franz Xaver Winterhalter.

LA ERA VICTORIANA

su tío Leopoldo I de Bélgica conoció al que sería su marido, el príncipe Alberto, que además de un gran amor, fue su consejero en los deberes de Estado. Victoria fue pionera en ayudarse de anestésicos para dar a luz al utilizar cloroformo en el alumbramiento de sus dos últimos hijos, haciendo frente al disgusto que ello provocó en miembros del clero, que consideraron esta práctica contraria a las enseñanzas de la Biblia. A lo largo de su vida, la reina hizo frente a diversos atentados, al sentimiento nacionalista irlandés, al republicanismo de 1870, a la muerte de su marido y de varios de sus hijos y a varias guerras en distintas partes del mundo que ella consideró ineludibles para afianzar el imperio británico. Su reinado ha sido el segundo más largo de la historia británica, solo superado por el de Isabel II (reina desde el 6 de febrero de 1952).

UN LARGO Y EMOCIONANTE REINADO

Los casi 64 años de reinado de Victoria fueron trepidantes para el mundo y para el Reino Unido en particular, que pasó de ser una sociedad eminentemente agraria, a convertirse en un país industrializado y a vivir una expansión colonial que lo convirtió en un magnífico imperio. Fueron años de progreso científico, económico y tecnológico. La industria textil y el ferrocarril se convirtieron en los grandes motores del momento. El avance en la alfabetización de un gran número de personas llevó a muchos escritores, como Charles Dickens, a verse en el deber de moralizar a través de sus novelas. El público seguía con expectación las exploraciones de territorios tan exóticos como los africanos. Los matrimonios de sus hijos emparentaron a la familia de Victoria con grandes casas reales, así que entre sus descendientes estuvieron el káiser Guillermo II de Alemania; Alejandra, la última zarina de Rusia; y Victoria Eugenia de Battenberg, esposa del español Alfonso XIII y bisabuela del rey Felipe VI.

1837	1840	1851	1859	1861
Entronización de la reina Victoria. Comienza a publicarse por entregas la obra de Charles Dickens *Oliver Twist*	Matrimonio con Alberto de Sajonia-Coburgo-Gotha	La primera Gran Exposición Universal muestra los grandes avances del progreso	Charles Darwin publica *El origen de las especies*	Fallece el príncipe Alberto. La reina guarda siempre el luto

De izquierda a derecha, **la reina Victoria de Inglaterra** y el rey consorte **Alberto de Sajonia**.

UNA SOCIEDAD DE CONTRASTES

En la sociedad británica existía una gigantesca distancia entre la dominante burguesía de los banqueros y de los hombres de negocios y las clases más bajas, cuyos niños se veían obligados a trabajar desde los cuatro años, la

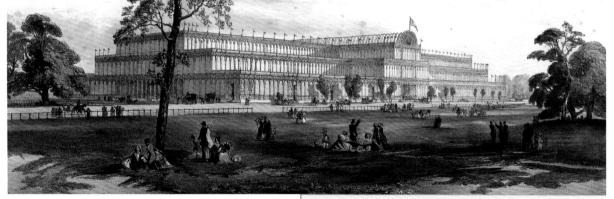

La Gran Exposición de 1851 se llevó a cabo en The Crystal Palace, en Hyde Park de Londres.

moral fue una de las características de aquella sociedad. Por un lado, se debía observar una estricta conducta basada en prejuicios, prohibiciones, moralismo y disciplina. Pero al mismo tiempo, el adulterio y la prostitución eran prácticas frecuentes, así como los abusos sexuales, el consumo de drogas y las apuestas.

UN EPISODIO OSCURO

Durante el reinado de Victoria, el distrito londinense de Whitechapel se convirtió en 1888 en escenario de una serie de horribles crímenes en los que las víctimas fueron prostitutas. Al asesino se le pusieron varios nombres, entre otros, Jack el Destripador, el asesino de Whitechapel y Mandil de cuero. Las mujeres asesinadas eran sometidas a un ritual que consistía en estrangulación, degollamiento y mutilación abdominal. A tres de ellas además se les extrajeron varios órganos, por lo que se extendió la idea de que el criminal podía ser un médico o alguien con conocimientos de anatomía. La misma reina Victoria opinaba que el asesino debería de ser un carnicero o un ganadero. Nunca se descubrió la identidad del famoso asesino en serie.

mayoría en las minas y en las fábricas textiles. Aparte de los malos tratos que padecían los pequeños, los accidentes laborales estaban a la orden del día. La doble

1877	1888	1900
Victoria se corona emperatriz de la India	Jack el Destripador asesina a varias prostitutas y desaparece sin dejar rastro	Nace el Partido Laborista durante una reunión sindical

NOVIAS DE BLANCO

A la reina Victoria se le atribuye la moda de vestir de blanco a las novias por haber escogido ese color para el traje de su boda con el príncipe Alberto. Hasta entonces las vestían de diferentes colores porque solían llevar a la ceremonia trajes que empleaban en otras ocasiones. La proliferación de medios de comunicación impresos convirtió en moda aquella decisión de la reina.

El grito de **Dolores**

La llamada del mexicano Miguel Hidalgo a la rebelión contra una España ocupada por los franceses fue el principio de los levantamientos de las colonias americanas frente a la metrópoli. La guerra civil entre criollos y españoles terminó con la pérdida de la mayor parte de las provincias del imperio.

Congreso de Chilpancingo o Congreso de Anáhuac, cuando se redactó el acta de la Declaración de Independencia de la América Septentrional.

Una campana de la iglesia de Dolores repicaba resuelta. Los vecinos de la localidad mexicana salieron de sus casas y se dirigieron a la parroquia temiendo una desgracia. Entonces Miguel Hidalgo se dirigió a ellos y gritó: «¡Viva la Virgen de Guadalupe! ¡Viva Fernando VII y muera el mal gobierno!». Era la mañana del domingo 16 de septiembre de 1810 y comenzaba la guerra por la independencia de México. Desde la ocupación napoleónica de España en 1808, el virreinato de Nueva España entró en una crisis política que culminó con un movimiento rebelde. En 1810 la ciudad de Santiago de Querétaro reunió a un grupo de conspiradores que empezó a organizar la lucha independentista. El objetivo era constituir una Junta de gobierno en nombre de Fernando VII que arrebatara el poder a la autoridad española en el virreinato, a la que acusaban de complicidad con los franceses. Pero la conspiración de Querétaro fue descubierta y entonces uno de sus protagonistas, Miguel Hidalgo (apodado el cura Hidalgo), logró huir hacia Dolores, donde dio el famoso Grito de Dolores, que es considerado el acto que inició la independencia de México.

LOS PRIMEROS SÍNTOMAS

Desde el último tercio del siglo XVIII había empezado un proceso de desvinculación de las colonias americanas respecto de Europa. En el caso español, se trató de una guerra civil entre españoles nacidos en el nuevo Mundo y españoles nacidos en la Península. En general, los indígenas se mantuvieron al margen del conflicto, aunque la mayoría de ellos se sentían vinculados al rey de España, hubo casos de rebelión contra la autoridad española, como la del inca Túpac Amaru, que terminó ejecutado en Cuzco.

CAUSAS DE LA REBELIÓN

El alzamiento contra la metrópoli tuvo sus orígenes en la conjunción de varios hechos. Los más destacados fueron los vientos de cambio procedentes de la Revolución Francesa, el ejemplo de la independencia de Estados Unidos y la ceguera de los gobernantes españoles durante los reinados de Carlos III y Carlos IV, que se opusieron a todo aquello que pudiera menoscabar el poder español en América. También influyeron las sucesivas persecuciones a

LA INDEPENDENCIA DE LOS TERRITORIOS ESPAÑOLES

1811			1816	1810-1828	1818	1819	1820-1822
5 de julio Venezuela	**15 de mayo** Paraguay	**18 de diciembre** Nicaragua	**9 de julio** Argentina	Uruguay: inició con Argentina la revolución de mayo de 1810. En 1816 fue invadido por tropas portuguesas a través de Brasil. La independencia total se logró en 1828	**12 de febrero** Chile	**7 de agosto** Colombia	Ecuador Guayaquil **9 de octubre de 1820** Quito **24 de mayo de 1822**

la Compañía de Jesús en la Península, que llevaron a algunos jesuitas secularizados de América a alentar la ruptura de las provincias americanas con la metrópoli.

EL GERMEN DE LA INDEPENDENCIA

La invasión napoleónica de España en 1808 fue el preludio de la independencia de las provincias americanas. Al estar la familia real internada en Francia, los españoles de ambos lados del Atlántico se organizaron en Juntas autónomas, y en las del Nuevo Continente se colocaron partidarios de la ruptura con la metrópoli. En México, la revolución la iniciaron los sectores más realistas el 16 de septiembre de 1808, cuando depusieron al virrey, al que acusaron de querer coronarse soberano de Nueva España. En Venezuela, el 2 de marzo de 1811 los separatistas como Francisco de Miranda y Simón Bolívar proclamaron la independencia de las Provincias Unidas de Venezuela. El 25 de mayo de 1810 en Buenos Aires se formó una Junta autónoma independiente que actuaba al margen de España.

Representación de mestizos a finales del siglo XVIII, de un autor desconocido 1780. Colección de Malu y Alejandra Escandón, México.

De izquierda a derecha, Retratos de **Miguel Hidalgo y Simón Bolívar.**

PROTAGONISTAS

Francisco de Miranda (1750-1816). Hijo de un comerciante español en Caracas, sirvió en el ejército español, participó en algunas campañas africanas y en la conquista de Pensacola. Participó en la declaración de independencia y en la redacción de la Constitución de Venezuela.

Simón Bolívar (1783-1830). El Libertador y fundador de las repúblicas de la Gran Colombia y Bolivia nació en una familia de hacendados. Estudió en España, donde conoció a su esposa, con la que regresó a Caracas. Al fallecer la joven, Bolívar viajó por Europa. De vuelta a Venezuela tuvo lugar la invasión napoleónica de España y a partir de ahí se desencadenaron los acontecimientos.

El cura Hidalgo (1753-1811). Miguel Hidalgo fue un sacerdote mexicano. Desterrado a Dolores (Guanajuato) en 1802, se hizo acreedor del cariño de los indios. En 1810 se unió a la conspiración de Querétaro contra el virrey y protagonista principal del Grito de Dolores del 16 de septiembre de ese año, que se convirtió en el inicio de la insurrección en Nueva España.

	1821			**1821-1863**	**1825**	**1898**
28 de julio Perú	**27 de septiembre** México	Costa Rica, El Salvador, Guatemala, Honduras **15 de septiembre**	**28 de noviembre** Panamá	República Dominicana primera vez: **1 de diciembre de 1821**; segunda vez: **16 de agosto de 1863**	**6 de agosto** Bolivia	Cuba y Puerto Rico: junto con Filipinas, pasaron a control estadounidense por el Tratado de París el **10 de diciembre de 1898**

HISTORIA CONTEMPORÁNEA

HISTORIA MODERNA

EDAD MEDIA

HISTORIA ANTIGUA

PREHISTORIA

¡Viva Verdi!

Utilizando el nombre del compositor italiano, sus compatriotas reclamaban una patria y un rey propio, libres del dominio austriaco. Este lema es símbolo de los nacionalismos que arraigaron en Europa en el siglo XIX. La caída de Napoleón y las ideas liberales provocaron revoluciones que, en el caso de Italia y Alemania, dieron a luz dos nuevos Estados.

En las ciudades de Italia empezaron a verse pintadas que decían: «¡Viva Verdi!». Podrían parecer fruto de una afición desmedida por la ópera, pero no; VERDI son también las siglas de un lema patriótico: «Vittorio Emmanuelle Re D'Italia», es decir, Víctor Manuel, rey de Italia. El estreno en 1842 de la ópera de Giuseppe Verdi, Nabucco, dio un himno a los italianos, que coreaban «¡Oh, mi patria, tan bella y perdida!» frente al dominio austriaco de un pueblo que deseaba la unión de los territorios italianos en un único Estado. Esas palabras forman parte del coro del tercer acto *Va, pensiero*, en el que los judíos, esclavos del babilonio Nabucodonosor, sueñan con la libertad. Los italianos lo adoptaron en seguida como propio, y así el compositor romántico se convirtió en símbolo de una lucha política que él mismo compartía.

ITALIA

Tras la desaparición de Napoleón Bonaparte, la península italiana quedó dividida en varios Estados, unos sometidos al Imperio austro-húngaro, otros al Papa y otro a los Borbones.

Primera fase (1815-1849). Los románticos nacionalistas fracasaron ante la represión austriaca y se refugiaron en París y Londres. Sin embargo, no desistieron y en el exilio se fortaleció su sentimiento nacionalista: es lo que se llamó *Risorgimento*. Pero no todos sus líderes tenían la misma idea de futuro: unos abogaban por una república unitaria (como Giuseppe Mazzini y Giuseppe Garibaldi); otros, por una república federal (Vincenzo Gioberti) y otros por una monarquía constitucional (el rey Víctor Manuel II de Saboya y el conde de Cavour). El reino de Piamonte-Cerdeña era el más liberal de todos los Estados italianos y tenía en el trono al rey Víctor Manuel, en torno al cual se irían concitando las esperanzas de los italianos de poder conseguir finalmente un Estado unido y propio.

Segunda fase (1849-1859). Fue un momento de preparación. El rey y su primer ministro, Cavour, maniobran para liberarse de los austriacos. Con este objetivo recaban el respaldo de Napoleón III, empeñado en hacer de Francia la potencia hegemónica de Europa y por tanto favorable al debilitamiento de Austria. Al mismo tiempo trabajan para lograr una economía fuerte de Piamonte-Cerdeña con una política comercial librecambista y la construcción del ferrocarril, entre otras medidas.

Tercera fase (1859-1861). Fue el momento de la acción con una guerra abierta contra Austria, por la que se logró la unidad de gran parte de los territorios en torno a Víctor Manuel II.

Cuarta fase (1861-1870). En estos años el objetivo fue la culminación de la unidad territorial italiana con la incorporación de Venecia y la proclamación de Roma como capital del país, hasta entonces parte de los Estados pontificios.

ALEMANIA

Después del Congreso de Viena (1814-1815), que se celebró para reorganizar Europa tras la derrota de

UNIDAD DE ITALIA

1820 y 1830	1848	1849-1850	1859	1861	1866	1871
Primeras oleadas revolucionarias	Primera guerra de la independencia frente a Austria	Roma se proclama República romana, pero cae ante Napoleón III. Venecia se rinde a Austria tras un largo asedio	Derrota de Austria en la batalla de Solferino	Proclamación del Reino de Italia y de Víctor Manuel II como su rey	Venecia se incorpora a Italia	Roma, capital de Italia

Napoleón Bonaparte, el territorio alemán quedó dividido en 39 Estados que, juntos, formaban la Confederación Germánica (cinco reinos, 29 ducados y principados, cuatro ciudades libres y el Imperio austriaco). Pero la ocupación napoleónica y disolución del Sacro Imperio Romano Germánico había impulsado el nacimiento de una conciencia nacional en torno a Prusia de unos territorios que compartían la misma lengua y un pasado histórico.

Primera fase (1815-1848). Las revoluciones de 1830 en tierra alemana tuvieron un componente nacionalista y liberal arraigado entre los intelectuales. Prusia vivió un progreso socioeconómico y político del que Austria no participaba.

Segunda fase (1848-1862). Los movimientos revolucionarios de 1848 se extendieron por varios Estados alemanes, cuyos representantes se dividían en dos tendencias principales: los partidarios de crear una Gran Alemania que incluyera Austria y quienes se decantaban por una Alemania sin Austria en torno a Prusia. En 1851-1852 se completó la Unión Aduanera de Alemania (Zollverein), primer paso hacia la unión, y 10 años después subió al trono Guillermo I, cuyo canciller, Otto von Bismarck, lograría la unidad alemana.

Tercera fase (1862-1870). Bismarck se puso manos a la obra de una unidad alemana en trono a Prusia de la que Austria quedaría excluida. Y para ello se embarcó en tres conflictos armados que se saldaron con la anexión de territorios, la unidad italiana que había apoyado Prusia frente a Austria y el fin del imperio francés de Napoleón III. Finalmente, en 1871, se culminó la unificación alemana con la proclamación del Segundo Reich (imperio) y la coronación de Guillermo I como káiser. Alemania se convirtió entonces en la potencia más poderosa de Europa.

De izquierda a derecha. Retratos de **Garibaldi** y **Otto von Bismarck.**

PROTAGONISTAS

Giuseppe Garibaldi (1807-1882). Fue un héroe de la unidad de Italia. A lo largo de su vida participó activamente en enfrentamientos bélicos en Latinoamérica a veces al lado de los independentistas y otras contra los dictadores.

Otto von Bismarck (1815-1898). Apodado el «Canciller de Hierro», está considerado como el fundador del Estado alemán. El jefe de Gobierno del rey Guillermo I desde 1862 puso en marcha un plan para crear una potente Alemania en torno a Prusia que incluía la fuerza militar y medidas diplomáticas. Salió triunfante de los tres conflictos armados en los que se embarcó y logró la creación de un gran imperio alemán para Guillermo I del que quedó fuera Austria.

Vista de Venecia.

UNIDAD DE ALEMANIA

1815	1848	1864	1866	1870-1871
Se implanta la Confederación Germánica	Revolución en Alemania. Se plantea la consecución de un único Estado	Guerra de los Ducados: Austria y Prusia arrebatan a Dinamarca los ducados de Schleswig y Holstein	Guerra austro-prusiana: Prusia expulsa a Austria de la Confederación Germánica	Guerra franco-prusiana y derrota de Napoleón III: Francia pierde Alsacia y Lorena, acaba el Segundo Imperio Francés y nace el Segundo Reich con Guillermo I como káiser

La abolición de la esclavitud

La explotación de seres humanos como trabajadores cautivos de por vida terminó oficialmente en el siglo XIX, cuando, uno tras otro, los países prohibieron el comercio de personas y la posesión de esclavos.

En 1862 el presidente norteamericano Abraham Lincoln (1809-1865) anunció la liberación de todos los esclavos de los Estados Confederados de América. Tras la guerra civil, se aprobó la Decimotercera Enmienda a la Constitución, que prohibía la esclavitud en todo el país.

UNA ANTIGUA INSTITUCIÓN

Cuando se habla de la esclavitud, se viene a la mente la imagen de una gran plantación algodonera del sur de Estados Unidos con decenas de negros de todas las edades trabajando a destajo bajo la amenaza del látigo nervioso de un capataz cruel. Hay referencias a la existencia de esclavos como ayuda doméstica y para otras labores entre los pueblos precolombinos, en Mesopotamia y Egipto, entre los indígenas africanos y neozelandeses y entre los vikingos, pues esclavos los ha habido siempre y en todas partes. En la Antigüedad, los prisioneros de guerra y los pueblos sometidos a los vencedores se convertían automáticamente en sus esclavos. En la Antigua Roma, por ejemplo, era normal la organización de mercados de esclavos, en donde se exhibía a los individuos en venta con placas en las que se describían sus características.

LOS PRIMEROS ESCLAVOS NEGROS DE AMÉRICA

España fue el primer país que llevó esclavos africanos a América, en concreto a las islas de Cuba y La Española, en

Retrato de **Abraham Lincoln**.

1501. Los portugueses que llegaron a África, en un principio interesados en el oro y las especias, terminaron comerciando con esclavos para abastecer la demanda de mano de obra de Brasil. Les siguieron los holandeses, que empezaron a llevar esclavos africanos a lo que hoy es Estados Unidos a principios del siglo XVII. Pronto se vio que el comercio humano hacia el Nuevo Mundo era un gran negocio al que no tardaron en apuntarse, además de España, Portugal y Holanda, franceses y británicos. Pero los europeos no se adentraban en África a conseguir esclavos: eran los reinos africanos más poderosos (el Reino de Benín, El imperio Oyo, la Confederación Ashanti y el Reino de Dahomey, entre otros) los que literalmente cazaban individuos de tribus más débiles para venderlos a los europeos.

EL ABOLICIONISMO NORTEAMERICANO

En Estados Unidos, desde el siglo XVIII empezó a propagarse la idea de que había que prohibir la trata de esclavos, aunque su posesión se permitió hasta el final de la guerra de Secesión (1861-1865). Los estados al norte de Maryland habían ido eliminando la esclavitud desde 1789, pero en el sur se defendía su existencia sobre todo por su enfrentamiento con el norte. Los abolicionistas abogaban

FECHAS DE ABOLICIÓN

1833	1848	1865	1869	1886	1888
23 de agosto Reino Unido	**27 de abril** Francia	**18 de diciembre** Estados Unidos	**25 de febrero** Portugal	**7 de octubre** España	**13 de mayo** Brasil

Cartel **Emancipation**, de Thomas Nast. c 1865. Biblioteca del Congreso, Washington D. C., EE. UU.

por una prohibición absoluta de la esclavitud, pero no todos los habitantes del norte comulgaban con las ideas de este movimiento y muchos de ellos preferían una liberación paulatina de los esclavos con una indemnización para los amos. La supresión de la esclavitud se llevó a cabo por estados, así que hubo momentos en que en unos territorios estaba prohibida y en otros era perfectamente legal. Finalmente, en diciembre de 1865 se promulgó la Decimotercera Enmienda a la Constitución, que la abolió en todo el país.

EL *APARTHEID* SUDAFRICANO

En la práctica, el fin de la esclavitud en Estados Unidos no significó la integración de la población negra en la sociedad norteamericana en igualdad de condiciones, pero sobre el papel, todos los ciudadanos estadounidenses son iguales desde hace décadas. En cambio, otros países no han tenido ningún problema en mantener oficialmente a parte de su población como ciudadanos de segunda clase hasta fechas recientes. Entre ellos el más significativo es el caso de Sudáfrica, que hasta 1992 mantuvo un sistema de segregación racial conocido como *apartheid*. La organización de este sistema preveía la separación absoluta de los espacios reservados para los blancos de los de los negros, incluyendo la prohibición de matrimonios entre ambas razas.

Nelson Mandela (1918-2013). Fue el primer presidente negro de Sudáfrica cuando su partido, el Congreso

Nacional Africano, ganó las elecciones de 1994, las primeras en las que pudo participar libremente la población negra.

LA COSTA DE LOS ESCLAVOS

Así se conoce a la zona del golfo de Guinea, de donde partían la mayoría de los esclavos que se llevaron a América y Europa entre los siglos XVII y XIX. Hoy en día, en esa región se encuentran Nigeria, Togo, Benín y el este de Ghana.

LOS ESCLAVOS DE ESTADOS UNIDOS

Heredada de la época colonial británica, los Estados Unidos independientes mantuvieron la esclavitud como institución hasta el siglo XIX. Se calcula que desde el siglo XVI llegaron a América cerca de 12 millones de africanos, de los cuales más de 600.000 se enviaron a Estados Unidos. A mediados del siglo XIX, los descendientes de esos esclavos traídos de África alcanzaban los cuatro millones de personas.

HISTORIA CONTEMPORÁNEA

HISTORIA MODERNA

EDAD MEDIA

HISTORIA ANTIGUA

PREHISTORIA

La Revolución Industrial

Lo que se denomina Revolución Industrial fueron varias etapas de transformaciones económicas, tecnológicas y sociales de tal magnitud que la forma de vida de la humanidad nunca volvió a ser igual. Aunque siempre se ha hablado de dos revoluciones industriales, a principios del siglo xxi comenzó a manejarse el concepto de una tercera Revolución Industrial.

Industria

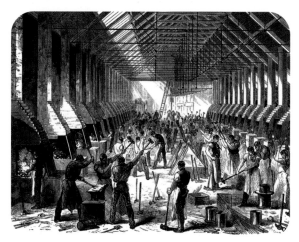

Instalados en chabolas con sus familias, los obreros iban a la ciudad buscando oportunidades en la gran cantidad de factorías que se pusieron en marcha. Allí les esperaban duras jornadas de trabajo de 14 horas diarias, siete días a la semana, que ni siquiera daban para alimentar a los suyos. Así, muchos hijos de obreros terminaban en orfanatos para que al menos allí los alimentaran. Y lo peor es que esas instituciones muchas veces vendían a los niños a las fábricas como si fueran esclavos.

LA PRIMERA REVOLUCIÓN INDUSTRIAL

Dio comienzo en Reino Unido en el siglo XVIII y luego llegó al resto de Europa y a América para prolongarse hasta 1840-1870. En aquel momento hubo un salto de una economía rural y comercial principalmente a otra industrializada y mecanizada que tenía su centro neurálgico en las ciudades. La mano de obra manual y la tracción animal se sustituyeron por maquinaria. La introducción de la máquina de vapor en la industria y en el ferrocarril y los barcos, cambió la capacidad de

producción y de los intercambios comerciales como nunca antes se había imaginado. La cuna de esta revolución fue Inglaterra que, gracias al algodón de sus colonias y a su producción de carbón, dio alas al desarrollo de la industria textil.

LA SEGUNDA REVOLUCIÓN INDUSTRIAL

Entre mediados del siglo XIX y 1914, la industrialización y el crecimiento económico de los países tuvieron un fuerte impulso. Las nuevas fuentes de energía y los nuevos sistemas de transporte y comunicación

GRANDES INVENTOS DE LA REVOLUCIÓN INDUSTRIAL

1784	1807	1825	1830	1837
El inglés Edmund Cartwright diseña el primer telar mecánico	Botadura del *Clermont* en el río Hudson, el barco con el que se estableció el primer servicio regular a vapor	Se pone en marcha la *Locomotion*, la primera locomotora de vapor que lleva trenes de transporte público, en el nordeste de Inglaterra	Se abre la primera línea de ferrocarril interurbano entre Liverpool y Mánchester	España construye su primera línea ferroviaria en lo que entonces era la provincia de Cuba

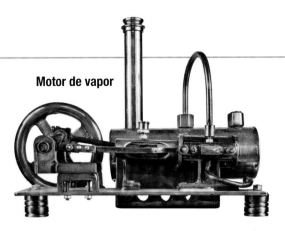

Motor de vapor

transformaron las fórmulas de organización del trabajo y de las empresas. Para empezar, la economía se internacionalizó al tiempo que vio cómo el Estado asumía ciertas responsabilidades, mientras se sucedían las innovaciones tecnológicas y científicas. Aparecieron materiales tan interesantes como el acero, el aluminio o el cemento Portland, productos químicos como el alquitrán y los colorantes artificiales, y explosivos como la nitroglicerina, por poner algunos ejemplos. A su vez, el desarrollo del ferrocarril y de los barcos abarató los precios del transporte, lo que impulsó los intercambios comerciales, pero también las migraciones humanas.

CONSECUENCIAS SOCIALES DE LA REVOLUCIÓN INDUSTRIAL

El radical cambio del modelo productivo dio lugar a la aparición de una nueva clase social, la de los trabajadores de las fábricas, que se ha identificado como proletariado. Se trata de aquellos que no tiene propiedades y que para sobrevivir deben vender su fuerza de trabajo a la burguesía, que es la propietaria de los medios de producción. Las malas condiciones de vida de los trabajadores que habían acudido desde el campo a las fábricas de las ciudades dieron lugar a la preocupación por la denominada cuestión social. La constatación de que el capitalismo por sí solo no iba a acabar con la pobreza de los obreros hizo arraigar la idea de que era necesaria una intervención del Estado. Así surgieron el sindicalismo o el socialismo de Karl Marx, entre otros movimientos e ideologías.

LA TERCERA REVOLUCIÓN INDUSTRIAL

El siglo XXI es el momento del triunfo de la tecnología de comunicación con la aparición de Internet y la búsqueda de energías renovables que sustituyan a las energías contaminantes. Una tercera revolución industrial está en marcha.

EL VUELO DE LOS HERMANOS WRIGHT

Wilbur y Orville Wright fabricaban bicicletas en Dayton (Ohio), pero lo que de verdad les interesaba era volar. Por eso invirtieron las ganancias de su comercio en investigar y diseñar un aparato que se sostuviera en el aire y pudiera manejarse con facilidad. El 17 de diciembre de 1903 Orville se lanzó a bordo del Flyer I desde la colina Kill Devil de Kitty Hawk (Carolina del Norte). Consiguió mantenerlo en el aire durante 12 segundos y recorrió 37 metros. Luego probó a llevarlo Wilbur, que logró un vuelo de 59 segundos y recorrer 260 metros.

1883

1897

Primer ferrocarril con suministro eléctrico entre Portrush y Giant's Causeway (Irlanda del Norte)

El alemán Rudolf Diesel desarrolla el motor de combustión interna con gasóleo

HISTORIA CONTEMPORÁNEA

HISTORIA MODERNA

EDAD MEDIA

HISTORIA ANTIGUA

PREHISTORIA

¡Trabajadores del mundo: uníos!

El llamamiento de los comunistas Marx y Engels pertenece a una de las obras con las que explicaban los movimientos revolucionarios del siglo XIX. Aquellos años de movilización obrera frente a una sociedad que les había condenado a la miseria dio lugar a cambios políticos radicales y a nuevas formas de Estado que aún perduran hoy.

De izquierda a derecha, Retratos de **Karl Heinrich Marx** y de **Friedrich Engels**.

«Tiemblen, si quieren, las clases gobernantes ante la perspectiva de una revolución comunista. Los proletarios, con ella, no tienen nada que perder, como no sea sus cadenas. Tienen, en cambio, un mundo entero que ganar». Estas palabras del Manifiesto comunista daban esperanza a las masas de trabajadores que la Revolución Industrial había llevado a vivir en condiciones miserables a los barrios marginales de las grandes ciudades y sin perspectiva alguna de mejora. Aquellas ideas subversivas se concretaron en unos casos en movimientos revolucionarios, como en la Rusia de 1917, y en otros, en partidos socialdemócratas que combinaban la preocupación por la cuestión social con la aceptación de la democracia como sistema político.

EL MANIFIESTO COMUNISTA
Fue un escrito en el que Karl Marx y Freidrich Engels plasmaron su filosofía sobre la sociedad que había creado la Revolución Industrial: la capitalista. Entre sus ideas principales destacan las siguientes:

- La historia de la humanidad es la de la continua lucha de clases; es decir, opresores frente a oprimidos (patricios y plebeyos, señores feudales y vasallos), que identificaban con burguesía y proletariado. El obrero se encuentra explotado desde múltiples frentes burgueses: el fabricante que le paga un salario miserable; el casero y el tendero que cobran precios abusivos; el prestamista que se enriquece con intereses desproporcionados, etc.

- Llega un momento en que el proletariado ya no actúa a través de individuos aislados, sino que se organiza frente a la burguesía explotadora. El objetivo no son pequeños triunfos inmediatos, sino extender la unidad de los trabajadores. Para ello cuentan con la prensa y con el ferrocarril.

- El yugo del capital es el mismo para el proletariado norteamericano que para el francés, el inglés o el alemán. Así pues, se trata de un movimiento internacional para desplazar definitivamente a la burguesía del poder.

- Se propugna la abolición de la propiedad, de la nacionalidad y de la individualidad.

- El proletariado debe conquistar el poder político para llevar a cabo la revolución obrera que ponga los

LA REVOLUCIÓN COMUNISTA

1834	1836	1845 y 1849	1847		1848
Fundación de la Liga de los Proscritos	Nace la Liga de los Justos, a la que pertenecieron Marx y Engels	La plaga de la patata da lugar a la Gran Hambruna Irlandesa en la que murieron más de dos millones de personas. Gran migración a América	Gran crisis en Inglaterra y Francia: cierran decenas de fábricas	Karl Marx y Friedrich Engels publican el *Manifiesto comunista*. Cambia el nombre a la Liga de los Justos por el de Liga de los Comunistas	Oleada revolucionaria liberal europea que marca el principio del fin de la Restauración absolutista

medios de producción en manos del Estado. A la vieja sociedad burguesa le sustituirá una sociedad en la que el libre desarrollo de la persona condicione la evolución de todos los demás.

PRIMERAS ASOCIACIONES DE LUCHA

La Liga de los Proscritos. Fue una organización revolucionaria clandestina que fundaron en 1834 en París artesanos alemanes que deseaban un Estado sin miseria ni explotación. Tenían su propia revista, El proscrito, en donde se defendía la creación de talleres nacionales para atajar la pobreza.

La Liga de los Justos. Nació en 1836 también en París como heredera de la Liga de los Proscritos. A esta organización pertenecieron Karl Marx y Friedrich Engels, quienes cambiaron su denominación por el de **Liga de los Comunistas**.

EL MANIFIESTO

La primera edición del *Manifiesto comunista* vio la luz en 1847 y para el año siguiente circulaban traducciones del texto en seis idiomas.

La huelga, de Robert Koehler. 1886. Óleo sobre tela, 281,3 x 184,4 cm. Museo Histórico Alemán, Berlín, Alemania.

1860	1864	1867	1871	1872	1889	1919
Bakunin funda la Fraternidad Internacional	Organización de la Primera Internacional	Publicación del primer volumen de *El capital*, de Karl Marx	Se instaura la Comuna de París	Bakunin y sus seguidores son expulsados de la Primera Internacional	Inauguración de la Segunda Internacional	Tercera Internacional

HISTORIA CONTEMPORÁNEA

HISTORIA MODERNA

EDAD MEDIA

HISTORIA ANTIGUA

PREHISTORIA

La cultura del
entretenimiento y la
comunicación

El cine fue uno de los grandes hitos sobre los que se basa la actual cultura del entretenimiento. Y es que el siglo XIX nos dejó inventos tan increíbles como la radio, el telégrafo, el teléfono, el fonógrafo y la bombilla, que transformaron las sociedades y las formas de comunicación. A partir de ahí, la evolución fue veloz y en un siglo, el mundo fue capaz de manejar con soltura Internet y los móviles inteligentes.

Treinta y cinco personas se reunieron en el Salón Indio del Gran Café del Boulevard de los Capuchinos, en París, para una representación que un cartel anunciaba en el exterior del local como: «Cinématographe Lumière». El texto que lo acompañaba aseguraba que se proyectarían a tamaño natural en una pantalla imágenes de movimientos captados por un objetivo. Era el 28 de diciembre de 1895 y entre los espectadores se encontraba Georges Mèlies, el director del film *Viaje a la Luna* (1902), que en aquel momento tenía un establecimiento de fotografía. Cuando se apagaron las luces y la pantalla se llenó de imágenes de carruajes que rodaban por las calles de Lyon, el público, boquiabierto, no podía creer lo que veía. Así fueron los comienzos de la industria del celuloide.

Fotograma de **La salida de los obreros de la fábrica Lumière.**

LAS PRIMERAS PROYECCIONES

La prensa de París recogió aquel acontecimiento y se corrió la voz del maravilloso espectáculo que había en el Gran Café. A partir de entonces se organizaron colas de personas ansiosas por asistir al espectáculo del que todo el mundo hablaba maravillado. Los hermanos Lumiére iniciaban sus sesiones con *La salida de la fábrica Lumière* y proseguían con películas familiares y de las calles de Lyon, entre otras. Lo cierto es que tenían un gran repertorio filmado y pronto se popularizaron títulos como la *Llegada del tren a la estación de La Ciotat* y *El regador regado*, considerada la primera película de humor. El invento evolucionó con rapidez y pasó de ser una atracción circense a convertirse en una gran industria. A principios del siglo XX surgieron los primeros estudios de cine en Estados Unidos y en Europa, que hicieron cine mudo hasta que en 1920 se consiguió combinarlo con el sonido. A principios del siglo XXI triunfaron las películas en tres dimensiones (3D).

LOGROS TECNOLÓGICOS QUE CAMBIARON EL MUNDO

1844	1876	1877	1879	1893	1897
El inventor estadounidense Samuel Morse realiza la primera demostración pública de su telégrafo, un sistema de comunicación que utiliza señales eléctricas para la transmisión de mensajes.	Alexander Graham Bell patenta el teléfono, un invento que en realidad es del italiano Antonio Meucci	El inventor y empresario estadounidense Thomas Alva Edison patenta el fonógrafo	La bombilla de Thomas Alva Edison luce durante 48 horas seguidas	El inventor serbio Nikola Tesla construye el primer radiotransmisor	El ingeniero y empresario italiano Giuseppe Marconi patenta la radio

LA TELEVISIÓN

Las primeras emisiones públicas de televisión se realizaron en Reino Unido en 1927 y en Estados Unidos tres años después, pero fue en 1936 cuando comenzaron las emisiones con programación: primero las británicas, luego las soviéticas (1938) y en seguida las estadounidenses (1939). La Segunda Guerra Mundial paralizó las emisiones programadas, que se reiniciaron al final de la contienda. La entrada de televisiones en los hogares tuvo repercusiones sociales de gran alcance. Y es que la imagen se convirtió en una parte esencial de la comunicación: a ella se debe, por ejemplo, la elección como presidente de Estados Unidos del demócrata John F. Kennedy, frente al republicano Richard Nixon, y el cambio de actitud del público hacia la guerra de Vietnam cuando los espectadores tuvieron acceso a las imágenes del conflicto.

LA FOTOGRAFÍA

El invento del cine no hubiera ocurrido sin la aparición de la fotografía. La idea de capturar imágenes se remonta al siglo XVI, pero hasta la década de 1800 no se consiguió un método para fijarlas. Fue el científico francés Nicéphore Niepce quien lo logró y precisamente de él es la fotografía más antigua que se conserva: *Vista desde la ventana en Le Gras* (1826), realizada sobre una placa de peltre cubierta con betún mediante una cámara oscura. Al artista francés Louis Daguerre le interesó mucho el trabajo de Niepce y tras conocer cómo funcionaba el nuevo invento continuó investigando hasta que en 1839 presentó el daguerrotipo, que era una fotografía sobre una superficie de plata pulida. En esa misma época, el científico británico William Fox Talbot y los inventores franceses Hercule Florence e Hippolythe Bayard consiguieron las primeras fotografías en papel. El color no tardó en iluminar las imágenes gracias a la patente de 1903 de los hermanos Lumière (la placa autocroma), comercializada cuatro años después. En el siglo XX la fotografía se convirtió por sí misma en información que llegaba a todos los rincones del mundo gracias al periodismo fotográfico, pero también en una forma de arte. Habría que esperar hasta finales del siglo XX para experimentar una nueva revolución: la fotografía digital.

LA AMENAZA DE LA PEQUEÑA PANTALLA

La popularización de la televisión a partir de los años 40 llevó a los estudios a buscar fórmulas con las que los nuevos aparatos no pudieran competir. Así, nacieron los grandes trabajos épicos –La túnica sagrada (1953), Sinuhé el egipcio (1954)– que se proyectaban en pantallas panorámicas.

Cartel original de «La túnica sagrada».

1906	1938	1952	1962	1983	2007
El inventor canadiense Reginald Aubrey Fessenden emite por radio desde Massachusetts	El ingeniero alemán Konrad Zuse crea el primer ordenador: el Z1	La cadena estadounidense NBC emite el primer programa de televisión en color *Encuentro con la prensa*	La empresa italiana Olivetti empieza a producir los primeros ordenadores personales (Programma 101)	La compañía estadounidense Motorola pone a la venta el primer teléfono móvil del mundo	El lanzamiento del iPhone revoluciona el mundo de la telefonía móvil y de los teléfonos inteligentes (*smartphone*s)

Los grandes avances de la ciencia

Los científicos han transformado la vida del ser humano con sus investigaciones y descubrimientos. Ellos han hecho posible que vivamos en edificios inteligentes, nos traslademos al otro lado del planeta en pocas horas y superemos una infección con una simple pastilla.

Las bases para el desarrollo de la ciencia moderna con nuevos conocimientos en Medicina, Astronomía, Biología, Química y Física se remontan a los siglos XVI y XVII. Aquellos hallazgos de finales del Renacimiento y de la Ilustración superaron el conocimiento de la naturaleza que se había tenido hasta entonces y dejaron a un lado los prejuicios derivados de la superstición y la religión. Descubrimientos como el de Nicolás Copérnico de que la Tierra no es el centro del universo o el de Johannes Kepler de que los planetas giran alrededor del Sol describiendo una elipse abrieron a la ciencia nuevos caminos de exploración.

DE SORPRESA EN SORPRESA
Si el universo planteaba infinidad de interrogantes, el mismo ser humano era un perfecto desconocido para el hombre y la misma curiosidad científica de los físicos y astrónomos llevó a otros a investigar sobre cuestiones médicas. En el siglo XVI, en este campo, destacaron los hallazgos sobre Anatomía humana de Andrés Vesalio, la

De izquierda a derecha, retratos de **Galileo Galilei e Isaac Newton.**

descripción del sistema circulatorio de William Harvey y de la circulación pulmonar de Miguel Servet o los avances quirúrgicos de Ambroise Paré.

GRANDES AVANCES EN MEDICINA
La penicilina. Un moho mata por descuido unas bacterias en el laboratorio del británico Alexander Fleming (1881-1955) que, cuando se da cuenta de lo ocurrido, consigue aislar una muestra de ese moho y lo identifica como *Penicilium notatum.* Fleming hizo público su descubrimiento en 1929. Los químicos Ernst Boris Chain y Howard Walter Florey lograron sintetizar la penicilina para su distribución comercial. Los tres recibieron el Permio Nobel de Fisiología o Medicina en 1945.
La anestesia. La aplicación del óxido nitroso y del éter en el siglo XVIII a diversos pacientes, especialmente en las extracciones dentales, abre el camino a las intervenciones quirúrgicas sin dolor.
Los rayos X. El físico alemán Wilhelm Röntgen (1845-1923) descubrió los rayos X mientras experimentaba con un tubo de rayos catódicos, lo que le valió el Premio Nobel en 1901.

LA FÍSICA Y LAS MATEMÁTICAS

1543	1609	1665-1666	1687
Publicación del trabajo del polaco Nicolás Copérnico *Sobre los giros de los orbes celestes*, en el que se formula la Teoría Heliocéntrica del Sistema Solar.	El sabio italiano Galileo Galilei construye un telescopio que aumenta los objetos hasta seis veces sin que se vean deformados y ofrece imágenes derechas. Las observaciones del universo cambian radicalmente	El físico inglés Isaac Newton (1643-1727) y el alemán Gottfried Leibniz (1646-1716) descubren los principios del cálculo diferencial e integral, lo que posibilitó el desarrollo de la Física como ciencia que podía hacer predicciones	Newton publica los *Principios matemáticos de la naturaleza*, en donde describe la Ley de la Gravitación Universal y las bases de la Mecánica clásica. Con ellas llega el conocimiento sobre los movimientos de los planetas y sobre la gravedad de la Tierra

Las vacunas. El médico británico Edward Jenner (1749-1823) descubrió una vacuna contra la viruela al darse cuenta de que inocular una cantidad concreta del virus *Variola* proporcionaba inmunidad frente a ese mal que desfigura a las personas y podía causar la muerte.

GRANDES AVANCES EN BIOLOGÍA

Microorganismos. El comerciante holandés Anton van Leeuwenhoek (1632-1723) halló por casualidad los microorganismos que había en una gota de agua con un microscopio que había fabricado él mismo. Se le considera el padre de la Biología experimental, de la Biología celular y de la Microbiología.

La teoría de los gérmenes. Louis Pasteur (1822-1895) advirtió que las bacterias causan enfermedades. Este descubrimiento dio pie a grandes avances en la Medicina con el desarrollo de vacunas, antibióticos, medidas de higiene y esterilización para prevenir y curar enfermedades infecciosas. También se debe a este químico francés el proceso de la pasteurización para eliminar los agentes patógenos de los líquidos.

La evolución. Con la publicación en 1859 de *El origen de las especies* el naturalista inglés Charles Darwin (1809-1882) presentó la Teoría de la Evolución, según la cual todos los seres vivos han evolucionado de un antepasado común por selección natural.

Los grupos sanguíneos. El biólogo austríaco Karl Landsteiner (1868-1943) descubrió que existen varios grupos sanguíneos y los clasificó, lo que posibilitó las trasfusiones de sangre con éxito. Junto con el pediatra austriaco Erwin Popper, este investigador también halló

el carácter infeccioso de la poliomielitis y aisló el poliovirus.

Genética. El naturalista austriaco Gregor Mendel (1822-1884) publicó entre 1865 y 1866 las leyes que determinan la herencia genética, hallazgo tras una serie de experimentos realizados con guisantes.

ADN. El ácido desoxirribonucleico (ADN) es un código que contiene las instrucciones genéticas para el desarrollo y funcionamiento de los organismos vivos y es responsable de la transmisión hereditaria. Los segmentos de ADN que llevan la información genética son los genes. Aunque el médico suizo Friedrich Miescher aisló el ADN por primera vez en 1869, los estudios sobre el mismo no han concluido y están por explorar muchas aplicaciones en Medicina, agricultura y ganadería.

La oveja Dolly. En 1996 nació por primera vez un mamífero clonado a partir de una célula adulta. Fue la oveja Dolly, resultado de las investigaciones de los científicos británicos Ian Wilmut y Keith Campbell.

«Penicilium notatum»

LA FÍSICA Y LAS MATEMÁTICAS

Si la historia de la Física sigue la pista al esfuerzo del ser humano por entender los fenómenos de la naturaleza, la historia de las Matemáticas rastrea el origen de sus descubrimientos y la evolución de sus conceptos. Física y Matemáticas están íntimamente ligadas al hombre que, desde su origen, ha tratado de comprender el mundo que le rodea y de medirlo. El Renacimiento fue un momento de un gran impulso para ambas disciplinas y a partir de ahí su desarrollo fue meteórico.

1915	Década 1970	1897
El físico Albert Einstein (1879-1955) presenta la Teoría de la Relatividad General y se convierte en un icono de la ciencia	El científico Stephen Hawking (Oxford, 1942) profundiza sobre la Teoría de la Relatividad y propone la idea de que los agujeros negros emiten radiación (Radiación de Hawking)	Los científicos confirman que han detectado ondas gravitacionales, cuya existencia había predicho Einstein un siglo antes. Se trata de ondulaciones del espacio-tiempo producidas por sucesos violentos, como la explosión de una supernova o la fusión de dos agujeros negros

Del esplendor de Sissi al germen de la guerra

Isabel de Baviera se convirtió en emperatriz de Austria y reina consorte de Hungría por su matrimonio con Francisco José I, lo que le obligó a cambiar la naturaleza bávara por la estricta Corte vienesa. Aquellos fueron años convulsos en una Europa donde los nacionalismos exigían un Estado propio y las potencias se preparaban para la guerra.

Nacida en Múnich (Baviera), Isabel de Baviera (1837-1898) era prima del emperador Francisco José I de Austria (1830-1916). Su destino quedó sellado en 1853. Ese año Isabel acompañó a su madre, Ludovica, y a su hermana mayor, Elena, a la residencia de verano que la familia imperial poseía en Bad Ischl. La archiduquesa Sofía, madre de Francisco José, y Ludovica habían planeado casar al emperador con Elena. Lo tenían todo previsto: sería una boda magnífica, un matrimonio perfecto. Con lo que no contaban era con que Francisco

Retrato de Isabel de Baviera «Sissi».

José se iba a fijar en Isabel, no en Elena, y que se enamoró de ella de tal manera que un año después, el 24 de abril de 1854, se celebró el enlace en Viena.

UN IMPERIO COMPLICADO

Cuando Isabel, a la que en familia le llamaban Sissi, llegó a la Corte imperial la situación política del Imperio austro-húngaro era complicada. De hecho, cuando Francisco José subió al trono en diciembre de 1848, cuando solo tenía 18 años, se encontraba en plena revolución. Era un movimiento liberal, que chocaba con el sistema absolutista del Imperio, y nacionalista, lo que creaba dificultades en un territorio que incluía alemanes, húngaros, rumanos, italianos, serbios, croatas, checos, polacos, eslovacos y rutenos, entre otras nacionalidades. La prioridad de Francisco José fue mantener unido su vasto imperio intentando el equilibrio de no favorecer a una nacionalidad sobre las otras. El nacionalismo húngaro fue uno de sus principales problemas... Hasta la llegada de su esposa.

Coronación de Francisco José e Isabel como Rey y Reina de Hungría, de Edmund Tull. Siglo XIX.

ISABEL DE BAVIERA

1837	1849	1854	1867	1889	1898
24 diciembre Nacimiento de Sissi	**4 abril** Austria incorpora Hungría a su Imperio formando el Imperio austro-húngaro	**24 abril** Matrimonio de Francisco José I de Austria y Sissi	**18 junio** Francisco José y Sissi son coronados reyes de Hungría	**30 enero** Suicidio del príncipe heredero Rodolfo	**10 septiembre** Asesinato de la emperatriz Sissi

Retratos de **Francisco José I de Austria e Isabel de Baviera**.

LA POLÍTICA DE LA EMPERATRIZ

Siempre se ha dicho que Isabel simpatizaba con las ideas liberales, totalmente opuestas al absolutismo que representaba su esposo. También a ella se ha atribuido el compromiso de 1867 (el *Ausgleich*) por el que se reconocía al Reino de Hungría la equiparación con Austria dentro de un mismo Estado, que desde entonces se llamó Imperio austrohúngaro. De hecho, Isabel sentía tal simpatía por los húngaros que aprendió su idioma, tenía damas y amigas de esta nacionalidad y le gustaba viajar a sus territorios.

UNA TRÁGICA MUERTE

Isabel murió asesinada por un anarquista italiano que le clavó un estilete en el pecho. Era el 10 de septiembre de 1898 y la emperatriz caminaba con una dama de compañía hacia un barco del lago Lemán, en Ginebra. El asesino se acercó a ella y fingió que tropezaba cuando le asestó el mortal golpe. Al principio nadie se dio cuenta de lo que había ocurrido porque Isabel continuó andando y subió al barco, pero poco después se desvaneció. La herida era mortal y poco después, falleció.

La familia imperial en el palacio de Gödöllö, de Vincenz Katzler.

EL EMPERADOR VIUDO

La muerte de Sissi sumió en una profunda tristeza a Francisco José, que siempre quiso a su esposa, aunque tuvieran unas maneras de ser y de entender la política muy distintas. El Imperio, que económicamente había conocido un gran desarrollo, se vio constantemente acosado por los distintos nacionalismos que incluían sus territorios, en ocasiones alentados por otras potencias. Fue determinante el respaldo de Rusia a los pueblos eslavos, que se fueron envalentonando para hacer frente a Austria. Una de las peores crisis tuvo lugar en 1908, cuando el emperador se anexionó Bosnia-Herzegovina para tratar de frenar la creciente violencia de los separatistas serbios. La crisis internacional que aquella decisión desencadenó dejó al continente al borde de la guerra. Las condiciones para el estallido de la Primera Guerra Mundial cinco años después estaban sobre la mesa.

LA TRAGEDIA DE MAYERLING

Cuando tenía 30 años, el hijo de Isabel, Rodolfo, decidió quitarse la vida junto a su amante María Vetsera. El heredero apareció muerto junto a la joven baronesa el 30 de enero de 1889 en un pabellón de caza que la familia tenía en Mayerling, una localidad cercana a Viena. Aquellas muertes dispararon todo tipo de rumores sobre un complot de los servicios secretos austriacos o de un asesinato planeado por enemigos extranjeros. Rodolfo tenía unas ideas muy distintas de las de su padre sobre el sistema político del Imperio y manifestaba simpatías por los nacionalistas húngaros. Lo único claro de lo que allí sucedió es que el trono imperial quedó sin heredero. La línea sucesoria siguió entonces por un hermano del emperador, Carlos Luis de Austria, y de este a su hijo Francisco Fernando. El asesinato de este último en Sarajevo en 1914 fue el acontecimiento que desencadenó la Primera Guerra Mundial.

La Primera Guerra Mundial

Al comenzar el siglo xx las potencias europeas se enzarzaron en una disputa que cambió el mapa político y social del continente y por la que millones de ciudadanos se vieron obligados a pagar un vergonzoso tributo de sangre.

Francisco Fernando de Austria y Sophie Chotek.

ANTECEDENTES DEL CONFLICTO

La guerra franco-prusiana (1870-1871) había dado a luz a un poderoso Imperio alemán, que a partir de entonces iba a reclamar su protagonismo como una de las principales potencias del momento. Pero el joven imperio de Guillermo II se veía constreñido por una alianza entre Francia e Inglaterra y un tratado francés con Rusia, ya que su propio primo, el zar Nicolás II, prefería a los franceses, en vez de pactar con la vigorosa Alemania. A finales de 1905, el káiser se reunió con su jefe de Estado Mayor, el conde Alfred von Schlieffen, que le hizo la siguiente propuesta

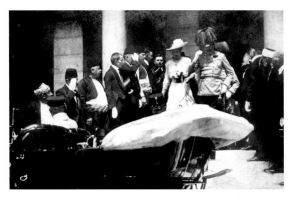

Francisco Fernando y Sofía abandonando el ayuntamiento de Sarajevo, minutos antes del atentado que los mató.

táctica: olvidarse del frente ruso y concentrarse en lograr una contundente derrota sobre Francia en un plazo máximo de seis semanas, antes de que Rusia tuviera tiempo de organizarse. El plan se debía poner en marcha en primavera-verano para evitar el zarpazo del invierno ruso. En cuanto a Inglaterra, donde reinaba otro de los primos del emperador, Jorge V, había que neutralizar su poderío marítimo con una vigorosa flota en el mar del Norte que evitase un previsible bloqueo a los alemanes. Así pues, se pusieron manos a la obra y nueve años después de meticulosos preparativos, Alemania estaba lista para dejar bien claro al mundo quién era y que se la tuviera en cuenta en el reparto del pastel colonial.

EL ATENTADO DE SARAJEVO

El 28 de junio de 1914 una comitiva de seis magníficos automóviles circulaba majestuosa por la ciudad de Sarajevo. En el tercer vehículo viajaban el archiduque Francisco Fernando, sobrino del emperador Francisco José y heredero del trono austro-húngaro, y su esposa, la duquesa Sofía. Habían venido a presidir unas maniobras militares. La Joven Bosnia, un grupo vinculado a la organización serbia la Mano Negra, organizó un ataque contra la pareja imperial. Uno de sus miembros era Gavrilo Princip.

CONFERENCIA DE PAZ DE PARÍS (18 DE ENERO DE 1919)

1919			1920	
28 de junio Tratado de Versalles con Alemania	**10 de septiembre** Tratado de Saint-Germain-en-Laye con Austria	**27 de noviembre** Tratado de Neuilly-sur-Seine con Bulgaria	**4 de junio** Tratado de Trianon con Hungría	**10 de agosto** Tratado de Sèvres con el Imperio otomano

Aspiraban a liberar Bosnia-Herzegovina del imperio y a una anexión al Reino de Serbia. Los terroristas prepararon varios ataques a lo largo del recorrido de la comitiva, pero solo uno alcanzó a lanzar una bomba al cortejo. Francisco Fernando y la duquesa salieron indemnes. Después de una recepción en el Ayuntamiento, la real pareja decidió visitar a los heridos del atentado. Enterado de que el ataque al archiduque había fallado, Gavrilo Princip aprovechó una maniobra del automóvil en el que viajaba para acercarse, sacar una pistola y disparar al matrimonio imperial. Esta vez ambos sucumbieron.

LA DECLARACIÓN DE GUERRA

Un mes después, el 28 de julio, el emperador, aliado de una Alemania que le aconsejaba firmeza frente a Belgrado, declaró la guerra a Serbia, a la que responsabilizaba de estar detrás del magnicidio. La cuestión se complicó porque Serbia era aliada de Rusia. Por su parte, Turquía, que había perdido la protección de los ingleses y temía a los rusos, decidió buscar cobijo a la sombra de Alemania. La catástrofe que se avecinaba era ya imparable. La Gran Guerra estaba en marcha.

LOS DOS BLOQUES

En la Primera Guerra Mundial se enfrentaron dos grandes bloques. Por una parte, lucharon juntas las Potencias Centrales, que incluían a Austria-Hungría, Alemania, el Imperio otomano y el Reino de Bulgaria. Por otra, se encontraban los aliados, que eran Gran Bretaña, Francia, Estados Unidos e Italia, que en verano de 1914 había abandonado su alianza con Alemania y entró en la guerra en 1915 del lado aliado. La Gran Guerra depuso monarcas de sus tronos, deshizo cuatro grandes imperios, lo que posibilitó el nacimiento de nuevos Estados, y puso en cuestión el orden social que había existido hasta entonces. También fue la primera vez que Estados Unidos actuó directamente en el continente europeo. Las pérdidas humanas fueron desorbitadas: 17 millones de muertos y 20 millones de heridos. Un sentimiento pacifista se extendió entre los europeos, que creyeron que habían soportado la última guerra de su historia. La Sociedad de Naciones, creada

En la imagen superior; la detención de Gavrilo tras el atentado de Sarajevo. Sobre estas líneas, artillería británica en Galípoli.

en 1919, fue la primera institución internacional que los Estados independientes reconocían, aunque su autoridad solo fuera moral.

CONSECUENCIAS

La Gran Guerra depuso monarcas de sus tronos, deshizo cuatro grandes imperios, lo que posibilitó el nacimiento de nuevos Estados, y puso en cuestión el orden social que había existido hasta entonces. También fue la primera vez que Estados Unidos actuó directamente en el continente europeo. Las pérdidas humanas fueron desorbitadas: 17 millones de muertos y 20 millones de heridos. Un sentimiento pacifista se extendió entre los europeos, que creyeron que habían soportado la última guerra de su historia. La Sociedad de Naciones, creada en 1919, fue la primera institución internacional que los Estados independientes reconocían, aunque su autoridad solo fuera moral.

La ejecución del Zar

La muerte de la familia imperial fue el símbolo del final del Imperio ruso y el principio de la Unión de las Repúblicas Socialistas Soviéticas (URSS), máxima realización de la Revolución rusa. Los movimientos insurgentes, nacidos en la Revolución Industrial y fortalecidos por el rechazo popular a la Primera Guerra Mundial, hicieron realidad el comunismo en tierras rusas antes que en ningún otro lugar.

Las Grandes Duquesas Tatiana, Olga, Anastasia y María Romanov, con su madre, la zarina Alejandra.

Rusia, gobernada por la dinastía Romanov desde el siglo XVII, había iniciado alguna reforma en 1861 con la abolición de la servidumbre, que había permitido a los antiguos siervos emigrar a las ciudades para convertirse en obreros. Al crecimiento de las ciudades y la efervescencia cultural del principios del siglo XX se unía la existencia de una clase obrera que vivía en condiciones de explotación y una creciente masa de miserables campesinos sin tierra. Todo ello conformaba un terreno abonado para que germinaran las nuevas ideas revolucionarias y hubiera sucesivos movimientos subversivos.

EL DOMINGO SANGRIENTO

El 22 de enero de 1905 tuvo lugar una manifestación de 200.000 trabajadores ante el Palacio de Invierno de los zares en San Petersburgo que la Guardia Imperial reprimió con dureza. Los obreros se habían concentrado pacíficamente para pedir al zar una subida de sus salarios y mejores condiciones de trabajo, pero se encontraron con los disparos de la guardia: murieron 200 manifestantes y 800 resultaron heridos. Las noticias de lo ocurrido llegaron a todos los rincones del imperio: las huelgas y protestas por lo ocurrido se sucedieron durante todo ese año y los obreros, campesinos y soldados se empezaron a organizar en asambleas (sóviets). Para apaciguar los ánimos, Nicolás II trató de practicar una política menos absolutista con la creación en 1906 de la Duma, un parlamento, pero era demasiado tarde. La radicalización popular no tenía vuelta atrás. Los socialistas boicotearon la Duma, que finalmente suspendió sus actividades. La crisis económica que conllevó la implicación rusa en la Primera Guerra Mundial agravó la situación. La Revolución bolchevique no iba a encontrar muchos obstáculos para tener éxito.

LA REVOLUCIÓN DE FEBRERO

La Gran Guerra dio unos iniciales éxitos a los rusos, pero pronto cambió de signo. Casi dos millones de muertos y seis millones de heridos eran demasiados. Los disturbios entre los soldados se generalizaron y la población empezó a sufrir hambre. Entre tanto, las cooperativas y los sindicatos se empezaron a hacer cargo de tareas propias del Estado, como el abastecimiento y los intercambios comerciales. En febrero de 1917 los trabajadores de las

REVOLUCIÓN RUSA

1917

Corona imperial rusa.

25 de octubre del calendario juliano ruso (6 de noviembre del calendario gregoriano europeo). Se inicia la revolución. La Guardia Roja bolchevique toma el control de puentes y estaciones, del banco central, la central de correos y de telefonía. Después asaltan el Palacio de Invierno, que había sido la sede oficial de la familia imperial y ahora lo ocupaba el Gobierno provisional. El nuevo Gobierno propone a los países en guerra entablar conversaciones de paz y dicta la abolición de la pena de muerte, la nacionalización de los bancos, el control de los trabajadores sobre la producción y el derecho de autodeterminación de los pueblos de Rusia, entre otras medidas.

Nicolás II de Rusia y Alejandra Fiódorovna Románova.

fábricas de San Petersburgo comenzaron una serie de
huelgas para exigir mejores condiciones de trabajo, pan y
el fin de la guerra. El zar movilizó a la guarnición militar
de la ciudad para acabar con el movimiento rebelde, pero
los soldados se unieron a los insurgentes. Y así llegó el 2
de marzo de 1917, jornada en la que Nicolás II abdicó a
favor de su hermano Miguel, que al día siguiente también
renunció a la Corona. Entre tanto, los trabajadores de San
Petersburgo celebraron las primeras elecciones al sóviet
de la ciudad. El 14 de marzo de formó un Gobierno
provisional que, aunque adoptó la división, mantuvo a
Rusia en la guerra. La sociedad rusa se dividió entre los

partidarios de restablecer el zarismo, una población que
quería firmar la paz y los radicales bolcheviques liderados
por Lenin, que deseaban derrocar al Gobierno e imponer
una dictadura de obreros y campesinos. Este fue el caldo
de cultivo para el triunfo de la Revolución y la detención
de la familia real.

LA MUERTE DE LOS ROMANOV

La familia Romanov había sido puesta bajo arresto
domiciliario desde la abdicación de Nicolás II y se
encontraba en Ekaterinburgo. El 17 de julio de 1918
reunieron a toda la familia y también a su médico y
otros acompañantes, en el sótano de la casa Ipátiev y un
escuadrón de bolcheviques los fusiló, rematántolos a
bayonetazos.

Vladimir Ilyich Lenin, el padre de la Revolución rusa.

RASPUTÍN, EL MÁS ODIADO
Grigori Rasputín
(1869-1916) fue un
místico ruso que encandiló
con su palabrería y su fama
de curandero a la zarina
Alejandra, siempre
angustiada por su pequeño
Alexéi, el zarévich, aquejado de hemofilia.
Gracias a una mejoría del niño, la zarina y
algunos aristócratas rusos cayeron bajo la
influencia de Rasputín, lo que le convirtió en
blanco del odio popular. El Gobierno decidió que
había que alejarle de la familia real para desviar
de los Romanov la animadversión que el pueblo
sentía por este charlatán. Finalmente, Rasputín
fue asesinado. Su cadáver apareció en el río
Nevá el 18 de diciembre de 1916.

1918

1 de febrero. El primer
Gobierno soviético
decreta cambiar el
calendario juliano por el
gregoriano, que se
usaba en casi toda
Europa. El día siguiente
sería el 13 de febrero

3 de marzo. El
Tratado de Brest-
Litovsk entre Rusia y
el Imperio alemán,
Bulgaria, el Imperio
austro-húngaro y el
Imperio otomano

17 de julio. El zar
Nicolás II, la zarina
Alejandra y sus
hijos son
ejecutados por los
bolcheviques en la
Casa Ipátiev de
Ekaterinburgo

Otoño. Estalla la guerra civil. Los
bolcheviques se enfrentan a los
rusos blancos, partidarios del zar
y otros descontentos que cuentan
con el apoyo de Gran Bretaña,
Francia, Estados Unidos y Japón.
Trotski dirige al Ejército Rojo, que
alcanza la victoria en 1921

Feminismo y sufragismo

La lucha por los derechos de la mujer ha tenido su máxima expresión en dos movimientos de inicios paralelos, pero final divergente. Mientras el sufragismo perdió su razón de ser cuando la mayor parte de los Estados reconocieron el derecho femenino al voto, el feminismo persigue todavía en el siglo XXI la igualdad efectiva entre hombres y mujeres.

Durante el Antiguo Régimen la mujer había quedado relegada a su papel en el hogar, siempre dependiente de un padre o un esposo. La Revolución Francesa había luchado por la igualdad jurídica y las libertades y derechos de los varones, así que el movimiento feminista que iba a reclamar los mismos derechos para la mujer no tardó en surgir en Europa occidental y en Estados Unidos.

Manifestación de sufragistas en Nueva York el 6 de mayo de 1912.

QUÉ ERA EL FEMINISMO

El feminismo coincidía con el sufragismo en que reclamaba el derecho al voto. Sin embargo, los objetivos del feminismo iban más allá e incluían, además, la mejora de la educación femenina y la equiparación de sexos en la familia para evitar la subordinación de la mujer frente al marido y la doble moral sexual, entre otras reivindicaciones. En el siglo XXI la lucha feminista ha continuado. La desigualdad laboral y la violencia de género se han convertido en algunos de sus principales caballos de batalla.

LAS PRIMERAS FEMINISTAS EUROPEAS

Olimpia de Gouges (1748-1793). Fue una escritora francesa cuyos textos contenían ideas feministas, abolicionistas y revolucionarias. Dos años después de la *Declaración de Derechos del Hombre y del Ciudadano*, de 1789, publicó la *Declaración de los Derechos de la Mujer y la Ciudadana* para reclamar un trato igual para hombres y mujeres que permitiera a ambos sexos no solo el derecho al voto, sino también igualdad de honores públicos y en el ámbito familiar, así como derecho a la propiedad privada y a participar en la educación. Olimpia clamó contra los excesos de la época del Terror y se manifestó en contra de la ejecución del rey Luis XVI. Acusada de conspirar para

MANIFESTATIONS DES SUFFRAGETTES A LONDRES.
Une sortie de prison triomphale

Manifestación de sufragistas en Londres.

IMPLANTACIÓN DEL VOTO FEMENINO

1913	1915	1917	1918	1919	1920	1931	1945
Noruega	Dinamarca	Uruguay	Alemania, Austria, Gran Bretaña (para mayores de 30 años), Holanda y Rusia	Bélgica	EE. UU. y Checoslovaquia	España	Francia e Italia

los contrarrevolucionarios, fue guillotinada en 1793.

Mary Wollstonecraft (1759-1797). En la misma época que De Gouges reclamaba los derechos de las ciudadanas en Francia, la británica Mary Wollstonecraft publicaba su *Vindicación de los derechos de la mujer* (1792), en donde explicaba que las mujeres no son inferiores al hombre, sino que lo parecen porque su educación es muy diferente. Escritora de éxito en su época, fue madre de la también escritora Mary Shelley (la autora de *Frankenstein*) y está considerada como una de las figuras precursoras de la filosofía feminista.

FEMINISMO EN ESTADOS UNIDOS

Las características de la sociedad estadounidense fueron propicias para el nacimiento de un fuerte movimiento feminista. Para empezar, el protestantismo promovía la lectura individual de la Biblia, lo que fomentó la práctica desaparición del analfabetismo en la población. Por otra parte, la lucha contra la esclavitud, en la que hubo una amplia participación femenina, concienció a las mujeres de su situación y de la necesidad de libertad e igualdad también para ellas. Sin embargo, mientras el fin de la esclavitud otorgó el voto a los negros liberados, la población femenina siguió careciendo de ese derecho.

EL SUFRAGISMO

La incorporación de la mujer al trabajo fuera de casa desde la Revolución Industrial y especialmente durante la Primera Guerra Mundial para sustituir a los hombres que habían ido al frente, impulsó la conciencia de su valor para la sociedad y, por tanto, la demanda de derechos que le estaban vedados, como el de sufragio. En los países occidentales de tradición protestante, como Gran Bretaña y Holanda, más avanzados que los católicos, se vivió un importante movimiento sufragista.

SUFRAGISTAS NORTEAMERICANAS

Elizabeth Cady Stanton, Susan B. Anthony y Lucy Stone se empeñaron en un cambio en la Constitución estadounidense para que incluyera el derecho al sufragio femenino. Consideraban que si la economía había evolucionado de manera que una mujer ya podía trabajar como un hombre para ganar un salario, la población femenina tenía también derecho al voto, símbolo de libertad y de igualdad. Paulatinamente, distintos estados fueron incorporando a sus legislaciones el voto femenino hasta que por fin en 1920 se aprobó la XIX enmienda de la Constitución, que dice que el derecho al voto de los estadounidenses no puede ser limitado por razón de sexo. En Reino Unido las sufragistas se dividieron en dos tendencias. Una de ellas, más moderada, encabezada por Millicent Garret Fawcet, optó por mítines y campañas siempre dentro de la legalidad. La otra, encabezada por Emmeline Pankhurst (1858-1928), pensaba que solo obtendrían una respuesta positiva a sus reivindicaciones con actuaciones más radicales, como el sabotaje y ataques a domicilios de políticos.

LA OPOSICIÓN A LAS SUFRAGISTAS

El miedo a subvertir el orden social establecido dio argumentos a quienes se oponían a reconocer el derecho al voto femenino. Se llegaron a producir situaciones que en el siglo XXI pueden resultar ridículas, como cuando en 1861 los estudiantes de Medicina de un hospital londinense protestaron porque entre los alumnos se encontraba Elizabeth Garrett Anderson, que tuvo que proseguir sus estudios en otro lugar para convertirse en la primera mujer médica de Gran Bretaña. Pero no solo se oponían muchos hombres al voto femenino. Una gran cantidad de mujeres temían que las transformaciones que pedían las sufragistas acabaran con la institución de la familia y llegaron a asociarse para coordinar sus movilizaciones antisufragistas.

Los felices años 20

La década de 1920 fueron años de frenéticos cambios. La entrada de la electricidad a los hogares, la popularización de la radio y de nuevos ritmos musicales, la evolución del transporte aéreo y la venta masiva de automóviles dieron inicio a una nueva era en la que el cinematógrafo y el deporte iban a ser máximo exponente de la naciente cultura de masas.

Grupo de mujeres en Estados Unidos en los años 20, luciendo la moda del momento.

DESCONCIERTO TRAS LA GUERRA

La Primera Guerra Mundial había llevado al frente a los hombres que la insensible industrialización y el sistema capitalista explotaban. La razón y la moral se habían demostrado débiles pilares de una civilización que se había volatilizado. El escepticismo fue la primera reacción del arte y la literatura ante un orden de valores occidental en el que ya nadie creía. Así aparecieron movimientos como el dadaísmo, el surrealismo o la escritura automática. En política, los países occidentales contemplaron alarmados que el triunfo revolucionario en Rusia amenazaba con extenderse al resto del continente europeo. De ahí su apoyo a los rusos blancos contrarrevolucionarios y su interés en crear un cordón sanitario de protección con los países que hacían frontera con la Unión Soviética.

LAS NUEVAS COSTUMBRES

Los hombres y las mujeres también experimentaron cambios por el conflicto armado. Por una parte, los varones regresaron de las trincheras con reivindicaciones de igualdad social; por otra, las mujeres que habían salido a trabajar fuera de casa para sustituir a los hombres que habían ido a combatir saborearon una independencia económica a la que ya no quisieron renunciar. Además, la certeza de la volatilidad de la existencia impulsaba a apurar la vida al máximo y dejar a un lado los viejos convencionalismos morales. Las relaciones entre hombres y mujeres se hicieron más directas gracias a una nueva mujer emancipada dispuesta a tomar las riendas de su destino.

LA MODA, ESPEJO DE LA SOCIEDAD

La forma de vestir femenina vivió una auténtica revolución. Desaparecieron los corsés, las faldas se acortaron y las cabezas lucieron orgullosos cortes de pelo radicales. Algunas mujeres adoptaron el estilo garçonne que las embutía en trajes masculinos como una forma de exigencia de igualdad y de rebelión frente a la tradicional feminidad que había imperado hasta entonces. En todo este cambio destacó una figura por encima de todas: la de Coco Chanel con sus líneas de ropa informal y cómoda, que rompían totalmente con la incómoda y recargada moda de la Belle Époque.

EE. UU., POTENCIA INDISCUTIBLE

El conflicto europeo colocó a Estados Unidos a la cabeza de la producción industrial y su influencia se

LOS FELICES 20

1920	1921	1922	1923	1924	1925	1926
Se instaura el voto femenino en EE. UU.	Adolf Hitler se convierte en el líder del Partido Nacional Socialista alemán y se crea el Partido Comunista chino	Creación de la Unión Soviética	Directorio militar de Miguel Primo de Rivera en España	Muere Lenin y le sucede Stalin. Nace la Metro Goldwyn Mayer	Nacimiento del cuerpo de las SS alemanas	Hiro Hito, emperador de Japón

extendió por todo el planeta. La joven nación era descarada a la hora de innovar e invertir, así como en sistemas de producción, distribución y venta hasta entonces desconocidos. Su conciencia de Estado moderno caló en las sociedades occidentales, que tuvieron la oportunidad de conocer y admirar el estilo de vida americano –el famoso *American way of life*– a través del cine y la publicidad.

LA INDUSTRIA MODERNA

El fin de la guerra europea también tuvo sus consecuencias en la industria, que tuvo que reconvertir su producción en bienes de consumo que interesaran al consumidor y aplicar una organización del trabajo que abaratara los costes y aumentara la productividad.

El automóvil. A comienzos de los años 20 había en Estados Unidos cinco millones de automóviles del modelo T que Henry Ford (1863-1947) había lanzado al mercado en 1908. Y en 1924 había ya 10 millones de estos coches.

La aviación. Entre 1920 y 1930 la aviación vivió una época mágica. El mundo entero se admiraba de las grandes travesías aéreas, como la que protagonizó en 1926 Ramón Franco entre Palos de la Frontera (Huelva) y Buenos Aires a bordo del Plus Ultra y el primer vuelo transatlántico sin escalas de Charles A. Lindbergh, que en 1927 pilotó el Spirit of St. Louis entre Nueva York y París.

La electricidad. Además de imponerse en la producción industrial y en la iluminación de las calles, la electricidad entró en los hogares, un impulso definitivo para una nueva gama de productos: los electrodomésticos. En 1925 aparecieron las primeras lavadoras y en 1927 los frigoríficos. La energía eléctrica también fue definitiva para la compra de receptores de radio, que si a principios de los años 20 muy pocos hogares contaban con uno, en 1930 había 13 millones de aparatos de radio para uso doméstico.

1927	1928	1929
Primer vuelo sin escalas sobre el Atlántico de Charles Lindbergh	Descubrimiento de la penicilina	Crack del 29

El león de la Metro.

EL ESCENARIO DE LOS AÑOS 20

Materiales innovadores: rayón, baquelita, aluminio, acero inoxidable, celofán… un nuevo vocabulario para nuevas producciones que tuvieron su reflejo incluso en la decoración de los hogares. Es el triunfo del Art-Déco.

El tráfico de las ciudades se complica al compartir espacio automóviles, motocicletas, camiones y transportes colectivos. Se generalizan los espacios para los peatones y las señales luminosas que ordenan la circulación.

La música adopta ritmos asombrosos: son los años del *jazz* y el *blues*, y de bailes como el charlestón y el black bottom.

El cine norteamericano acapara la atención del público y las grandes productoras –Metro Goldwyn Mayer, 20th Century Fox, Paramount, Universal, RKO o Disney– invierten en superproducciones que dan lugar a la veneración de las estrellas de Hollywood (Mary Pickford, Douglas Fairbanks, Gloria Swanson, Rodolfo Valentino). El interés del público por **el deporte** alienta la construcción de grandes estadios donde las masas puedan asistir a los encuentros de fútbol y de béisbol.

De izquierda a derecha, **Walt Disney y Rodolfo Valentino**.

La Ley Seca

La prohibición de producir y vender alcohol en Estados Unidos se tradujo en una reacción de la juventud, que se animó a beber como símbolo de rebeldía, y en el fortalecimiento de las organizaciones mafiosas, que aprovecharon el contrabando de bebida para enriquecerse y extender su poder. El alto índice de criminalidad obligó a las autoridades a derogar una norma que tuvo más consecuencias negativas que positivas.

Vaciado de barriles en el alcantarillado de Nueva York en 1921, Biblioteca del Congreso.

Manifestación contra la prohibición un 4 de julio en Nueva York, Enciclopedia Británica.

CAMPAÑA PARA PROHIBIR EL ALCOHOL

La llegada de inmigrantes europeos a Estados Unidos a principios del siglo xx despertó la inquietud en la rígida moral protestante que imperaba en la sociedad por la religión –muchos eran católicos– y algunas de las costumbres que venían con los nuevos ciudadanos procedentes de Europa, especialmente la de beber alcohol en las reuniones sociales. Así comenzó a extenderse una campaña en contra del consumo de alcohol que tuvo su mayor éxito en la National Prohibition Act, coloquialmente conocida como la Ley Volstead (1919-1933) por el nombre del senador que la impulsó, Andrew Volstead. Su aprobación supuso la prohibición de la venta, la importación y la fabricación de bebidas alcohólicas en todo el país, un precioso regalo para el crimen organizado.

DISTRIBUCIÓN ILEGAL

Las bandas de gánsteres rápidamente aprovecharon la prohibición para tejer una red de venta clandestina de alcohol. Hubo pequeñas destilerías que lo fabricaban, pero les resultaba difícil permanecer mucho tiempo sin localizar. Así que una mayor cantidad del alcohol que se consumió en Estados Unidos durante la Ley Seca procedió del contrabando. Por eso las ciudades que tenían un fácil acceso al comercio con el exterior fueron las elegidas por el crimen organizado para establecerse, como Chicago, Detroit y Miami.

LOS CRIMINALES SE FORTALECEN

Lo cierto es que los ingresos económicos obtenidos por las bandas de delincuentes gracias al negocio clandestino del alcohol las fortalecieron, y sus tentáculos llegaron a

LA LUCHA CONTRA EL ALCOHOL

Finales siglo XVII	1826	1919
Comienzan a formarse en varios estados asociaciones por la templanza, para las que el alcohol es perjudicial física y psicológicamente	Nace la Sociedad Norteamericana por la Templanza, que vincula violencia doméstica y pobreza con alcoholismo. Su activista más famosa fue Carrie Nation, que irrumpía en las tabernas para destruir botellas	**28 de octubre**. El Congreso aprueba la ley seca (Ley Volstead). Hasta su entrada en vigor el 17 de enero de 1920 se produce una compra masiva de alcohol de los ciudadanos porque la ley prohibía su venta, pero no su consumo

todas partes. Se infiltraban en los sindicatos, proporcionaban esquiroles a los empresarios si estallaba una huelga y tenían agentes de la ley, jueces y políticos en nómina. El problema se complicó cuando las distintas bandas mafiosas empezaron a dirimir sus diferencias en la calle provocando intolerables episodios de violencia. El más sonado de todos fue la Matanza de San Valentín del 14 de febrero de 1929.

LAS RAÍCES DE LA MAFIA

Diversos autores sitúan los orígenes históricos de la mafia en la Sicilia del siglo XIX, cuando surgieron organizaciones violentas como agentes de protección privada que extorsionaban a campesinos y comerciantes exigiéndoles el pago de un soborno a cambio de seguridad. Entre los 800.000 sicilianos que emigraron a Estados Unidos entre 1901 y 1913 viajaron miembros de aquellas organizaciones, que rápidamente establecieron un sistema delictivo parecido en el Nuevo Mundo.

CONSECUENCIAS DE LA PROHIBICIÓN

Aunque la Ley Seca hizo disminuir el consumo de alcohol individual, lo cierto es que su prohibición

añadió un plus de romanticismo a quienes desafiaban esa norma que se consideraba radicalmente conservadora. Por eso para los jóvenes beber ya no era solo un pasatiempo, sino sobre todo un desafío a la sociedad. En ese contexto surgió la que se denominó «generación perdida de la literatura», con nombres tan emblemáticos como Francis Scott Fitzgerald, John Dos Passos, William Faulkner y Ernst Hemingway. Fue entonces cuando proliferaron los locales clandestinos que ofrecían alcohol, los *speakeasy*, en donde se reunían clientes de ambos sexos y de clase media.

De izquierda a derecha, **Al Capone y Elliot Ness.**

LOS INTOCABLES DE ELIOT NESS

La Oficina de Prohibición de Chicago emprendió una persecución contra la mafia y encargó al agente del Departamento del Tesoro Eliot Ness (1903-1957) la captura de Alfonso Capone (1899-1947), el gánster más conocido de la ciudad de Chicago. Para llevar a cabo su misión, Ness conformó un equipo legendario de 11 agentes del Tesoro conocido como *Los intocables*. Finalmente, en 1931, los hombres de Ness consiguieron pruebas para acusar a Capone de un delito de evasión de impuestos y pudo ser condenado a 11 años de prisión.

Celebrando el fin de la prohibición en 1932.

1930	1932	1933
Se extiende entre la opinión pública norteamericana la idea de que la prohibición es la responsable del incremento de la criminalidad	El candidato demócrata a la Casa Blanca Franklin D. Roosevelt incluye en su programa electoral la derogación de la ley seca	**5 de diciembre**. El Senado ratifica la derogación de la prohibición

HISTORIA CONTEMPORÁNEA

HISTORIA MODERNA

EDAD MEDIA

HISTORIA ANTIGUA

PREHISTORIA

El crack del 29

La crisis económica de 1929 acabó con el espejismo de prosperidad de los felices años 20. El hundimiento de la Bolsa de Nueva York afectó al resto del mundo y tuvo sus efectos. En Estados Unidos algunos magnates se quitaron la vida al verse arruinados, mientras cientos de miles de pobres vagaban por el país en busca de empleo y de alimentos.

Índice Dow Jones desde enero de 1921 a septiembre de 1929

Evolución del Índice Dow Jones en octubre y noviembre de 1929

Estado de la Bolsa antes y después del crack del 29.

EL MARTES NEGRO

El 24 de octubre de 1929 estalló el pánico: 13 millones de títulos no encontraban comprador en la Bolsa de Nueva York. A mediodía los representantes de cinco grandes bancos reunieron fondos para atajar el pánico y la Bolsa empezó a recuperarse. Pero el lunes el miedo volvió a cundir entre los inversores y el 29, conocido como martes negro, terminó de hundirse llevándose por delante a grandes compañías y a la banca. Las siguientes recuperaciones fueron solo un espejismo. A lo largo de

octubre las acciones que cotizaban en Wall Street habían perdido el 20% de su valor y en noviembre, el 50%. La tendencia se arraigó y el mercado de valores no dejó de bajar hasta 1932.

EL ORIGEN DE LA CRISIS

Desde 1922 se había vivido un firme crecimiento industrial y agrario, pero a partir de 1925 comenzaron los primeros síntomas de la crisis. El cierre de los mercados de los países europeos y el descenso de los precios agrarios llevaron al Gobierno y a los bancos norteamericanos a estimular el crédito para paliar los efectos negativos. Pero lo que ocurrió fue que esa hiperinflación de crédito se desvió de la industria a la inversión bursátil. Y así, entre 1926 y 1929, el alza bursátil fue distanciándose de la actividad económica real.

LA EXTENSIÓN DE LA CRISIS A EUROPA

En 1931 la crisis alcanzó al Viejo Continente. La falta de liquidez por un sistema bancario arruinado provocó la retirada de las inversiones en el Viejo Continente. Asimismo, la caída de los precios en Estados Unidos obligó a los demás países a rebajar los suyos para seguir siendo competitivos.

CADA PAÍS CON SU REMEDIO

La crisis del 29 supuso la quiebra de los principios del capitalismo liberal y el auge de los nacionalismos económicos. Los países industrializados que tenían colonias se volcaron en ellas, y los que no las tenían se inclinaron por fórmulas autárquicas, la militarización de

Caos en Wall Strett tras enterarse de la caída de la Bolsa.

EL CRACK DEL 29 EN CIFRAS

1929	1930	1931	1932	1933
Quebraron más de 600 bancos estadounidenses. 23.000 compañías. El porcentaje de parados de la población activa era del 3%	Más de 1.300 entidades bancarias. Más de 26.000 compañías	Alrededor de 2.300 bancos. 28.000 compañías	Quebraron casi 32.000 compañías	El porcentaje de parados de la población activa era del 27%.

Madre emigrante, foto de Dorothea Lange, muestra a los desposeídos cosechadores de California, y se centra en Florence Owens Thompson, de 32 años, madre de siete hijos, en Nipomo, California (marzo de 1936).

la economía y la agresión exterior. En los países democráticos el Estado empezó actuar como subsidiario de la actividad privada al favorecer el desarrollo de empresas públicas. En Alemania e Italia el autarquismo logró el pleno empleo y las obras públicas y el rearme impulsaron la economía.

LA GRAN DEPRESIÓN

En 1933 millones de estadounidenses vagaban por su país en busca de trabajo. El campo se despobló y en las afueras de las ciudades, donde parecía que había alguna oportunidad de subsistencia, proliferaron los barrios chabolistas. La prensa tardó en hacerse eco del cataclismo social porque en los primeros meses tras el crack bursátil se centró sobre todo en los suicidios de algunos grandes magnates y en la quiebra de empresas emblemáticas. Sin embargo, pronto sus páginas recogieron fotografías de colas de parados ante las oficinas de empleo y de la beneficencia junto a las de los rostros desesperanzados de los granjeros y a las de quienes se quedaron sin un techo bajo el que dormir. Con la crisis se restringió la entrada de inmigrantes, el racismo se recrudeció y con el hambre, la salud de la población se resintió. Muchos colegios tuvieron que cerrar; los que sobrevivieron bajaron los salarios de los maestros y acortaron la semana escolar a tres días, miles de jóvenes recorrían los negocios y los talleres buscando infructuosamente un empleo. Dos millones de ellos

terminaron como vagabundos que robaban en las granjas y se subían a trenes en marcha para trasladarse en busca de fortuna. En algunos lugares, los granjeros se organizaron para resistir ante los desahucios y en protesta porque los bajos precios de sus productos les conducían a la miseria. Como respuesta, Washington envió al ejército. A su vez, en las ciudades, la policía pudo contener con facilidad las manifestaciones de protesta de los obreros de las fábricas.

LA POBLACIÓN ANTES DEL CRACK

El crecimiento de Wall Street se volvió espectacular desde 1924. Las suculentas ganancias por invertir en Bolsa atrajeron a multitud de pequeños inversores, confiados en la facilidad de su juego. Era difícil resistirse a ganancias de más del 30% en un año. El fenómeno fue tal que la prensa comenzó a dedicar más espacio a la información económica y contrató expertos que exponían sus previsiones de crecimiento y ofrecían consejos inversores. En este ambiente, además, proliferaron los especuladores a crédito; es decir, quienes invertían en acciones a través de un agente de Bolsa, que pedía un préstamo a un banco y lo invertía a cambio de una comisión. Este fenómeno también influyó en el alza desorbitada de la Bolsa. El problema surgió cuando el mercado retrocedió: entonces los agentes pidieron a sus clientes que cubrieran los préstamos con efectivo, y cuando estos no pudieron hacerlo, los agentes vendieron las acciones para pagarlos, lo que hizo bajar su cotización.

La victoria del Nacionalsocialismo

Las primeras décadas del siglo xx fueron tiempos propicios para el ascenso de los totalitarismos en Europa. El fascismo y el comunismo encontraron enfervorecidos seguidores y obstinados enemigos que lucharon sin cuartel y se cobraron un alto precio en vidas. El nazismo alemán fue seguramente el exponente más significativo de aquel momento.

Los miembros del Partido Nazi en 1930. En el centro, **Adolf Hitler**.

La derrota en la Primera Guerra Mundial fue un duro golpe para Alemania. Aunque el Alto Mando alemán, en septiembre de 1918, había insistido en la necesidad de un armisticio, el mariscal Paul von Hindenburg eligió a un civil, el ministro de Finanzas Matthias Erzberger, para que lo firmara y la institución militar quedara a salvo del deshonor. Además, para combatir un posible contagio en Alemania de la revolución bolchevique rusa, los militares alentaron un sentimiento patriota en la sociedad: los políticos habían traicionado al país con aquella firma. De este modo, quedaba configurada una de las bases para el descrédito de la República de Weimar y el triunfo del nacionalsocialismo y en 1921 Adolf Hitler asumió el liderazgo total del Partido Nacional Socialista Alemán.

INTENTO DE GOLPE DE ESTADO Y LEGALIDAD

El 8 de noviembre de 1923 Hitler y sus partidarios se reunieron en la cervecería Burgerbraukeller de Múnich para intentar un golpe de Estado (el *Putsch* de Múnich) que les permitiera hacerse con el territorio

Entrada de los portadores de banderas nazis en el Congreso de Nuremberg, 1938.

de Baviera y desde ahí extender la revolución nacionalsocialista a todo el país. La policía abortó el golpe y Hitler fue condenado a cinco años de prisión, aunque meses después quedó en libertad. Durante aquellos días de cárcel redactó su famoso *Mein Kampf* y aprendió que su asalto al poder sería mucho más seguro si actuaba desde la legalidad. Así, mientras sus paramilitares de las *Sturmabteilung* o Sección de Asalto (SA) comenzaban a sembrar la violencia y el antisemitismo en las calles alemanas, en 1932 el Partido Nazi logró ganar con 13 millones de votos y se nombró a Hitler canciller en enero de 1933.

CRONOLOGÍA

1918	1919	1921	1923	1932	1933
11 de noviembre Fin de la Primera Guerra Mundial	Creación del Partido Nacional Socialista Alemán	Hitler es líder del Partido Nacional Socialista Alemán	**8 de noviembre** *Putsch* de Múnich	Victoria Nacional Socialista en las elecciones alemanas	**Enero**. Hitler es nombrado canciller

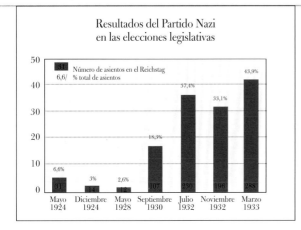

Resultados del Partido Nazi
en las elecciones legislativas

- ■ Número de asientos en el Reichstag
- % total de asientos

Mayo 1924 · Diciembre 1924 · Mayo 1928 · Septiembre 1930 · Julio 1932 · Noviembre 1932 · Marzo 1933

EL INCENDIO DEL REICHSTAG

El 27 de febrero de 1933 los nazis prendieron fuego al Parlamento, el *Reichstag* y extendieron la sospecha de que los comunistas habían sido los responsables pidiendo poderes especiales para hacerles frente. A partir de entonces se suprimieron la libertad de prensa y de reunión, la propiedad privada y los partidos de la oposición. En marzo, se aprobó la Ley de Habilitación, que le permitía gobernar por decreto. Hitler ya tenía todo el poder en sus manos.

ASCENSO DEL FASCISMO EN ITALIA

Italia, que se había unido a los aliados en la Primera Guerra Mundial, se sintió ninguneada en el reparto que los vencedores hicieron en Versalles y no recibió los territorios que se le habían prometido para lograr su implicación en la contienda. Los italianos se sintieron engañados, sobre todo los ex combatientes que tantos sacrificios habían hecho. Uno de ellos era Benito Mussolini. Este antiguo socialista fundó el 7 de noviembre de 1921 el Partido Nacional Fascista, una formación ultranacionalista, que odiaba a la burguesía y al comunismo y exaltaba la violencia de sus escuadrones de camisas negras, que sembraban el terror por todo el país. El 27 de octubre de 1922 tuvo lugar la Marcha sobre Roma: miles de camisas negras se dirigieron a la capital italiana. Nada se interpuso en su camino. La llegada al poder de los fascistas no tenía

vuelta atrás. El 29 de octubre, el rey Víctor Manuel III nombró a Mussolini primer ministro. La instauración de una dictadura era cuestión de días.

LA NOCHE DE LOS CUCHILLOS LARGOS

Ernst Röhm, el jefe de las SA, se sintió defraudado cuando el *Führer* no colocó a sus hombres en los puestos políticos y militares que ambicionaba. Hitler prefería a las *Schtzstaffel* o Escuadras de Protección (SS) de Heinrich Himmler y a la Gestapo o policía política, que había fundado Hermann Göring (luego comandante de la *Luftwaffe* o fuerza aérea) y terminó también en manos de Himmler. Röhm, además, concitaba el desprecio de otro hombre de confianza de Hitler: Joseph Goebbels, ministro de Propaganda nazi. En 1934 Röhm amenazaba con una insurrección que los militares no iban a permitir. Y si los militares intervenían, la autoridad de Hitler quedaría socavada por no haber sido capaz de controlar a sus hombres. Había que hacer algo. Y así, la noche del 29 de junio hubo detenciones y ejecuciones de dirigentes de las SA por toda Alemania, entre ellas, la del mismísimo Röhm. En la confusión, Von Papen también fue detenido y se le mantuvo encarcelado unos días. Fue liberado sin daños, pero captó la indirecta: Hitler estaba fuera de su control y él, fuera de juego. Cuando el 2 de agosto de 1934 falleció Von Hindenburg, el *Führer* asumió la jefatura del Estado con total tranquilidad. Nada se interponía en su camino. Ya podía llevar a la práctica sus proyectos políticos, territoriales y raciales.

1933 — **1939**

27 de febrero Incendio del *Reichstag*

23 de marzo Aprobación de la Ley Habilitante

1 de septiembre Comienzo de la Segunda Guerra Mundial

Estalinismo brutal

La llegada de Stalin al poder tras la muerte de Lenin endureció las persecuciones del régimen, que ya no solo combatía a los enemigos de la Revolución, sino también a todo el que pudiera hacer sombra al líder. El terror se impuso en el Gigante rojo: los planes económicos incluyeron una severa disciplina para los obreros y requisas inmisericordes para unos campesinos condenados al hambre.

Medalla «Por la Victoria sobre la Alemania» y retrato de Stalin.

EL TERROR ROJO

La Primera Guerra Mundial y el conflicto civil que estalló en Rusia tras el triunfo de la Revolución de 1917 provocaron unos destrozos económicos tales que el país tuvo que esperar a 1927 para iniciar el camino del desarrollo. La concentración de poder en manos de Jósif Stalin fue la reacción al caos económico y social y a las divisiones que se producían entre los mismos bolcheviques. El convencimiento de que la revolución estaba en peligro –se sucedían los atentados blancos (prozaristas), alguna intentona golpista y la guerra civil– llevó al Gobierno a anunciar en septiembre de 1918 que respondería con un terror rojo a la burguesía y sus agentes.

CAMPESINOS Y OBREROS VIGILADOS

La escasez de combustibles, materias primas y alimentos afectaba a la productividad. El hambre favoreció la picaresca, el mercado negro y el absentismo laboral. En el campo se impusieron las requisas de productos agrícolas, la obligación de trabajar grandes extensiones y sobre todo el control entre los mismos campesinos del cumplimiento de las normas. Así surgieron los Pobres del Pueblo, comités de delatores de

las aldeas. Por su parte, en las ciudades, el trabajo de los obreros se militarizó y a los desertores se les castigaba con dureza. Entonces surgieron contestaciones y huelgas contra estas imposiciones y a favor de una democratización, pero fueron eliminadas sin miramientos. Finalmente, el partido bolchevique se convirtió en el centro del Estado. Todas las instituciones estaban bajo su control y los sóviets (asambleas) perdieron su papel de centros de discusión.

LA DESAPARICIÓN DE LENIN

El líder máximo de la Revolución, Vladímir Ilich Ulianov, Lenin, falleció el 21 de enero de 1924, aunque estaba prácticamente apartado de la actividad política desde que enfermó gravemente en diciembre de 1922. Unos meses antes, en abril de 1922, Jósif Stalin había sido nombrado secretario general del Comité Central del Partido Comunista Ruso, un cargo que en principio parecía menor, pero que durante la enfermedad de Lenin permitió a Stalin ir colocando a sus partidarios en puestos de poder.

LA GRAN PURGA

Tras la muerte del líder máximo de la Revolución, Vladímir Ilich Ulianov, Lenin, el 21 de enero de 1924, Jósif Stalin, que ya había sido nombrado secretario general del Comité Central del Partido Comunista Ruso en 1922, organizó un triunvirato formado por él mismo Stalin, Lev Kámenev y Grigori

JÓSIF STALIN

1879	1917	1922	1924	1927-1937	1936
21 de diciembre Nacimiento de Stalin	Revolución de Octubre	Stalin es nombrado Secretario General del Comité Central de Partido Comunista	**21 de enero** Muere Lenin	Liderazgo casi absoluto de Stalin	Ejecución de Kámenev y Zinóviev

HISTORIA CONTEMPORÁNEA · HISTORIA MODERNA · EDAD MEDIA · HISTORIA ANTIGUA · PREHISTORIA

Stalin, segundo por la izquierda, con otros mandatarios del Partido Comunista en 1925, durante el enfrentamiento con Zinóviev.

Trotski (derecha), junto a Lenin (izquierda), en las celebraciones del segundo aniversario de la Revolución de Octubre, poco después de dirigir con éxito la defensa de Petrogrado de las fuerzas del general Yudénich.

Zinóviev. Pero estos dos últimos terminaron siendo ejecutados en verano de 1936, acusados de organizar un grupo terrorista para matar a Stalin. Estas dos muertes fueron el comienzo de la Gran Purga de la década de 1930, cuando la policía estalinista llevó a cabo una masiva persecución contra todo lo que se consideró contrarrevolucionario y cientos de miles de personas fueron ejecutadas o enviadas a campos de concentración. Entre las víctimas ilustres, se puede mencionar a León Trotski, que había sido el segundo jefe de la Revolución rusa y el gran artífice del Ejército Rojo. Primero se le expulsó del partido, luego se le deportó a Kazajistán y por último se exilió en 1929 a México, donde fue asesinado el 20 de agosto de 1940.

Vista parcial de una placa con las fotos de las víctimas de la Gran Purga que fueron fusiladas en el campo de tiro de Bútovo, cerca de Moscú.

1937-1938	1939-1945	1946	1953
Época del terror y de la Gran Purga	Segunda Guerra Mundial	Inicio de la Guerra Fría	Muerte de Stalin

LA ELIMINACIÓN DE TROTSKI

León Trotski (1879-1940) había sido el segundo jefe de la Revolución rusa y el gran artífice del Ejército Rojo. Escritor y brillante orador, su personalidad era totalmente distinta de la de Stalin, que si había destacado por algo era por su capacidad de organización y sobre todo por ir acumulando poder sin hacer demasiado ruido. Como Lenin había temido, el enfrentamiento entre ambos no se hizo esperar y Stalin ordenó la expulsión de Trotski del partido, luego su deportación a Kazajistán y por último su exilio en 1929. En 1936 el México de Lázaro Cárdenas le concedió asilo político, donde fue asesinado el 20 de agosto de 1940.

EL GULAG

Gulag son las siglas de la Dirección de Campos de Trabajo que dirigía una red de centros de internamiento en la antigua Unión Soviética. Herederos de los campos de detención que la Rusia imperial tenía en Siberia, en ellos se encerraba a presos comunes y a disidentes y enemigos políticos, desde aristócratas y burgueses, hasta religiosos, terratenientes, militares y disidentes. Tras la Segunda Guerra Mundial, en ellos también tuvieron cabida los prisioneros de guerra, y así, en la década de 1950, la población reclusa en esos campos alcanzó los 2,5 millones de individuos. Tras sus alambradas murieron cientos de miles de personas.

España sin rey

Las elecciones del 12 de abril de 1931 dieron la victoria a los candidatos republicanos y socialistas en las grandes ciudades españolas. Dos días después, el rey marchó al exilio y se proclamó la Segunda República. El experimento duró poco más de cinco años: un golpe de Estado militar y una guerra culminaron en una dictadura de 40 años.

Francisco Largo Caballero, ministro de Trabajo durante la Segunda República.

LA SEGUNDA REPÚBLICA

La victoria republicana en los comicios de abril de 1931 llevaron al rey Alfonso XIII a abandonar España. Se organizó entonces un Gobierno provisional presidido por Alcalá Zamora, que convocó unas Cortes constituyentes para aprobar una nueva Constitución, que proclamaba que España se constituía como una República democrática, parlamentaria y laica. Tres fueron las etapas de la Segunda República:

El gobierno provisional de la Segunda República presidido por Niceto Alcalá Zamora.

- **Bienio progresista (1931-1933)**. El Gobierno presidido por Manuel Azaña coaligaba los republicanos de izquierda y los socialistas y fue una época de grandes cambios, con reforma agraria y educativa, aprobación del estatuto de Cataluña, y reformas laborales que mejoraron las condiciones de los trabajadores. Tales medidas pronto despertaron la animadversión tanto de la derecha como de la extrema izquierda o del Partido Socialista Obrero Español.
- **Bienio rectificador (1934-1935)**. En noviembre de 1933 se celebraron nuevas elecciones que dieron el triunfo al centro derecha encabezado por el radical Alejandro Lerroux, y apoyado por los parlamentarios de José María Gil Robles y su Confederación Española de Derechas Autónomas. Se rectificaron muchas de las medidas reformistas de la legislatura anterior y durante este periodo estallaron dos revueltas: una en Cataluña, donde Lluís Companys proclamó el Estado catalán y que fue sofocada por los militares; y otra en Asturias, donde se inició una huelga revolucionaria, que también se reprimió duramente con la participación de tropas africanas dirigidas por los generales Francisco Franco y Manuel Goded.

DE LA MONARQUÍA A LA DICTADURA

1902	1923	1931	1931-1933	1934-1935	1936
Alfonso XIII, rey de España	Dictadura de Miguel primo de Rivera	Victoria republicana en las urnas y exilio de Alfonso XIII	Bienio progresista de Manuel Azaña	Bienio rectificador de Alejandro Lerroux y José María Gil Robles	**Febrero-julio**. Frente Popular de Manuel Azaña

La ciudad de Madrid en ruinas durante la Guerra Civil.

• **El Frente Popular (febrero-julio de 1936).** El nuevo Gobierno de Azaña recuperó la actividad reformista, pero con el paso de las semanas, las posturas se radicalizaron y la violencia desembocó en dos significativos asesinatos: el del teniente de asalto socialista José del Castillo el 12 de julio y el del diputado monárquico José Calvo Sotelo al día siguiente. La sublevación militar, que el general Emilio Mola preparaba desde marzo, no se hizo esperar.

LA GUERRA CIVIL ESPAÑOLA

La insurrección, que comenzó en Melilla el 17 de julio de 1936, la maquinaron un grupo de militares, entre los que iba a destacar Francisco Franco, que tras la muerte de Mola se haría con las riendas del bando sublevado. Respaldada por la mayoría de los partidos de la derecha, la insurrección se extendió por toda España y se desató una Guerra Civil que, durante 32 meses, dividió en dos al país: los partidarios de la República y los que apoyaban a los sublevados. Además, intervinieron otros países, como la Italia fascista y a la Alemania nazi, que se decantaron por los golpistas, y la Unión Soviética, que dio su respaldo a los republicanos mientras que Gran Bretaña y Francia adoptaron una pasiva actitud de no intervención. El triunfo de los golpistas en 1939 puso al país en manos del general Franco, que se mantuvo en el poder durante cuatro décadas. La convivencia entre vencedores y vencidos fue difícil. El nuevo régimen anuló las transformaciones sociales y políticas de la República. Por otra parte, tuvo que hacer frente a la reconstrucción de un país totalmente arruinado, con gran parte de sus infraestructuras destruidas y su intelectualidad muerta, en la cárcel o exiliada. Además, sus simpatías hacia la Alemania nazi granjearon el aislamiento internacional de la España franquista al finalizar la Segunda Guerra Mundial.

1936	1939	1939-1975
17 julio. Golpe de Estado militar. Inicio de la Guerra Civil española	**1 abril**. Fin de la Guerra Civil española	Dictadura de Francisco Franco

HISTORIA CONTEMPORÁNEA

HISTORIA MODERNA

EDAD MEDIA

HISTORIA ANTIGUA

PREHISTORIA

La Segunda Guerra Mundial

El mayor conflicto armado de la historia, que se cobró la vida de 50 millones de personas, terminó por dividir el mundo en dos grandes bloques: capitalistas y comunistas. Al estallido de aquella conflagración, habían contribuido unas condiciones humillantes para los vencidos en la Gran Guerra, que quedaron inmersos en una grave crisis y sin opciones para una recuperación digna.

El Tratado de Versalles (28 de junio de 1919) exigía a Alemania que se reconociera como única responsable de iniciar el conflicto; que renunciara a territorios como Alsacia y Lorena, así como a todas sus colonias; que pagara unas indemnizaciones millonarias a los aliados y que limitara sus efectivos militares. La humillación para el pueblo alemán que supuso Versalles, las grandes dificultades económicas que hubo de soportar –sobre todo tras el crack de la Bolsa de Nueva York de 1929– y el convulso ambiente político de la República de Weimar facilitaron el apoyo popular a los nazis, que proponían venganza y proclamaban el orgullo de ser alemán. Alcanzada la Cancillería en 1933, su máximo líder, Adolf Hitler, empezó a prepararse para la guerra. El 7 de marzo de 1936 tropas alemanas entraron en Renania, desmilitarizada por mandato del Tratado de Versalles. Era una violación de los tratados de Versalles (que estableció la desmilitarización de la región) y Locarno (en este último Alemania, Francia y Bélgica habían firmado el compromiso de respetar las fronteras establecidas tras la Primera Guerra Mundial). Sin embargo, apenas hubo consecuencias para Berlín. Los mandatarios europeos tenían tan fresco el horror de la Gran Guerra que parecían dispuestos a permitir todo con tal de evitar un nuevo conflicto armado. Esa misma política de apaciguamiento de la Gran Bretaña de Arthur Neville Chamberlain y de la Francia de Léon Blum les llevó también al inmovilismo ante la injerencia de Alemania e Italia en la Guerra Civil española. Los avances militares de Berlín en Europa apenas obtuvieron como respuesta tímidas pataletas diplomáticas hasta que el 1 de septiembre de 1939, sin aviso de ningún tipo, los alemanes invadieron Polonia. Dos días después, Gran Bretaña y Francia declararon la guerra: continuar con la política de apaciguamiento ya era imposible.

PRINCIPALES OPERACIONES

Con grandes aspiraciones expansionistas, Alemania invadió primero Polonia y después, Dinamarca, Noruega, Luxemburgo, Bélgica, los Países Bajos y Yugoslavia, más la ocupación de Francia, lo que obligó al mundo a dividirse en dos bloques enfrentados en una lucha encarnizada: los aliados y las Potencias del Eje. Desde 1939 hasta 1941, Alemania emprendió grandes campañas militares lanzada a la conquista de Europa, pero cuando en junio de 1941, trató de entrar en Rusia, se encontró con la férrea defensa soviética. Había abarcado demasiados frentes, en Europa y en África y, tras la pérdida decisiva de la Batalla de Stalingrado, su suerte empezó a cambiar. Paralelamente, la entrada en la guerra de Estados Unidos tras el ataque japonés a Pearl Harbor también cambió el curso de la guerra, que terminó con la toma de Berlín por tropas soviéticas y polacas y con el bombardeo nuclear de Hiroshima y Nagasaki.

CONSECUENCIAS

El mayor conflicto armado de la historia implicó la muerte de millones de personas, entre 45 y 70 millones,

CRONOLOGÍA

1939	1940		1941
1 de septiembre. Alemania invade Polonia y comienza la Segunda Guerra Mundial	**Abril-junio**. Alemania invade Dinamarca y Noruega	**Mayo-junio**. Alemania ocupa Francia, Países Bajos, Luxemburgo y Bélgica	**7 de diciembre**. Bombardeo de Japón sobre Pearl Harbor

Hongo nuclear de la bomba atómica que explotó sobre Nagasaki, en Japón, el 9 de agosto de 1945.

Los «Tres Grandes» («Big Three»): de izquierda a derecha: Stalin, Roosevelt, y Churchill en el pórtico de la Embajada de Rusia en la Conferencia de Teherán para debatir los movimientos aliados en 1943.

según distintos cálculos. Además de la pérdida de vidas, el Viejo Continente quedó arrasado. Ciudades como Varsovia o Rotterdam quedaron literalmente en ruinas y centenares de obras de arte desaparecieron para siempre. El mundo que surgió de aquella contienda quedó dividido en dos bloques dominados por dos superpotencias, Estados Unidos y la Unión Soviética, que mantuvieron un tenso enfrentamiento en lo que se denominó como Guerra Fría, que tuvo al mundo atemorizado por la posibilidad de una guerra nuclear hasta 1989, cuando cayó el Muro de Berlín.

LA EXPANSIÓN DE JAPÓN

Los japoneses estaban muy interesados en hacerse con China, en aquella época muy debilitada por los enfrentamientos internos entre distintas facciones de los nacionalistas del Kuomintang, y entre estos y los comunistas. Sin embargo, la embestida nipona, brutal, fue incapaz de acabar con la resistencia china, que confiaba en que en algún momento los aliados pelearían de su parte. El progresivo deterioro de las relaciones entre EE UU y Japón y la decisión soviética de ayudar a China fueron claves.

ESTADOS UNIDOS ENTRA EN GUERRA

El principio del fin de las ambiciones expansionistas niponas fue su ataque a la base naval estadounidense de Pearl Harbor el 7 de diciembre de 1941. Washington, que hasta entonces se había mantenido al margen, entró en guerra. Su implicación en todos los teatros de operaciones frenó el avance del Eje. A partir de entonces la balanza se empezó a inclinar a favor de los aliados.

Tres barcos de guerra estadounidenses afectados por el ataque japonés a Pearl Harbor. De izquierda a derecha: USS Virginia Occidental, gravemente dañado; USS Tennessee, dañado; y USS Arizona, hundido, el 7 de diciembre de 1941.

1942	1944		1945		
23 y 24 de octubre. Derrota alemana en el Alamein	**6 de junio**. Desembarco de Normandía	**25 de agosto**. Liberación de París	**30 de abril**. Suicidio de Hitler	**6 y 9 de agosto**. Lanzamiento de la bomba atómica sobre Hiroshima y Nagasaki	**2 de septiembre**. Fin de la Segunda Guerra Mundial

El Holocausto

Seis millones de judíos fueron exterminados de forma sistemática por el Estado nacionalsocialista alemán. La imágenes de nazis sonrientes y complacidos al lado de sus tétricas víctimas horrorizaron al mundo, incrédulo de que tanta inhumanidad fuera posible.

Heinrich Himmler (izquierda) y Reinhard Heydrich (centro), los arquitectos de Hitler del Holocausto.

La República de Weimar nació en 1919 con la responsabilidad de afrontar las duras exigencias que los vencedores de la Primera Guerra Mundial impusieron a Alemania. El pago de las reparaciones de guerra y los intereses llevaron a una difícil situación económica para la sociedad alemana, que se agravó con el crack de 1929. La desesperación llevó a millones de personas a confiar en el Partido Nazi de Adolf Hitler, que clamaba venganza contra los países vencedores de la Gran Guerra, y contra los políticos, los marxistas y los judíos, a los que responsabilizaba de todas las calamidades del pueblo alemán. El odio a los hebreos no se disimulaba en la ideología nacionalsocialista y ya en 1931, el periódico *Munich Post* publicó la existencia de un plan de los nazis, que pondrían en práctica entre 1933 y 1939, para arrebatar a los judíos sus derechos y posesiones y convertirlos en esclavos.

MEDIDAS CONTRA LOS JUDÍOS

El 1 de abril de 1933 grupos de nazis se plantaron delante de tiendas judías con pancartas para disuadir a la población de comprar en ellas. Asimismo, marcaron con una estrella amarilla muchos de esos negocios para que la advertencia perdurara. Aquella identificación pasaría en 1938 a ser un distintivo obligatorio en la ropa de los judíos alemanes, y seguidamente, en los demás territorios ocupados. El 7 de abril de ese año se aprobó la Ley para la Restauración del Servicio Civil Profesional por la que se impedía a los judíos trabajar en las universidades y en el Gobierno, así como el ejercicio profesional de jueces, abogados, profesores y médicos judíos. El 14 de julio, la Ley de Revocación y Naturalización privó a los judíos de la nacionalidad alemana. el 15 de septiembre de 1935, la Ley de Ciudadanía del Reich y la Ley para la protección de la sangre y el honor alemanes prohibió los matrimonios entre arios y judíos.

Cuatro hombres judíos con la estrella cosida en sus ropas según las órdenes alemanas, con escobas en las manos, se dirigen a limpiar las calles. Alemania,1940.

Cuerpos de presos muertos llenan el patio de Nordhausen. La foto fue tomada poco después de la liberación.

LA NOCHE DE LOS CRISTALES ROTOS

La *Kristallnacht* (o noche de los cristales rotos) tuvo lugar entre el 9 y el 10 de noviembre de 1938. La excusa que desencadenó la violencia fue el asesinato dos días antes de un diplomático de la embajada alemana en París a manos de un polaco judío. Aquella noche se destruyeron y saquearon en Alemania, Austria y la región checoslovaca de los Sudetes 267 sinagogas, 7.500 establecimientos comerciales y centenares de viviendas de los judíos, todo ello instigado por la

jerarquía nazi. Aquella noche murieron al menos 90 judíos y otros 30.000 fueron detenidos. El Gobierno alemán culpó a los judíos de los disturbios y les impuso multas. Después, promulgó leyes que prohibían a los judíos ser propietarios, ejercer sus profesiones y acudir al teatro y a conciertos.

GUETOS Y CAMPOS

Para crear zonas libres de judíos y repoblarlas con arios de sangre limpia, se crearon guetos o áreas cerradas donde se concentraba a la población judía de ciudades como Piotrkow, Varsovia, Cracovia, Lodl y Lublin. Los que no perecieron por hambre y enfermedades, terminaron en campos de exterminio. En los campos de concentración los presos realizaban trabajos forzados y apenas se les alimentaba ni abrigaba. En algunos de ellos se practicaban experimentos médicos y se les sometía a terroríficas y repetidas intervenciones quirúrgicas. A las jóvenes con mejor aspecto se las destinaba a la esclavitud sexual. El primer campo de concentración nazi fue el de Dachau, a 13 km de Múnich, abierto el 20 de marzo de 1933. Luego se abrieron cientos de ellos por toda la Europa bajo dominio alemán. Si en los campos de concentración los prisioneros tenían una oportunidad de supervivencia como esclavos, los deportados a los campos de exterminio iban directamente a las cámaras de gas. Después, sus cuerpos se incineraban en hornos crematorios.

LA SOLUCIÓN FINAL

Según los historiadores, la Solución Final o exterminio masivo de judíos estaba en marcha desde el verano de 1941. Pero fue en la Conferencia de Wannsee del 20 de enero de 1942 cuando se decidió que había que coordinar las actuaciones para acabar con 11 millones de judíos que se repartían desde Irlanda hasta los Urales.

EL HOLOCAUSTO

1933	1933-1945	1935	1938	1939	1940	1945
El Partido Nazi toma el poder en Alemania	Construcción paulatina de 1.000 campos de concentración	Leyes de Núremberg	**9-10 noviembre**. Noche de los cristales rotos	Obligatoriedad de que los judíos lleven la insignia amarilla	Gueto de Varsovia	Fin de la Segunda Guerra Mundial y liberación de los campos

HISTORIA CONTEMPORÁNEA

HISTORIA MODERNA

EDAD MEDIA

HISTORIA ANTIGUA

PREHISTORIA

El reparto del mundo

Al terminar la Segunda Guerra Mundial quedó de manifiesto un cambio esencial en el orden mundial: la división del planeta en dos bloques encabezados por Estados Unidos y la Unión Soviética. La capacidad decisoria europea, entre cuyas ruinas vagaban millones de desplazados, quedó supeditada a estas dos superpotencias. Pronto se extendería el miedo a una tercera guerra mundial, que, esta vez sí, sería la definitiva.

Primera Sesión del Consejo de Seguridad de las Naciones Unidas donde se firmó la Carta de las Naciones Unidas o Tratado fundacional de la Organización de las Naciones Unidas, en San Francisco el 26 de junio de 1945, por 50 de los 51 miembros originales. Polonia los firmó dos meses más tarde.

A la tarea de reconstrucción del Viejo Continente, devastado por seis años de combates, había que añadir la reubicación de 15 millones de desplazados: unos regresaron a sus casas, de las que habían huido por la guerra; otros, sobre todo las minorías alemanas, tenían que dejar sus hogares para encontrar un nuevo lugar donde instalarse.

RETOS DE POSGUERRA

La Organización de las Naciones Unidas (ONU)

EE UU, la URSS y Gran Bretaña tuvieron claro desde sus primeras reuniones que había que lograr una paz duradera sobre la base de una unidad de objetivos. Resultado de ese compromiso fue la creación de un club de naciones para la cooperación internacional. Así nació la Organización de las Naciones Unidas el 24 de octubre de 1945 con la firma de su carta fundacional en la ciudad estadounidense de San Francisco. En su Asamblea General estarían representados todos los Estados miembros en igualdad de condiciones y sus decisiones se adoptarían por mayoría. A su vez, el

órgano ejecutivo para la solución pacífica de los conflictos quedaría en manos del Consejo de Seguridad, integrado por 11 miembros, cinco permanentes (EE UU, la URSS, Gran Bretaña, Francia y China) y seis elegidos por la Asamblea cada dos años. Por último, un secretario general sería la cabeza visible de la organización, que sería escogido también por la Asamblea. El número de Estados miembros de la Asamblea se fue ampliando de los 51 primeros a los 193 del año 2016.

El Plan Marshall (1948-1951)

Fue un programa de ayuda de Estados Unidos a Europa occidental para la reconstrucción del continente que se puso en funcionamiento en abril de 1948. El objetivo principal era frenar la propagación del comunismo. Para ello había que convertir Europa en un continente

GRANDES REUNIONES

1943

1945

28 de noviembre-1 de diciembre. Conferencia de Teherán entre los dirigentes de EE. UU., la URSS y Reino Unido para tratar la Operación *Overlord* (Desembarco de Normandía)

4-11 de febrero. Conferencia de Yalta entre EE. UU., Gran Bretaña y la URSS sobre el desarme y la partición de Alemania

17 de julio-2 de agosto. Conferencia de Postdam entre soviéticos, británicos y estadounidenses para devolver los territorios europeos anexionados por Alemania, la desmilitarización y desnazificación, las indemnizaciones, etc.

Edificios bombardeados a lo largo de Franz Josef Quay en Viena. En primer plano, el puente Maris, donde se efectúan reparaciones en 1946.

Desfile en honor de la llegada de las toneladas de alimentos del Plan Marshall a Grecia en 1947.

El muro de Berlín, símbolo de la Guerra Fría.

total de 18 países europeos entraron en el reparto, de los cuales Gran Bretaña, Francia y Alemania occidental se llevaron más de la mitad de las ayudas. Este programa de recuperación europea se conoció popularmente por el apellido del que era secretario de Estado norteamericano, George Marshall.

LA GUERRA FRÍA

Los cimientos de la Guerra Fría fraguaron en la Conferencia de Postdam de julio de 1945, cuando el presidente norteamericano, Harry Truman, informó al dirigente soviético, Jósif Stalin, de que su país tenía una nueva arma: la bomba atómica. Stalin quería que EE. UU. compartiera el secreto nuclear, pero los estadounidenses se negaron. A partir de entonces, ambas superpotencias iban a librar una guerra no declarada en distintos teatros de operaciones con el objetivo de fortalecer y extender en lo posible sus áreas de influencia. Así se explican guerras regionales como la de Corea (1950-1953), cuya división en dos Estados alcanzó el siglo XXI, la de Vietnam (1955-1975), o la construcción del Muro de Berlín, que en agosto de 1961 separó la zona soviética de la capital alemana del resto de la ciudad.

A LA CAZA DE LOS CEREBROS

El nazismo y el estalinismo fueron escollos para la actividad de intelectuales y científicos. En unos casos por cuestiones raciales; en otros, porque mostraban su disconformidad con las políticas adoptadas por los totalitarismos. Eso llevó a muchos de ellos al exilio, donde se toparon con las sospechas de la sociedad de acogida, que miraba con suspicacia a quienes podían ser espías enemigos. Estados Unidos era el país preferido como destino por la mayoría de los científicos europeos: además de la lejanía de un continente en guerra, contaba con instituciones que fomentaban la investigación y el intercambio de profesores. Sin embargo, no todo fueron facilidades: hubo casos de xenofobia y antisemitismo por la competencia que los foráneos representaban para los estudiosos de casa.

próspero, así que la inyección de 13.000 millones de dólares se destinó a la modernización industrial y la eliminación de barreras comerciales interestatales. Un

Hiroshima y Nagasaki

El lanzamiento de sendas bombas atómicas sobre las ciudades niponas obligaron a Japón a una rendición incondicional en septiembre de 1945. La nueva arma estadounidense era producto del famoso Proyecto Manhattan y su capacidad destructora hizo inviable toda resistencia.

El USS Bunker Hill fue atacado por dos aviones suicidas en menos de 30 segundos de diferencia el 11 de mayo de 1945.

LA OBSTINACIÓN JAPONESA

El 7 de mayo de 1945 el general Alfred Jodl, jefe del Estado mayor alemán, firmó la rendición incondicional a los aliados. Sin embargo, los combates en Oriente continuaban. Para entonces la economía de guerra japonesa estaba en una profunda crisis, pero el Imperio del Sol Naciente no terminaba por darse por vencido. Para los japoneses era inconcebible la rendición. Incluso exploraron la opción del apoyo de los soviéticos, con quienes mantenían un pacto de neutralidad desde 1941, lo que había evitado un frente más para Moscú y, por tanto, había contribuido a su victoria sobre Alemania. Pero la URSS había firmado en la Conferencia de Yalta de febrero de 1945 que declararía la guerra a Japón antes de que pasaran tres meses desde la rendición alemana.

LOS KAMIKAZES

Entre el 25 de octubre de 1944 y el 15 de agosto de 1945, los militares japoneses llevaron a cabo misiones suicidas para detener a toda costa los avances estadounidenses en Oriente. La mayor parte de esas misiones las protagonizó la aviación con sus famosos cazas Zero y sus bombarderos Suisei, que pilotaban a toda velocidad cargados de bombas hasta estrellarlos contra barcos norteamericanos. Fueron los traductores estadounidenses los que bautizaron como kamikazes aquellos ataques suicidas, mientras que los japoneses los denominaban *tokkotai*.

EL PROYECTO MANHATTAN

La información que los científicos europeos Albert Einstein y Leo Szilard proporcionaron en 1939 al presidente de Estados Unidos, Franklin D. Roosevelt, sobre la capacidad nuclear de Alemania, impulsaron al mandatario norteamericano a iniciar la investigación y desarrollo de bombas atómicas. Aquel programa se bautizó como Proyecto Manhattan y al frente del equipo investigador estuvieron el científico J. Robert Oppenheimer y el general Leslie Groves. Tras años de investigaciones, el 16 de julio de 1945 se llevó a cabo la primera prueba atómica. Se había elegido un lugar discreto, en el desierto de la Jornada del Muerto, Nuevo México, cerca de Alamogordo. Entre abril y mayo de 1945, se elaboró una lista de 18 ciudades susceptibles de ser bombardeadas con el invento atómico. En abril falleció Roosevelt y le sucedió en la Casa Blanca su vicepresidente, Harry Truman, quien ordenó la organización de un comité de asesores sobre la bomba nuclear. El junio, el comité dictaminó que había que

LA BOMBA ATÓMICA

1945

| **12 de abril**. Muerte de Roosevelt y sucesión de Truman | **7 de mayo**. Alfred Jodl firma la rendición de Alemania a los aliados | **16 de junio**. Primera prueba atómica del Proyecto Manhattan | **6 de agosto**. Bomba atómica sobre Hiroshima | **9 agosto**. Bomba atómica sobre Nagasaki | **2 de septiembre**. Rendición de Japón y fin de la Segunda Guerra Mundial |

El piloto Paul Tibbets (en el centro) con el equipo de tierra del Enola Gay.

Estado en el que quedó la ciudad de Hiroshima tras caer la bomba atómica.

Supervivientes de la explosión de la bomba atómica de Hiroshima, en Japón, en 1945.

anunciaron los términos de la rendición incondicional de Japón, que debía aceptar si quería evitar su «inmediata y total destrucción», lo que parecía una advertencia de la posesión del ingenio atómico. El primer ministro nipón, Kantaro Suzuki, respondió a través de los medios con desprecio: «El Gobierno no le da ninguna importancia».

La bomba nuclear Little Boy en Tinian, antes de ser cargada en el Enola Gay.

HIROSHIMA

El 6 de agosto de 1945 el B-29 *Enola Gay*, pilotado por el coronel Paul Tibbets, dejó caer sobre Hiroshima la primera bomba atómica, conocida como Little Boy. Tras un destello cegador y una violenta deflagración, la ciudad quedó destruida. Murieron 166.000 personas. Ese mismo día, Truman anunció que se había utilizado una bomba atómica y amenazó con arrasar Japón.

NAGASAKI

El 9 de agosto, los soviéticos rompieron su pacto de neutralidad con los japoneses y empezaron a invadir Manchuria. Unas horas después, Nagasaki recibió el impacto de una bomba atómica, llamada *Fat Man*, la segunda que se lanzaba y que se cobró 80.000 vidas. Un prisionero de guerra estadounidense había confesado a sus captores japoneses que Washington tenía listos ya 100 artefactos nucleares. Aunque lo cierto es que hasta el 19 de agosto EE UU no hubiera tenido preparada su tercera bomba, el panorama para Japón era desalentador. El emperador, Hiro Hito comunicó al gabinete de crisis que la única salvación para los japoneses era la rendición ante los aliados y el 2 de septiembre de 1945 se escenificó la claudicación japonesa con la firma del acta de rendición por los representantes del imperio nipón a bordo del acorazado USS *Missouri* en la Bahía de Tokio.

lanzarla cuanto antes sobre una fábrica de guerra y sin previas advertencias. Las protestas de los científicos ante la decisión fueron desoídas. Truman supo del éxito del experimento nuclear de Trinidad durante la celebración de las reuniones de Postdam (16 de julio-2 de agosto de 1945). En la declaración final de la cumbre aliada se

HISTORIA CONTEMPORÁNEA

HISTORIA MODERNA

EDAD MEDIA

HISTORIA ANTIGUA

PREHISTORIA

Éxodo 1947

La infeliz aventura del barco que en 1947 quiso trasladar a 4.500 supervivientes del Holocausto a Palestina predispuso a Occidente a favor de la creación de un Estado judío. La declaración de independencia israelí del año siguiente hizo realidad el sueño de la comunidad hebrea tras siglos de persecuciones. Pero también fue el comienzo de un interminable conflicto con los países árabes y la desgracia de los palestinos.

Barco **Exodus 1947** que llevaba unos 4.500 judíos a Palestina, entonces aún bajo dominio británico. El barco fue detenido y los pasajeros devueltos, pero muchos de ellos se negaron a desembarcar y fueron hechos prisioneros.

La diáspora judía conservó a lo largo de los siglos el deseo de volver a Palestina, a Jerusalén, como la realización del sueño de un pueblo que se identifica con un territorio y un único Dios, Yahvé. Así, por ejemplo, tras la expulsión de los judíos de España en 1492, surgió una pequeña comunidad hebrea en Palestina. Sin embargo, hasta finales del siglo XIX no se puede hablar de una emigración hebrea organizada y de alcance a la Tierra Prometida, que coincidió con el recrudecimiento de las persecuciones a los judíos en Europa central y oriental. Los pogromos y el antisemitismo dieron lugar al nacimiento de una conciencia nacional judía en el este europeo y pronto surgieron las voces que empezaron a clamar por una patria como refugio para los hebreos. Así nació el sionismo político, que preconizaba la emigración masiva a Palestina para fundar un Estado judío, y cuyo máximo líder fue Theodor Herzl.

EL CASO DREYFUS Y *EL ESTADO JUDÍO*
Fue un escándalo de antisemitismo irracional de la sociedad francesa lo que convirtió a Herzl en un activista del sionismo: el caso Dreyfus. El militar francés Alfred Dreyfus, de origen alsaciano y judío, fue acusado

injustamente y sin pruebas de espiar para una potencia extranjera. *El Estado Judío* es el título de la obra que Herzl publicó en 1895, en donde sostenía que el odio a los judíos solo tenía un remedio: la organización de un Estado judío en una tierra propia. Y se puso manos a la obra para lograr la unidad entre las comunidades judías. Así, en 1897 se reunió el Primer Congreso Sionista Mundial en Basilea con 200 delegados de todo el mundo, que se marcó como objetivo crear un hogar en Palestina. El movimiento logró un reconocimiento por parte del Gobierno británico con la Declaración de Balfur de 1917.

LA DECLARACIÓN DE BALFUR
El ministro de Asuntos Exteriores británico, Arthur James Balfur, expresó la simpatía de su Gobierno hacia la idea de establecer en Palestina «un hogar nacional para el pueblo judío» y que Londres facilitaría «el cumplimiento de este objetivo». Quizá en ello tuvo que ver el respaldo económico de la banca judía y de las comunidades judías de EE UU al esfuerzo bélico anglofrancés en la Primera Guerra Mundial. Por otra parte, los británicos prometieron a los árabes la independencia si se implicaban en la guerra contra Turquía. Es posible que si hubieran conocido el pacto secreto de Francia y Gran Bretaña para repartirse Oriente Medio los árabes no se hubieran implicado tanto en la lucha.

CONFLICTOS ÁRABE-ISRAELÍES

1948-1949	1956	1964
Guerra de 1948: Líbano, Siria, Irak, Arabia Saudí, Egipto y Jordania se coaligan para atacar a Israel.	Guerra del Sinaí: Ataque del Estado judío a Egipto, aliado con Gran Bretaña y Francia	Creación de la Organización para la Liberación de Palestina (OLP), respaldada por Egipto.

los alemanes, que fue la base
de las futuras fuerzas
armadas israelíes.

De izquierda a derecha el líder del Estado judío, Theodor Herzl
y el ministro de Asuntos Exteriores británico, Arthur James
Balfour.

EL MANDATO BRITÁNICO

Al acabar al guerra de 1914 Palestina pasó del dominio
otomano a ser administrada por los británicos. Desde
entonces hasta la Segunda Guerra Mundial hubo una
importante inmigración judía a Palestina, especialmente tras
el ascenso al poder en Alemania de Adolf Hitler en 1933.
La mayoría de estos inmigrantes procedían de
Centroeuropa, y muchos de ellos eran médicos, ingenieros,
científicos, abogados, literatos y músicos con una buena
posición económica. Las diferencias con la población árabe
eran abismales. Pronto comenzaron las protestas árabes,
que veían con preocupación el crecimiento de la población
hebrea. Con el estallido de la Segunda Guerra Mundial, se
formó una brigada de 6.000 judíos para combatir contra

Refugiados palestinos en 1948.

TERRORISMO DE POSGUERRA Y DECLARACIÓN DE INDEPENDENCIA

Al acabar la contienda, árabes y judíos se
enzarzaron en una sangrienta guerra terrorista,
cuyo atentado más destacado fue la voladura del
Hotel Rey David en Jerusalén, sede del Gobierno de
Mandato británico. La caótica situación llevó a
Londres a anunciar en 1947 que entregaría el
mandato sobre Palestina a Naciones Unidas.
Entonces la comunidad internacional seguía
conmocionada por el horror del Holocausto nazi. La
ONU presentó dos propuestas para el futuro de la
región: una que preveía la creación de dos Estados,
uno árabe y otro judío; y un segundo proyecto, que
pasaba por la creación de un Estado binacional.
Pero los árabes rechazaron los dos planes.
Finalmente, en noviembre, se acordó la división de
Palestina y Londres anunció su retirada definitiva
para el 15 de mayo de 1948. La tensión era tal que
árabes y judíos se prepararon para la guerra en
cuanto el último británico saliera del territorio. El 14
de mayo de 1948 el líder judío Ben Gurión leyó ante
200 representantes de la comunidad judía de
Palestina la Declaración de Independencia del
Estado de Israel. Los británicos, que habían
administrado la zona desde el final de la Primera
Guerra Mundial, habían anunciado su partida para
el día siguiente. Poco antes de amanecer, una
coalición árabe comenzó a bombardear la localidad
judía de Tel Aviv. Había empezado la primera guerra
árabe-israelí del siglo xx y también la nakba, el
éxodo masivo de palestinos.

1967	1973	1978	1982
Guerra de los Seis Días: entre Egipto e Israel. Israel conquista la franja de Gaza, Cisjordania, Jerusalén Este, la península del Sinaí y los Altos del Golán, en Siria.	Guerra del Yom Kipur. Egipto y Siria tratan de recuperar los territorios conquistados por Israel en la guerra de los Seis Días	Acuerdos de Camp David de 1978 con la paz entre Egipto e Israel	Guerra de Líbano: Israel invade el sur de Líbano para expulsar a la OLP

El Macartismo: caza al espía

En los años 50, Estados Unidos se sumergió en una histeria colectiva que veía enemigos comunistas por todas las esquinas. A este miedo irracional contribuyó la persecución de traidores prosoviéticos que desató el senador McCarthy, que parecía descubrir un espía comunista cada día.

«Los diez de Hollywood», es el nombre que la prensa utilizó para designar a un grupo de personas del cine que fueron incluidos en la lista negra durante el Macartismo.

El desencuentro entre Estados Unidos y la Unión Soviética al finalizar la Segunda Guerra Mundial había culminado en una Guerra Fría y caló en la opinión pública estadounidense, que veía la amenaza roja como una seria posibilidad de acabar con su democracia. El miedo encontraba argumentos en que la bomba atómica ya no era un arma exclusiva de los norteamericanos –la URSS detonó su primer artefacto en 1949– y en el estallido del primer gran conflicto armado: la guerra de Corea (1950-1953), en la que Corea del Norte, respaldada por soviéticos y chinos, combatía con Corea del Sur, que contaba con el apoyo de Estados Unidos.

Ethel y Julius Rosenberg.

A LA CAZA DE COMUNISTAS

En febrero de 1950 McCarthy denunció la existencia de una conspiración comunista en el mismísimo Departamento de Estado norteamericano. Y entonces comenzó la persecución a periodistas, funcionarios públicos y militares, a los que se acusaba de espiar para los soviéticos o de simpatizar con el comunismo. En el Senado se organizó el Subcomité de Investigación Permanente, presidido por McCarthy, ante el que los acusados debían comparecer para demostrar su

inocencia. Imitando tácticas de la más negra Inquisición, los acusados que admitieran su culpabilidad podían redimirse si delataban a otros traidores. La persecución se extendió a otros sectores y alcanzó a Hollywood y a muchas de sus estrellas y directores más reverenciados.

CASOS FAMOSOS

En junio de 1953 fueron ejecutados el matrimonio formado por Ethel y Julius Rosenberg, acusados de haber facilitado a la URSS la fórmula secreta de la bomba atómica y delatados por un hermano de Ethel,

LOS ATEMORIZADOS AÑOS 50

1949		1950	1952
La URSS detona con éxito su primera bomba atómica	Se establece la República Popular China	Joseph McCarthy denuncia una conspiración comunista en el Gobierno. Estalla la guerra de Corea	Dwight Eisenhower es elegido presidente de EE. UU.

Un grupo de físicos asistiendo a una conferencia en el Los Álamos durante la guerra. En la fila delantera (de izquierda a derecha) están Norris Bradbury, John Manley, Enrico Fermi, y J.M.B. Kellogg. Oppenheimer está en la fila segunda a la izquierda; a la derecha en la foto está Richard Feynman.

que confesó haber pasado secretos a los rusos mientras trabajaba en el centro de investigación energética del Gobierno norteamericano en Los Álamos (Nuevo México). El hermano solo cumplió pena de cárcel y cuando salió libre aseguró que había acusado a su familia presionado por el FBI. El director del Proyecto Manhattan fue otra de las notables víctimas de persecución anticomunista. Robert Oppenheimer fue acusado en 1953 de haberse asociado con científicos desleales y terminó expulsado de la Comisión de Energía Atómica. Hasta 1963 la Administración estadounidense no rehabilitó su nombre, cuando el presidente John F. Kennedy le concedió el prestigioso premio Enrico Fermi. En cuanto a Hollywood, a los que se negaron a comparecer ante el Comité de Actividades Antiestadounidenses del Congreso, se les incluyó en una lista negra para que los estudios no les dieran trabajo. Entre ellos, destacó Dalton Trumbo (guionista de *Espartaco*, *Éxodo* y *Johnny cogió su fusil*), que a pesar de todo se las ingenió para seguir trabajando firmado con seudónimos. Otros destacados malditos fueron Charles Chaplin, Frank Capra, Bertolt Brecht, Orson Welles y Arthur Miller. Frente a ese comité inquisidor se movilizó el Comité de la Primera

Enmienda, en el que comparecieron para defender la libertad figuras como Katharine Hepburn, Kirk Douglas, John Huston y periodistas como Edward R. Murrow.

LA CAÍDA DE McCARTHY

Ensoberbecido por la inercia de su cruzada anticomunista, McCarthy se atrevió con el ejército. Había ido demasiado lejos y su propio partido le retiró su apoyo. En 1954 el Senado expulsó a McCarthy del comité que presidía por conducta impropia. Siguió como senador otros dos años más, pero completamente marginado. Tres años después, murió de una cirrosis.

LOS NIÑOS Y EL CAPITÁN AMÉRICA

La psicosis anticomunista llegó hasta el último rincón de la sociedad y de la cultura estadounidense. Así, los niños entrenaban para reaccionar a las sirenas que anunciaran un ataque soviético y aprendieron a guarnecerse bajo los pupitres. Y uno de sus superhéroes gritaba desde su cómic: «¡Atención, comunistas, espías, traidores y agentes extranjeros! ¡El Capitán América, con todos los leales hombres libres detrás, os vigila!».

Robert Oppenheimer es acusado de deslealtad mientras trabajaba en el Proyecto Manhattan. Ejecución del matrimonio de Ethel y Julius Rosenberg, acusados de espiar para la URSS

Charles Chaplin se instala en Suiza huyendo del acoso político en EE. UU., que le acusa de comunista. Cese del fuego en Corea

Edward Murrow emite en su programa *See it now* un informe contra McCarthy. El Senado expulsa a McCarthy del Subcomité de Investigación Permanente

El final del colonialismo

La independencia de Guinea Ecuatorial de España se enmarca en el proceso de descolonización que se aceleró en el siglo xx. Entonces, las metrópolis aceptaron el nacimiento de nuevos Estados en territorios que clamaban por su autogobierno.

12 de octubre de 1968, independencia de Guinea Ecuatorial.

LA DESCOLONIZACIÓN

La emancipación de territorios dependientes de un poder administrativo o integrados en otro Estado comenzó en los siglos XVIII y XIX con la independencia de Estados Unidos frente a Gran Bretaña y los países latinoamericanos respecto de España y Portugal. Pero el proceso no se detuvo en el continente americano y se extendió por Asia y África, especialmente después de la Segunda Guerra Mundial. Esa independencia de las colonias europeas muchas veces fue fruto de violentas revueltas contra las autoridades de la metrópoli; otras veces fueron las propias potencias colonizadoras las que propiciaron la emancipación de territorios que solo les generaban costes. En muchos casos, los nuevos Estados quedaron sometidos al dominio económico de sus exmetrópolis, que siguieron obteniendo provecho de los que habían sido sus territorios, pero sin los costes que su administración generaba.

ORIGEN DEL PROCESO

Con la derrota alemana y otomana de la Primera Guerra Mundial los vencedores despojaron a los antiguos imperios de sus colonias, en muchas de las cuales establecieron mandatos franceses y británicos hasta que estuvieran preparadas para su autogobierno. Al

Día de la Independencia de Birmania. El gobernador británico, Hubert Elvin Rance, izquierda, y el primer presidente de Birmania, Sao Shwe Thaik, saludan a la bandera de la nueva nación el 4 de enero de 1948.

terminar la Segunda Guerra Mundial, la ONU reconoció el derecho de los pueblos a la autodeterminación. Ni Estados Unidos ni la Unión Soviética podían admitir la existencia de pueblos sometidos a imperios: en teoría, los estadounidenses por su condición de antigua colonia y los soviéticos, porque su ideario no concebía la opresión de los pueblos. Sin embargo, lo cierto es que ambas superpotencias iban a ejercer un control riguroso sobre muchos de los nuevos Estados, en ocasiones utilizados como peones para su Guerra Fría.

LA INDEPENDENCIA DE ÁFRICA

1922	1941	1951	1956	1957	1958	1959	1960
Egipto	Etiopía	Libia	Marruecos, Túnez, Sudán	Ghana	Guinea	Congo belga (Zaire; luego República Democrática del Congo)	Nigeria, Mauritania, Malí, Camerún, Chad, Senegal, Togo, Dahomey (Benín), Madagascar, Somalia, República Centroafricana, Camerún, República del Congo

El final del colonialismo 129

El líder keniano Jomo Kenyatta (1892-1978), que sostiene un chámara para abanicarse y espantar insectos, el embajador indio Apa Sahib (1912-1992) y el líder keniano Achieng Oneko.

LA EMANCIPACIÓN DE ASIA

Las tres potencias que dominaron el continente asiático fueron Reino Unido, Francia y Holanda. La pérdida británica de su imperio indio fue fruto de la resistencia pacífica nacionalista encarnada en su líder político Mahatma Gandhi y en 1947 dio lugar a dos Estados: India y Pakistán, que, tras violentos enfrentamientos entre hinduistas y musulmanes, formó un país de religión islámica. Posteriormente, en 1971, Pakistán perdió parte de su territorio con la formación de Bangladesh. También en 1947 se independizó Birmania (Myanmar). Le siguieron Ceilán (Sri Lanka) en 1948 y Malasia en 1957. A su vez, los holandeses, que se habían hecho con el dominio de Indonesia desde el siglo XVII, perdieron su colonia a manos de Japón durante la Segunda Guerra Mundial. Al acabar la contienda, tras la retirada de los ocupantes japoneses, Holanda no tuvo más remedio que reconocer su independencia en 1949. Por último, Francia tuvo que enfrentarse en Indochina a un movimiento nacionalista que había arraigado con la ocupación japonesa y que al acabar la Segunda Guerra Mundial siguió su lucha por la independencia. Por fin, en 1954, la derrota a manos de los nacionalistas de Ho Chi Ming en Dien Bien Phu acabó con el dominio francés en la región y nació la

República Democrática de Vietnam. Además de Vietnam, de la antigua Indochina francesa nacieron otros dos Estados: Camboya (1953) y Laos (1954).

GRANDES NOMBRES DE LA INDEPENDENCIA
Mahatma Gandhi (1869-1948).

Mahatma Gandhi.

Activista nacionalista indio, rechazó la lucha armada para lograr la independencia de su país y apostó por la no violencia y la desobediencia civil como herramientas de movilización. Alcanzada la independencia, trabajó para integrar las castas más bajas en una nueva sociedad y siempre se manifestó contra los conflictos religiosos entre hindúes y musulmanes.

Patrice Lumumba (1925-1961).
Héroe de la independencia de la República Democrática del Congo, antigua colonia belga, en 1958 fundó el Movimiento Nacional Congolés, uno de los partidos independentistas de su país. Bélgica concedió la independencia al Congo en 1960 y Lumumba se convirtió en el primer ministro del nuevo Estado. Murió al año siguiente en lo que fue un asesinato político con implicaciones de sus opositores y de agentes estadounidenses y belgas.

Jomo Kenyatta (1892-1978).
Fundador de Kenia, en 1963 fue primer ministro del gobierno autónomo de Kenia, que consiguió su independencia de Reino Unido al año siguiente. Entonces Kenyatta ocupó la jefatura del Estado de la nueva república. Procuró la conciliación entre los antiguos colonizadores y la población negra y se convirtió en una figura muy respetada en todo el continente.

1961	1962	1963	1964	1965	1968	1974	1975	1977	1980	1990
República Sudafricana, Sierra Leona, Costa de Marfil, Tanzania	Argelia, Burundi, Ruanda, Uganda	Kenia	Rodesia del Norte (Zambia), Malawi	Gambia	Guinea Ecuatorial, Suazilandia	Guinea Bissau	Angola y Mozambique	Djibuti	Rodesia del Sur (Zimbabue)	Namibia

HISTORIA CONTEMPORÁNEA

HISTORIA MODERNA

EDAD MEDIA

HISTORIA ANTIGUA

PREHISTORIA

La sociedad de consumo

En los años 50, Estados Unidos primero y luego el resto del mundo desarrollado, experimentaron cambios radicales. La publicidad y el marketing crearon necesidades de consumo antes inexistentes. Una nueva clase media con un alto nivel de ingresos se dedicó a comprar para exteriorizar su éxito social, mientras la juventud inventaba sus propias fórmulas de rebeldía.

Típica familia americana de los años 50.

Las sociedades de los países industrializados experimentaron desde mediados del siglo XX un aumento en su poder adquisitivo. Esa mejora de los salarios requería un incremento de la producción, que a su vez necesitaba colocar en el mercado más productos y hacerlo más rápidamente. Y para ello era necesario que la capacidad compradora de la población creciera. Es decir, un círculo perfecto que se alimenta a sí mismo para seguir rodando.

Presley con su grupo, los Jordanaires, en marzo de 1957.

EL ESTILO DE VIDA AMERICANO

The American way of life, o sea, el estilo de vida americano, tenía como pilar el consumo de toda clase de artículos como medio de realización personal. Lo importante era, no solo consumir más, sino de forma que el resto de la sociedad pudiera apreciarlo. Así se explica, por ejemplo, el tamaño de los automóviles estadounidenses y la importancia que empezó a dársele a la potencia de sus motores. Fueron varios los pilares de esta nueva manera de vivir: la obsolescencia de los productos, la venta a crédito y la publicidad.

LA PUBLICIDAD Y EL MARKETING

Los medios de comunicación se llenaron de publicidad para atraer la atención del público sobre determinados productos. Para ello los anuncios utilizaron toda clase de recursos, la estética, la sorpresa e incluso el humor. Pero como el objetivo último era crear en los consumidores la necesidad de

Marcas registradas de logotipos de Burger King y de McDonald's.

LOS AÑOS 50 DE EE.UU.

1937	1940	1953	1954
Dick y Mac McDonald, fundadores de McDonald's en los años 50, abren un puesto de perritos calientes en Monrovia (California)	Se popularizan en Estados Unidos los *drive-through*, que sirven comida rápida a los clientes sin que salgan de sus automóviles	La televisión emite por primera vez la ceremonia de la entrega de Premios de la Academia de Cine de Holllywood	Westinghouse adopta el eslogan «Puedes estar seguro… si es Westinghouse» para su línea de electrodomésticos

Los actores americanos Lynn Fontaine y Alfred Lunt.

tener el artículo anunciado, los publicistas recurrieron además a resortes que tenían que ver con el éxito en la vida, la aprobación de la sociedad y la confianza en uno mismo. Por su parte, las industrias se dieron cuenta de que la presentación de los artículos era tan importante o más que su calidad y utilidad. Por eso empezaron a dar cada vez mayor importancia a sus departamentos de marketing, que se encargaron de destacar los signos externos de los productos, como la firma de sus diseñadores y los establecimientos que los vendían; es decir, su imagen.

CLASE MEDIA Y CULTURA DE MASAS

Estados Unidos acabó la Segunda Guerra Mundial con una clara ventaja sobre Europa: la contienda no se había librado en su terreno, por lo que toda su industria estaba intacta, lista para despegar. Por eso fue capaz de duplicar su producción nacional entre 1946 y 1956, lo que a su vez tuvo su incidencia en el crecimiento de los ingresos privados. Así apareció una nueva clase, la clase media, con dinero en los bolsillos para consumir. Así, en 1958 más del 80% de las familias estadounidenses tenían televisor, los electrodomésticos llenaron las cocinas y empezó a no ser tan raro que en un hogar dispusieran de dos coches. La identificación del éxito con el consumo alcanzó a la cultura: la música, el cine y el teatro que imponían las empresas distribuidoras triunfaban si alcanzaban a amplios sectores de la población, con independencia de su valor artístico. Este sentimiento se apreciaba en todo tipo de actividades: para estar en una posición social cómoda había que vestir determinadas marcas de ropa, conducir ciertos modelos de coches y hasta consumir bebidas de cierto renombre y no otras.

LA CONTRACULTURA

Al tiempo que la cultura de masas se extendía y afianzaba, surgieron, sobre todo entre los jóvenes, corrientes de pensamiento que cuestionaban el consumo como principio vital. Ese debate afectó al sistema político y al orden social imperantes y planteó formas de vida alternativas a las que heredaron de sus mayores. Este fue el origen en Estados Unidos, por ejemplo, de la Generación Beat, que ya no creía en el dinero como medio de realización personal. Este movimiento, representado por nombres como William Burroughs, Allen Ginsberg y Jack Kerouac, clamaba contra una sociedad falsa y superficial y se resistía al consumo de masas.

LA TARJETA DE CRÉDITO

Fue un invento de Frank McNamara, Ralph Schneider y Alfred Bloomingdale en 1950. Al parecer la idea se le ocurrió a McNamara en un restaurante de Nueva York al verse en un apuro porque había olvidado la cartera en casa. Tras conversar con el dueño del restaurante y con sus dos socios, emitió una tarjeta para poder pagar sin dinero en algunos restaurantes de Nueva York. De ahí el nombre de la tarjeta Diners' Club. Un año después, 42.000 personas disponían de esta tarjeta, con la que se podía comer, beber, alquilar coches y habitaciones de hotel en más de 300 establecimientos.

1954	1955		1956	1950-1960
Nace en Miami la cadena de comida rápida Burger King	Se inaugura Disneyland en Anaheim (California)	La película *Rebelde sin causa*, protagonizada por James Dean, se convierte en símbolo de una juventud que rechaza la sociedad establecida	El rey del rock, Elvis Presley, graba su primer número 1 en las listas de éxitos: *Heartbreak Hotel*	Los autocines alcanzan su momento de apogeo en Estados Unidos con 4.000 establecimientos

HISTORIA CONTEMPORÁNEA
HISTORIA MODERNA
EDAD MEDIA
HISTORIA ANTIGUA
PREHISTORIA

La revolución cubana

El movimiento de rebeldes contra la dictadura de Batista se convirtió en una revolución que en los años 50 cambió el destino de Cuba y marcó las relaciones que desde entonces Estados Unidos iba a entablar con América Latina.

Fulgencio Batista, presidente de Cuba, frente al mapa de Cuba señalando Sierra Maestra, donde en 1959 ya se escondía Fidel Castro, que preparaba el golpe contra el gobierno cubano.

España perdió Cuba en 1898 junto con Filipinas y Puerto Rico a manos de Estados Unidos. Los norteamericanos ocuparon la isla durante tres años hasta que, en 1902, Cuba declaró su ansiada independencia. Había luchado contra la metrópoli española desde 1868 en varias guerras: la Guerra Grande (1868-1878), la Guerra Chiquita (1879-1880) y la Guerra del 95 (1895-1898) o «la guerra necesaria», como la llamó su máximo líder, el político e intelectual José Martí. En los primeros años de independencia, las empresas norteamericanas fueron penetrando en la isla. El nuevo país pronto empezó a prosperar: los estadounidenses controlaban gran parte de la explotación del azúcar, la principal riqueza cubana, y los españoles, cuya colonia fue creciendo con la llegada de nuevos inmigrantes, tenían el comercio de La Habana. Sin embargo, la prosperidad no duró para siempre. En 1925 comenzó una seria crisis por una caída en la demanda de azúcar que bajó los ingresos y hundió el nivel de vida del país. Pronto empezaron las rebeliones de los universitarios y los movimientos contestatarios de pequeñas organizaciones socialistas, comunistas y anarquistas.

ANTECEDENTES DE LA REVOLUCIÓN

En ese contexto de inestabilidad, un grupo de sargentos liderados por Fulgencio Batista se hizo con el control del Ejército. Se impuso entonces una junta de gobierno hasta que en 1940 se organizaron elecciones, en las que Batista fue elegido presidente para un mandato de cuatro años. Se instauró un breve periodo constitucional respaldado por la Administración norteamericana de Franklin D. Roosevelt. En 1952 Batista recuperó la presidencia con un golpe militar y se instauró una dictadura. El nivel de corrupción del nuevo régimen fue escandaloso. Poco a poco la oposición fue extendiéndose a distintas capas de la sociedad, desde sindicatos y estudiantes hasta partidos políticos y parte del empresariado.

LA OPOSICIÓN SE ORGANIZA

Un grupo de jóvenes del Partido del Pueblo Cubano, entre los que se encontraba Fidel Castro, se organizó para derrocar el régimen de Batista. El 26 de julio de 1953 intentaron tomar el Cuartel Moncada, pero los insurrectos fracasaron y fueron encarcelados. Tras varios meses de prisión, Castro y sus compañeros fueron amnistiados. Castro partió al exilio y formó el

HITOS DE LA REVOLUCIÓN

1952	1953	1956	1958
Golpe de Estado de Fulgencio Batista	Asalto fallido de los revolucionarios al Cuartel Moncada	Desembarco de los revolucionarios del Movimiento 26 de Julio llegados a Cuba a bordo del yate Granma. Comienza la guerra de guerrillas desde Sierra Maestra	Fallida ofensiva del ejército de Batista en Sierra Maestra contra los revolucionarios. **28 de diciembre.** Las milicias comandadas por Ernesto Guevara inician el asalto definitivo a la ciudad de Santa Clara

El *Che* Guevara junto al presidente que encumbraron los rebeldes, Manuel Urrutia, en 1959, al inicio de la revolución.

Esta foto fue tomada el 5 de marzo de 1960, en La Habana, Cuba, en una marcha del servicio en memoria de las víctimas de la explosión de La Coubre. En la parte izquierda de la foto se ve a Fidel Castro, mientras que en el centro está el *Che* Guevara.

Movimiento 26 de Julio, cuyo objetivo fue acabar con la dictadura de Batista. Aquellos jóvenes, inspirados en las ideas de José Martí, se declaraban antiimperialistas y demócratas. El 2 de diciembre de 1956 llegaron a la isla 82 guerrilleros a bordo del yate Granma. Entre ellos iban Fidel, su hermano Raúl, Camilo Cienfuegos y Ernesto *Che* Guevara. El enfrentamiento con el ejército terminó con la muerte de la mayoría de los guerrilleros. Solo un puñado de ellos logró sobrevivir y ocultarse en Sierra Maestra, desde donde iniciaron una guerra de guerrillas.

1959

1 de enero. Los guerrilleros de Eloy Gutiérrez Menoyo entran en La Habana y los de Fidel Castro en Santiago de Cuba. Batista huye de Cuba

EL TRIUNFO DE LA REVOLUCIÓN

Dos años pasaron desde la primera acción armada relevante de los guerrilleros hasta la huida de Fulgencio Batista en enero de 1959. Ese mismo año, el Gobierno revolucionario acometió una reforma agraria y un proceso de expropiaciones y nacionalizaciones que afectó a la clase alta cubana y a empresas extranjeras. El Gobierno ofreció indemnizaciones, pero los estadounidenses no las aceptaron. Por aquel entonces, Estados Unidos acababa de pasar por el Macartismo, una psicosis que hacía ver espías comunistas en todos los rincones del país. Preocupado por si Cuba se convertía en una amenazadora punta de lanza soviética a escasos kilómetros de sus costas, Estados Unidos se embarcó en varias operaciones para acabar con el Gobierno revolucionario. La que más repercusión mediática tuvo fue la fracasada invasión de Bahía de Cochinos en abril de 1961 por parte de exiliados cubanos apoyados por la Administración de John F. Kennedy. Meses más tarde, en febrero de 1962, Washington decretó el bloqueo económico y comercial de la isla, que no cesó hasta que en diciembre de 2014, el presidente norteamericano Barack Obama comenzó a levantar el bloqueo.

ERNESTO *CHE* GUEVARA (1928-1967)

Médico, político y revolucionario, fue uno de los comandantes de la revolución cubana. Tras el triunfo de la insurrección, ocupó la presidencia del Banco Nacional y fue ministro de Industria. En 1965 dejó sus responsabilidades en el Gobierno cubano y partió con sus ideales políticos a extender la revolución a otros países. Entre 1965 y 1967 combatió en el Congo y en Bolivia, donde fue hecho prisionero y ejecutado por el ejército boliviano, con la colaboración de la Central de Inteligencia Americana (CIA). Su figura es icono de movimientos contestatarios de todo signo y su retrato es un icono mundialmente conocido.

El asesinato de Kennedy

La violenta desaparición del presidente demócrata construyó en torno a su persona el mito de un hombre carismático, sensible ante los más desfavorecidos, defensor de los derechos de los afroamericanos, impulsor de los viajes espaciales y artífice de una rebaja de la tensión con la Unión Soviética.

El presidente de Estados Unidos, John F. Kennedy, y su esposa, Jacqueline, suben a un Lincoln X-100 descapotable en el aeropuerto de Dallas y se encaminan hacia el centro de la ciudad. La población sale a recibir al presidente y el coche se detiene en varias ocasiones para que la popular pareja presidencial salude. Al pasar ante un almacén de libros escolares, se escuchan disparos. Uno de ellos alcanza a Kennedy y se echa las manos a la garganta. Jacqueline le mira asombrada y le abraza con su brazo derecho. Segundos después, otro disparo impacta en la cabeza del presidente.
A las 13:38 del 22 de noviembre de 1963 el Hospital Parkland confirma la muerte del presidente.

TEORÍAS SOBRE LA MUERTE DE KENNEDY
El asesino de Kennedy, Lee Harvey Oswald, pudo ser detenido, pero no juzgado, porque fue asesinado dos días después por Jack Ruby. A partir de entonces se dispararon las especulaciones sobre la verdadera autoría del magnicidio. La Comisión Warren, establecida en noviembre de 1963 para realizar la investigación oficial por encargo

JOHN F. KENNEDY

Imagen del presidente Kennedy en la limusina en Dallas, Texas, minutos antes del asesinato. En la limusina presidencial se encontraban también Jacqueline Kennedy, el gobernador de Texas, John Connally, y su esposa, Nellie.

25 de de noviembre de 1963. Procesión hacia la catedral de San Mateo con el ataúd abanderado del presidente en el Frente Norte de la Casa Blanca. Fotografía de Abbie Rowe, Jonh F. Kennedy Presidential Library and Museum, Boston, EE. UU.

del nuevo presidente, Lyndon B. Johnson, concluyó que Oswald actuó solo. Sin embargo, el Comité Selecto de la Cámara sobre Asesinatos, que desde 1976 investigó las muertes de Kennedy y la del líder de los derechos civiles Martin Luther King Jr., concluyó que el asesinato del presidente pudo ser resultado de una conspiración. Desde entonces crecieron las dudas sobre la posible implicación en aquella muerte de grupos anticastristas, agentes de la CIA o miembros de la mafia.

1917	1936-1940	1942-1943	1946-1952	1952	1953
29 de mayo. Nacimiento de Kennedy en Brookline, Massachusetts	Estudia Derecho y Ciencias Políticas en Harvard	Participa en la Segunda Guerra Mundial como comandante de marina	Es diputado por el Partido Demócrata	Es elegido senador por Massachusetts	Se casa con Jacqueline

HISTORIA CONTEMPORÁNEA
HISTORIA MODERNA
EDAD MEDIA
HISTORIA ANTIGUA
PREHISTORIA

LA PRESIDENCIA

Kennedy había llegado a la Casa Blanca el 20 de enero de 1961 sin el apoyo de muchos votantes demócratas, a los que no gustaba su arrogancia, su fortuna, su liberalismo ante la cuestión racial, ni su catolicismo, pero su habilidad política y sus buenas maneras rompieron esas reticencias iniciales. El mensaje de Kennedy sobre la nueva frontera (*New Frontier*) prometió fondos para la educación y la atención sanitaria de los ancianos, acabar con la discriminación racial y una reducción de impuestos. Su mandato topó en muchos casos con el bloqueo del Congreso, pero aun así pudo poner en marcha medidas sociales contra el desempleo y las familias más desfavorecidas. La economía creció, la inflación se mantuvo estable y el paro empezó a bajar mientras la producción industrial creció. El presidente siempre se manifestó a favor de la integración racial y en septiembre de 1963 se dirigió a la nación para comunicar que estaba dispuesto a terminar con el racismo que en aquel momento agitaba el estado de Alabama. Sus propuestas cristalizaron en la Ley de Derechos Civiles de 1964.

De izquierda a derecha, Kennedy y su esposa, Jacqueline.

POLÍTICA INTERNACIONAL

Seis meses después de que Kennedy se instalara en la Casa Blanca, Berlín quedó dividido por un muro que los comunistas levantaron para separar la zona que controlaban de la que administraban los aliados. En junio de 1963 Kennedy visitó Berlín y pronunció un histórico discurso que criticaba ese muro y cuya frase «soy un berlinés» pasó a la historia como símbolo de libertad. La relación de Estados Unidos con la Unión Soviética durante la presidencia de Kennedy vivió su momento de máxima tensión durante la crisis de los misiles que se vivió desde el descubrimiento del despliegue de misiles soviéticos en Cuba el 15 de octubre de 1962 hasta el anuncio de su desmantelamiento el día 28 de ese mismo mes. Para el entonces dirigente soviético, Nikita Jrushchov, aquel despliegue era la respuesta adecuada a la instalación de bases de misiles en Turquía, un país fronterizo con la URSS, y en la República Federal de Alemania. Finalmente, Jrushchov propuso a Kennedy desmantelar los misiles desplegados en Cuba si Kennedy se comprometía a no llevar a cabo ni apoyar ninguna acción para derrocar la revolución cubana y se retiraban las bases de misiles nucleares de Turquía. La crisis acabó así sin que ni Washington ni Moscú aparecieran como derrotados. El presidente también se empeñó en una carrera espacial con la Unión Soviética, y en mayo de 1961 anunció al Congreso y al Senado su intención de llevar un hombre a la Luna, un sueño que se cumpliría finalmente en 1969.

Vista del Capitolio, donde comenzó el mandato de Kennedy. El presidente se encuentra en el centro dando su discurso inaugural, con el vicepresidente Johnson y los invitados oficiales al acto que se sientan detrás de él.

1957	1961	1963
Obtiene el Pulitzer por su obra *Perfiles de coraje*	**20 de enero**. Es elegido presidente de Estados Unidos	**23 de noviembre**. Muere asesinado

HISTORIA CONTEMPORÁNEA

HISTORIA MODERNA

EDAD MEDIA

HISTORIA ANTIGUA

PREHISTORIA

La llegada a la Luna

El viaje de exploración más increíble del siglo xx fue la llegada del hombre a la Luna. Pero no fue la única aventura maravillosa de esa época. La conquista del Polo Sur, las exploraciones de las profundidades de los océanos o la conquista del Everest fueron realizaciones de hombres valientes que quisieron ir más allá del horizonte conocido.

La tripulación del Apolo 11. De izquierda a derecha, el comandante de la misión (y primer hombre sobre la Luna), Neil Armstrong; en medio, el comandante del módulo, el piloto Michael Collins; y a la derecha, el piloto del módulo lunar, Edwin *Buzz* Aldrin Jr.

«Aquí los hombres del planeta Tierra han puesto el pie sobre la Luna por primera vez. Julio de 1969 d. C. Hemos venido en paz en nombre de toda la humanidad». Esta era la inscripción de la placa metálica que los astronautas estadounidenses dejaron en la superficie de la Luna junto con la bandera de Estados Unidos. Se llamaban Neil Armstrong y Edwin *Buzz* Aldrin y era el 21 de julio de 1969. Cinco días antes habían despegado del Centro Espacial Kennedy de Florida, con Michael Collins, el tercer astronauta que se quedó a bordo del módulo de mando Columbia mientras sus dos compañeros salían a la Luna. Su misión la había anunciado en mayo de 1961 el presidente John F. Kennedy y ocho años después ahí estaban, haciendo fotografías, recogiendo rocas y retransmitiendo por televisión para todo el planeta Tierra sus paseos por el mar de la Tranquilidad, como se llamaba la zona donde habían alunizado.

ANTECEDENTES

El 14 de junio de 1949 Estados Unidos lanzó fuera de la atmósfera al mono Albert II, pero al regresar, el sistema de paracaídas falló y el animal murió. Se siguieron

LAS MISIONES APOLO

Aldrin saluda la bandera estadounidense en la Luna.

enviando simios al espacio durante los años 50 y 60 con sensores para medir sus constantes vitales. Por su parte, los soviéticos, el 29 de enero de 1957, mandaron al espacio a los perros Tsygan y Dezik, que regresaron a Tierra sanos y salvos. La más famosa de todos los mamíferos convertidos en astronautas fue la perrita Laika, que la URSS puso en órbita el 3 de noviembre de 1957 y que falleció a las cinco horas de vuelo. Los soviéticos también se adelantaron a los estadounidenses en sus logros espaciales cuando el 13 de abril de 1961 consiguieron que el cosmonauta Yuri Gagarin se

1969	1970	1971
Julio. Apolo 11. Primera vez que el hombre pisa la Luna	**Noviembre. Apolo 12.** Alunizaje en el Océano de las Tormentas y recogida de materiales	**Abril. Apolo 13.** Una avería obliga a los astronautas a regresar a Tierra sin haber alunizado	**Enero. Apolo 14.** Primer alunizaje en terreno montañoso (cráter Fra Mauro)	**Julio. Apolo 15.** Primera utilización de un vehículo explorador con el que recorren casi 28 km

convirtiera en el primer hombre en viajar al espacio exterior a bordo de la nave *Vostok 1*.

EL PROYECTO APOLO

Era un programa espacial para sobrevolar la Luna y localizar un lugar apropiado para un eventual alunizaje de astronautas en el futuro. El proyecto lo puso en marcha la Administración Nacional de la Aeronáutica y del Espacio (NASA) en 1960 y al año siguiente el presidente John F. Kennedy comunicó al Congreso su plan para enviar a un hombre a la Luna y traerlo de vuelta a la Tierra antes de que finalizara la década. El proyecto Apolo consiguió en sucesivas misiones poner a 12 hombres a caminar sobre la Luna. El primero de ellos, Neil Armstrong, lo hizo con una frase que pasaría a la posteridad: «Este es un pequeño paso para un hombre, pero un gran paso para la humanidad».

OTRAS LUNAS

El afán descubridor del ser humano también le ha llevado a querer conocer lo que se esconde bajo el mar, qué hay en las lejanas zonas polares o en las montañas más altas. En 1934 los estadounidenses William Beebe y Otis Barton consiguieron descender a más de 900 m de profundidad en una batisfera. En 1953, el suizo Jacques Piccard y el

Huella del astronauta Edwin *Buzz* Aldrin.

1972

Abril. Apolo 16. Primera vez que se utiliza la Luna como observatorio astronómico

Diciembre. Apolo 17. Última misión de alunizaje con récord de estancia

estadounidense Don Walsh se sumergieron a más de 10.000 metros bajo el nivel del mar, en el abismo de Challenger, en la Fosa de las Marianas, el lugar más profundo del océano que se ha medido, en el batiscafo *Trieste*. La primera persona que alcanzó el Polo Sur fue el noruego Roald Amundsen el 14 de diciembre de 1911, que rivalizaba en su exploración con el británico Robert Falcon Scott. Cuando este último llegó al objetivo, descubrió que Amundsen ya había estado allí. Falleció con sus cuatro compañeros en su viaje de regreso. El 29 de mayo de 1953 el neozelandés Edmund Hillary y el sherpa nepalí Tenzing Norgay alcanzaron la cumbre del Everest: 8.848 metros.

La tripulación del Apolo 13 a bordo del USS Iwo Jima.

«HOUSTON, TENEMOS UN PROBLEMA»

Esta popular frase se utiliza en todo el mundo para informar de un contratiempo inesperado. Procede de la misión espacial del Apolo 13, cuando los astronautas Jack Swigert y Jim Lovell informaron a Tierra de que se había encendido una luz de advertencia y se había oído un estallido. En realidad, Swigert dijo: «Bien, Houston, aquí hemos tenido un problema». Seguidamente Lovell comunicó: «Ah, Houston, hemos tenido un problema». El «problema» fue que estalló un tanque de oxígeno a 320.000 km de la Tierra. Los astronautas tuvieron entonces que olvidar su misión de alunizar y concentrarse en regresar vivos utilizando un módulo lunar como bote salvavidas. Los tres lograron sobrevivir y regresaron a casa.

HISTORIA CONTEMPORÁNEA

HISTORIA MODERNA

EDAD MEDIA

HISTORIA ANTIGUA

PREHISTORIA

El movimiento por los derechos civiles

El triunfo del Norte en la guerra de Secesión había liberado a los esclavos, pero los afroamericanos llegaron a mediados del siglo xx en una lamentable situación de pobreza y segregación racial. En la lucha por la igualdad destacaron héroes individuales, como Rosa Parks o los nueve estudiantes de Little Rock, y líderes de masas, como Martin Luther King y Malcolm X.

Cuando Rosa Parks se negó a ceder su asiento a un blanco el 1 de diciembre de 1955 en un autobús público de la ciudad de Montgomery (Alabama), se abrió la espoleta para el movimiento por los derechos civiles de los afroamericanos. Sin embargo, todo comenzó antes, en determinado contexto social. Terminada la Segunda Guerra Mundial, la desigualdad entre blancos y negros norteamericanos era una realidad indiscutible. La segregación racial en el trabajo se traducía en que la mayoría de los negros eran campesinos, obreros no cualificados, camareros o basureros. Asimismo, la diferencia de salarios entre blancos y negros era significativa. También se diferenciaban en las áreas de residencia: los blancos se habían ido instalando en zonas residenciales periféricas mientras los negros compartían con otras minorías los depauperados centros urbanos, que se convertían en auténticos guetos. La inversión en las escuelas públicas de mayoría negra era inferior a la que se realizaba en las escuelas blancas, lo que bajaba su nivel de calidad e

El presidente Johnson firma la Ley de Derechos Civiles de 1964. Justo detrás de él está Martin Luther King.

Martin Luther King, Jr., y Malcolm X el 26 de marzo de 1964.

Afroamericano bebiendo de una fuente asignada a negros.

MARTIN LUTHER KING

1929	1951	1953	1954	1955	1963	1964	1968
15 de enero. Nacimiento de Martin Luther King en Atlanta	Termina sus estudios de Teología	Matrimonio con Loretta Scott	Es nombrado pastor de la iglesia baptista	Comienza su boicot a los transportes públicos	Organiza la marcha sobre Washington y pronuncia su discurso *I have a dream*	Recibe el Nobel de la Paz	**4 de abril**. Muere asesinado

imposibilitaba el acceso a las universidades de una gran parte de los estudiantes negros.

LA CONCIENCIA RACIAL

Ese sentimiento de marginación dio lugar a organizaciones que reivindicaban cambios sustanciales –la República Africana, Retorno al Islam, Judíos negros, la Nación del Islam, etc.– y al desarrollo de la teoría del Estado negro. En los años 50, el problema racial se agravó con el aumento del número de blancos contrarios al racismo y la concienciación de la población negra sobre su situación. Aquellos tiempos no fueron fáciles para luchar contra la segregación racial. Es cierto que durante el mandato de Harry Truman se aprobaron medidas contrarias a la segregación, pero después, la Guerra Fría y el Macartismo impulsaron un conservadurismo en la sociedad que no ayudó a los movimientos contra el racismo. Una de las personalidades más influyentes en la lucha contra la segregación racial fue Martin Luther King, que encabezó un movimiento pacífico. Su pensamiento giraba en torno a la idea de que la desigualdad social afectaba a la población negra, pero también a otras comunidades estadounidenses, lo que iba a diferenciarle de otros activistas negros.

LA MARCHA SOBRE WASHINGTON

El 28 de agosto de 1963 se organizó una marcha sobre la capital estadounidense que se convirtió en un hito en la

De izquierda a derecha, Martin Luter King y Malcom X.

lucha por los derechos civiles. Aquel día, ante un auditorio de más de 200.000 personas, Martin Luther King pronunció su famoso discurso *I have a dream* («Tengo un sueño»), en el que expresó su idea de un país en el que negros y blancos convivan sin prejuicios, y Bob Dylan interpretó varias canciones acompañado de la cantante Joan Baez. Sin embargo, la marcha no estuvo exenta de polémicas. Hubo activistas negros, como Malcolm X, que la condenaron por considerarla una farsa; otros tampoco participaron porque temían que terminase en violentos disturbios. Al año siguiente se aprobó la Ley de Derechos Civiles, que prohibió la segregación racial en la escuela, en los centros de trabajo y en los lugares públicos. Y en 1965 se firmó la Ley de Derecho de Voto, que prohibió que el ejercicio del voto dependiera de pruebas de alfabetización o del pago de impuestos, recursos que habían utilizado algunos estados para limitar el acceso al sufragio de los afroamericanos.

Martin Luther King en la marcha sobre Washington en 1963.

LITTLE ROCK

En 1954 el Tribunal Supremo declaró inconstitucional la segregación racial en las escuelas. Tres años después la localidad de Little Rock (Arkansas) se preparó para abrir las puertas de la escuela secundaria, hasta entonces reservada a los blancos, a nueve afroamericanos. La tensión y los actos de violencia crecieron de tal modo que el presidente Dwight Eisenhower trasladó a parte de la División 101 Aerotransportada a Little Rock. Por fin, el 25 de septiembre, unos días después del inicio del curso escolar, los nueve estudiantes negros entraron en la escuela escoltados por los militares.

HISTORIA CONTEMPORÁNEA

HISTORIA MODERNA

EDAD MEDIA

HISTORIA ANTIGUA

PREHISTORIA

París, mayo del 68

Las protestas de unos estudiantes contra la sociedad de consumo se extendieron a obreros y sindicalistas y desembocaron en la mayor huelga general de la historia de Francia. La repercusión de aquellos acontecimientos fue mundial y manifestó una nueva mentalidad que rompía con unas tradiciones encorsetadas y un ansia de libertad en sectores muy diversos de la sociedad.

Mientras que durante los años 60, múltiples acontecimientos transformaban el mundo, como la revolución cubana o la guerra de Vietnam, en 1968 la economía francesa se encontraba en un momento delicado que afectaba a trabajadores, mineros y jóvenes. Los salarios bajaban, el número de desempleados aumentaba y los barrios de chabolas crecían en las afueras de las grandes ciudades. Por otro lado, estaba la cuestión de Argelia. Argelia era un asunto que polarizaba a los franceses entre quienes consideraban que tenía que seguir siendo una provincia de Francia y los que eran partidarios de su descolonización. La represión de una manifestación de argelinos en París en octubre de 1961 había acabado con más de 200 muertos, cuyos cadáveres se lanzaron al río Sena en medio de una severa censura informativa sobre aquellos sucesos. En julio de 1962 Argelia accedió a su independencia, pero para entonces su descolonización había provocado una profunda brecha en la sociedad francesa.

Póster de mayo de 1968. La leyenda dice: «Mayo 1968. Inicio de una lucha prolongada».

LA OPOSICIÓN SE RADICALIZA

En febrero de 1962 una manifestación convocada por comunistas y sindicalistas terminó con la muerte de otros nueve manifestantes. Fue en aquel contexto en el que empezó a tomar forma un movimiento estudiantil contra la acción policial, mientras el autoritarismo con el que gobernaba el general Charles de Gaulle empezó a perder respaldo social. Por su parte, los trabajadores se rebelan a las cúpulas sindicales, cuyos acuerdos rechazan, y se lanzan a violentas huelgas y ocupaciones

HECHOS CLAVE DE 1968

22 de marzo	22 de abril	28 de abril	2 de mayo	3 de mayo
Movimiento 22 de Marzo en el que un grupo de estudiantes protesta por las normas de la Universidad de Nanterre	Protesta estudiantil en Nanterre por la detención de miembros del Comité Vietnam Nacional	Cierre de la entidad docente mientras los estudiantes plantean un boicot a los exámenes parciales	Jóvenes ultraderechistas asaltan la universidad para contrarrestar las movilizaciones izquierdistas y se manifiestan por el Barrio Latino	Los estudiantes trasladan sus movilizaciones a la Sorbona y la policía carga contra ellos

Foto icónica en la que una manifestante ofrece una flor a un oficial de policía militar durante una protesta contra la guerra de Vietnam el 21 de octubre 1967 en Arlington, Virginia.

fabriles. En algunas localidades, los agricultores se unen a las movilizaciones de obreros y estudiantes.

LA CULTURA

La juventud se convirtió en una activa protagonista social y marcó una línea divisoria infranqueable entre su cultura y la de sus mayores. Fue el momento de corrientes contraculturales como los beatniks (admiradores de la Generación Beat) y los hippies. A su vez, las editoriales publicaron obras de análisis marxista y freudiano, así como críticas a un sistema educativo pensado para perpetuar a las élites en el poder. El Mayo del 68 contó con las simpatías de intelectuales como Jean Paul Sartre y Simone de Beauvoir. Mientras, en las aulas universitarias, la relación entre profesores y estudiantes era más la de compañeros de inquietudes intelectuales y sociales que la de superiores y alumnos.

Multitudinaria ceremonia inaugural de Woodstock, mientras Swami Satchidananda pronuncia un discurso.

LOS HIPPIES

Procedente de California, el movimiento hippy se declaraba libertario y pacifista. Heredero de los valores de la Generación Beat, sus jóvenes predicaban la revolución sexual y el amor libre y se movían al compás del rock psicodélico y el folk de protesta. Las drogas alucinógenas, como el LSD, y la marihuana se convirtieron en el medio para alcanzar un estado de conciencia alternativo. Los hippies abogaban por una vida sencilla, lejos del consumismo, y recurrían a la meditación e hicieron del pacifismo y el ecologismo una nueva religión. En la segunda mitad de la década de 1960 el movimiento hippy se extendió a la costa Este, a América Latina y a Europa. Jóvenes de todo el mundo se dejaron el pelo largo, se vistieron con pantalones de campana y se adornaron con flores. En 1967 se celebró el Verano del Amor en San Francisco, una concentración de cientos de miles de personas, vigiladas por el ejército, que anunció el advenimiento de la nueva cultura. Dos años después, el Festival de Woodstock se rebeló como la cumbre mundial del movimiento hippy, en donde Jimi Hendrix, Janis Joplin, Joan Baez, Joe Cocker, Crosby, Stills y Nash & Young, entre otros, pusieron música al encuentro.

6 de mayo	10 de mayo	11 de mayo	13 de mayo	27 de mayo	23 y 30 de junio
Manifestación estudiantil que acaba en los disturbios en el Barrio Latino	La noche de las barricadas en el Barrio Latino con enfrentamientos entre estudiantes y policías	Despliegue de carros blindados por las calles de París	Huelga general, en la que participan nueve millones de trabajadores	Se inician las negociaciones entre el Gobierno y los obreros. El **30 de mayo**. De Gaulle anuncia la convocatoria de elecciones	Las elecciones legislativas dan el triunfo a la gaullista Unión de Demócratas por la República

El escándalo del Watergate

El robo de documentos en unas oficinas del Partido Demócrata en Washington D.C. y el intento de encubrir el escándalo por el Gobierno norteamericano terminó por destapar las escuchas y el acoso de la Administración a opositores y activistas políticos utilizando entidades públicas como el FBI y la CIA. El caso provocó la dimisión del presidente norteamericano Richard Nixon.

De izquierda a derecha, Richard Nixon y Gerald Ford.

El 17 de junio de 1972 Frank Wills se encontraba custodiando los edificios del complejo Watergate, en Washington D.C. Después de la madrugada, durante una ronda de vigilancia, vio una cinta adhesiva para desbloquear el pestillo de una puerta del complejo que comunicaba el garaje subterráneo con unas oficinas. La retiró y siguió su ronda. Una hora después volvió a pasar por delante de la misma puerta y el pestillo volvía a estar bloqueado con cinta adhesiva. Entonces telefoneó a la policía pensando que alguien se había colado en sus edificios. Los agentes detuvieron a cinco personas que habían allanado la oficina del Comité Nacional del Partido Demócrata, entonces en la oposición. Pero no eran simples ladrones, sino agentes de la Central de Inteligencia Americana (CIA), pertenecientes a la Operación 40, un grupo que trataba de derrocar jefes de Estado latinoamericanos poco amistosos con Washington.

EL ESCÁNDALO WATERGATE

Su jefe era el director de seguridad del comité para la reelección del presidente norteamericano, el republicano Richard Nixon, Su plan era entrar en las oficinas demócratas simulando un robo para reparar los micrófonos de escucha que se habían instalado a finales de mayo y que no funcionaban correctamente.

GARGANTA PROFUNDA

Carl Bernstein y Bob Woodward, del periódico *The Washington Post*, iniciaron una compleja investigación sobre los nexos entre la Casa Blanca y aquel allanamiento de la sede de los demócratas. Contaban con una fuente anónima que les iba guiando en sus pesquisas: Garganta Profunda (en 2005, el que fuera número dos de la Oficina Federal de Investigación (FBI), William Mark Felt, desveló que él era quien se escondía tras ese seudónimo). Bersntein y Woodward supieron así que aquellas detenciones en el Complejo Watergate eran las de unos espías que trabajaban por encargo del comité de reelección de Nixon y que el propio presidente les respaldaba. El asunto se fue complicando a medida que se iban destapando nuevas conexiones con miembros del Gobierno.

1972

17 de junio. Detención de cinco personas que habían allanado la oficina del Comité Nacional del Partido Demócrata en Estados Unidos

19 de junio. *The Washington Post* informa que un detenido es asesor de seguridad en el Partido Republicano

10 de octubre. *The Washington Post* afirma que el escándalo Watergate es una operación masiva de espionaje político y sabotaje contra los demócratas

7 de noviembre. Nixon es reelegido

1973

21 de marzo. John Dean, consejero de la Casa Blanca, reconoce que Nixon estaba al tanto de la operación

Nixon se prepara para dirigirse a la nación con respecto a su implicación en las transcripciones de la Casa Blanca.

Nixon se despide de su personal, el 9 de agosto de 1974, acompañado de la primera dama, Pat Nixon y de toda la familia.

LAS GRABACIONES DE LA CASA BLANCA

En julio de 1973 ya había quedado claro que varios de los funcionarios de confianza de Nixon conocían la existencia de escuchas ilegales a los demócratas. Pero además se supo que dentro de la Casa Blanca existía un sistema de grabación de todas las conversaciones que tenían lugar en su interior. El Senado solicitó las cintas grabadas y aunque Nixon se negó alegando inmunidad presidencial, el 14 de noviembre, el comité senatorial pudo escuchar las cintas y detectó un borrado de casi 20

minutos, del que nunca se ha sabido su contenido. El resto de las grabaciones concluyeron que Nixon había mentido al decir que no sabía nada porque en las cintas se le oía hablar de sobornar a los detenidos para que no chantajearan a sus asesores y salieron a la luz todas las maniobras inconfesables que el entorno de Nixon había llevado a cabo para lograr la reelección del presidente.

Carta de renuncia de Richard Nixon.

LA IMPLICACIÓN DEL PRESIDENTE

Con las grabaciones a las que tuvo acceso, la comisión del Senado concluyó que varios asesores del presidente eran culpables del allanamiento de la sede del Partido Demócrata y que Nixon había mentido al decir que no sabía nada porque en las cintas se le oía hablar de sobornar a los detenidos para que no chantajearan a sus asesores.

1973			1974	
23 de julio. El Senado pide las grabaciones y Nixon se niega	**20 de noviembre**. La Casa Blanca es obligada a entregar las grabaciones	**27 de julio**. La Cámara de Representantes inicia un *impeachment* contra Nixon	**5 de agosto**. En la cinta grabada el 23 de junio de 1972 se escucha la participación de Nixon en el intento de encubrir el caso Watergate	**8 de agosto**. Nixon anuncia su dimisión y el nuevo presidente, Gerald Ford, comunica su decisión de indultarle

España: fin de una Dictadura

Con la desaparición del dictador, que había establecido un régimen personalista y autoritario durante 40 años, España se incorporó a la comunidad de países democráticos. Aquel proceso de cambio fue la Transición, y junto a él se abrió paso un movimiento contracultural conocido como la Movida.

Franco con el presidente americano Eisenhower, Madrid 1959.

La Guerra Civil española, en la que se alzó con el poder el general Francisco Franco, acababa cuando en Europa comenzaba la Segunda Guerra Mundial. Al acabar la contienda mundial, la ONU condenó la dictadura de Franco y pidió a los demás países miembros que rompieran sus relaciones con España. Sin embargo, la tensión con la Unión Soviética hizo necesaria una España estable e ideológicamente anticomunista y el estallido de la guerra de Corea en junio de 1950 convenció a Estados Unidos de que la colaboración española era imprescindible. Así, se inició la política norteamericana de acercamiento al franquismo, que en 1953 logró un acuerdo para instalar bases militares en suelo español y culminó el 1 de diciembre de 1959 con la visita del presidente Dwight Eisenhower a Franco.

LA TRANSFORMACIÓN DE LOS AÑOS 60

En los años 60, España empezó a crecer y cambió su economía agrícola por una economía industrial. Las condiciones de vida de la población también mejoraron. Por ejemplo, mientras en 1959 solo los más privilegiados disfrutaban de televisión y automóvil, al final de la década de 1960 el 85% de los hogares tenían un televisor y el 40%, un coche. A aquellos años se les conoció como los del desarrollismo. Sin embargo, a las transformaciones económicas que dieron lugar al nacimiento de una clase media no les acompañaron cambios políticos relevantes y pronto empezaron las movilizaciones de trabajadores y estudiantes, que la policía reprimió sin contemplaciones. Por su parte, la oposición más radical se organizó en grupos terroristas, como ETA, los GRAPO y el FRAP. A finales de la década, el régimen comenzó a mostrar ciertas contradicciones entre los sectores inmovilistas y los reformistas, que veían la democracia como el final natural del franquismo.

DE FRANCO A LA CONSTITUCIÓN

La década de 1970 se caracterizó por el aislamiento internacional del régimen, un anacronismo en una Europa occidental democrática donde hasta los militares portugueses se las arreglaron para derrocar la

LA DICTADURA FRANQUISTA Y LA TRANSICIÓN

1939	1940	1942	1945	1947	1953	1955
Fin de la Guerra Civil española	Entrevista de Franco con Hitler en Hendaya	El régimen queda institucionalizado y se organizan las Cortes corporativas	España queda condenada al ostracismo internacional	Ley de la Sucesión en la Jefatura del Estado	Pacto con Estados Unidos y concordato con la Santa Sede	Admisión de España por Naciones Unidas

De izquierda a derecha, Carlos Arias Navarro, presidente del Gobierno de Francisco Franco y primer presidente de Juan Carlos I y Adolfo Suárez, el presidente de la Transición española.

dictadura de Antonio de Oliveira Salazar en lo que se llamó la Revolución de los Claveles de 1974. El asesinato por ETA un año antes del presidente del Gobierno, el almirante Luis Carrero Blanco, del sector inmovilista, había puesto el Ejecutivo en manos de Carlos Arias Navarro, que se mantenía en un difícil equilibrio entre inmovilistas y reformistas. El año 1975 la muerte de Franco se veía próxima y la oposición antifranquista fue reforzándose, aunque no

logró consolidar un eje único de actuación. Aun así, las huelgas y protestas arreciaron, espoleadas por el desempleo y la inflación de la crisis económica de la década de 1970. Y el régimen contestó una vez más con una dura represión. El 6 de noviembre, el rey Hasán II de Marruecos aprovechaba la crisis política española e invadía el Sahara español. El 20 de noviembre, el presidente del Gobierno, Carlos Arias Navarro, se dirige al país y anuncia: «Españoles, Franco ha muerto». Muerto el dictador, asumió la Jefatura del Estado Juan Carlos I, a quien Franco había designado su sucesor a título de rey en 1947. El nuevo monarca nombró en 1976 presidente del Gobierno a Adolfo Suárez. Se había puesto en marcha la Transición; es decir, la evolución desde la legalidad franquista a la democracia parlamentaria. Dos años más tarde, el 6 diciembre de 1978 fue ratificada en referéndum la Constitución Española, siendo sancionada por el rey Juan Carlos I el 27 de diciembre y publicada en el Boletín Oficial del Estado el 29 de diciembre del mismo año. La promulgación de la Constitución implicó la culminación de la llamada Transición a la Democracia.

Leones que presiden la entrada al Congreso de los Diputados en Madrid, España.

LA MOVIDA

En los últimos años del franquismo y, sobre todo, en los años 80, una serie de movimientos culturales y sociales irrumpieron en España. La transgresión del movimiento punk llegó en los años 70 a Madrid, que se convirtió en la capital de la contracultura. Esa efervescencia cultural también tuvo su expresión en la música y los fanzines, la moda, el cine y el arte en general.

1959	1966	1967	1969	1973	1975	1976	1978
Visita de Eisenhower a España	Ley Orgánica del Estado	Comienzo del terrorismo de ETA	Juan Carlos de Borbón es designado heredero	Asesinato de Carrero Blanco	**20 de noviembre**. Muerte de Franco	Primer gobierno democrático de Adolfo Suárez	**6 de diciembre**. referéndum de la Constitución Española

La epidemia del sida

El anuncio oficial de que Rock Hudson tenía sida, acabó con los prejuicios que rodeaban a los afectados por el VIH e impulsó la lucha contra una afección de la que poco se sabía hasta su irrupción en Occidente en los años 80.

Rock Hudson en una recepción con los Reagan en 1984, casi un año y medio antes de su fallecimiento.

El 15 de julio de 1985 la estrella de Hollywood Doris Day participó en una serie televisiva sobre mascotas de la CBN titulada *Dorys Day's best friends* («Los mejores amigos de Doris Day»). Su compañero de filmografía, Rock Hudson, acudió a la presentación con un aspecto tan demacrado para sus 59 años que causó una gran sensación pública. Tan solo una semana después, Hudson se desplomó en un hotel de París a donde había ido para recibir tratamiento médico y los rumores se confirmaron: tenía sida. Este hecho dio visibilidad a una enfermedad, hasta entonces oculta, que se ha cobrado la vida de millones de personas.

¿QUÉ ES EL SIDA?

Sida son las siglas de una enfermedad que se llama síndrome de inmunodeficiencia adquirida y que se produce por la infección del virus de la inmunodeficiencia humana (VIH). Cuando el virus evoluciona sin que ningún medicamento se interponga en su camino, la infección deriva en sida unos 10 años después del contagio y puede llevar a la

muerte en un plazo de tres a cinco años. Sin embargo, el VIH no causa por sí mismo una infección, sino que disminuye las defensas de su portador, lo que multiplica las posibilidades de que este desarrolle enfermedades. La infección de VIH se produce a través de fluidos, como la sangre, el semen y el fluido vaginal.

EL HALLAZGO OFICIAL

Aunque se cree que el VIH es una mutación de un virus que afecta a los simios y que se desarrolló en personas en la década de 1920 en África Central, no se descubrió oficialmente hasta el verano de 1981, cuando los Centros para el Control y Prevención de Enfermedades de Estados Unidos, una agencia estatal para la promoción de la salud, hicieron público el hallazgo de cinco casos de neumonía en Los Ángeles y varios de un cáncer de piel llamado sarcoma de Kaposi. Lo que les llamó la atención a los especialistas fue la aparición de estas enfermedades casi al mismo tiempo en hombres homosexuales y que todos los pacientes

LAS ESTRELLAS TAMBIÉN SE INFECTARON

1985	1991		1992	
2 de octubre. Fallece el galán de Hollywood Rock Hudson, que había hecho pública su enfermedad tres meses antes	**7 de noviembre**. La estrella de Los Angeles Lakers Earvin *Magic* Johnson anuncia que es seropositivo	**22 de noviembre**. El cantante británico Freddie Mercury, voz del grupo de rock Queen, anuncia que es seropositivo y fallece dos días después	**6 de abril**. Muere el escritor y divulgador científico de origen ruso Isaac Asimov. Había contraído sida en una transfusión de sangre	**12 de septiembre**. Muere de sida el actor estadounidense Anthony Perkins

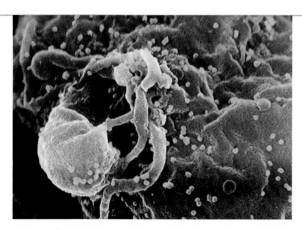

Viriones de VIH-1 (en verde) ensamblándose en la superficie de un linfocito.

De izquierda a derecha, el actor norteamericano Rock Hudson, el primer famoso en declarar públicamente que padecía la enfermedad, e Isaac Asimov, escritor y profesor de bioquímica.

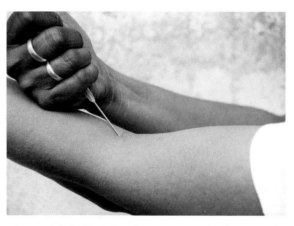

Compartir jeringuillas infectadas y mantener relaciones sexuales sin protección fueron las principales formas de propagación de la enfermedad.

descubrimiento del VIH temía contagiarse. Así, familias y amigos se alejaban de los enfermos, que además sufrían rechazo laboral. El pánico fue creciendo porque se desconocía si besar, abrazar, dar la mano o incluso charlar con un enfermo podían causar un mal que solía terminar en la muerte de los pacientes.

careciesen de la cantidad adecuada de las células sanguíneas T CD4+, un subgrupo de linfocitos clave para el sistema inmunitario. Poco después se supo que esa afección la compartían algunos inmigrantes haitianos, los drogodependientes que usaban jeringuillas y algunos receptores de transfusiones de sangre. La extensión de la enfermedad provocó miedo en las sociedades occidentales, que en los primeros años del

LA MALDICIÓN GAY

Como en Occidente la enfermedad se transmitió rápidamente entre la comunidad homosexual, los homófobos pronto identificaron el sida con un castigo de Dios. Y esto fue así porque los gais, en sus relaciones sexuales, no utilizaban preservativo, hasta entonces considerado únicamente como anticonceptivo. Al poner el foco en las comunidades homosexuales y desentenderse del resto de la población, el sida se extendió fácilmente entre heterosexuales, especialmente en África, Asia y el Caribe.

1993

6 de enero. Fallece por sida el bailarín de origen soviético Rudolf Nuréyev

2015

17 de noviembre. El actor norteamericano Charlie Sheen revela que es portador de VIH desde 2011

El poder de los narcos

La fabricación y venta de drogas ilegales ha dado lugar a bandas criminales con tal poder que son capaces de disputar la autoridad a los Estados. La violencia con la que actúan se cobra centenares de vidas cada año y su capacidad de infiltración en las más altas esferas de las sociedades las convierten en organizaciones prácticamente invencibles.

La Organización No Gubernamental Human Rights Watch calcula que entre 2006 y 2012 perdieron la vida 60.000 personas y desaparecieron otras 26.000 en la guerra contra los cárteles mexicanos del narcotráfico. Esta actividad ilegal de fabricación y venta de sustancias prohibidas que se conocen con el nombre genérico de drogas, genera beneficios económicos a quien las controla y con ello, produce la aparición de organizaciones criminales en todo el mundo, que manejan cantidades millonarias y controlan elementos en todos los rincones de la sociedad, desde los oscuros rincones de venta al por menor hasta altas instituciones de los Estados. De ahí que la mafia más tradicional se haya implicado en este negocio, pero además han surgido otro tipo de asociaciones delictivas que se conocen con el nombre de cárteles.

LOS CÁRTELES COLOMBIANOS

El aumento de la demanda mundial de droga durante los años 60 y 70 impulsó la producción y venta de sustancias derivadas de la hoja de coca y de la marihuana en Bolivia, Perú y sobre todo, en Colombia. A los primeros narcotraficantes de la década de 1970 le sucedió una generación más ambiciosa y violenta, que tuvo su máximo exponente en el cártel de Medellín de Pablo Escobar. Esta organización controlaba la distribución y venta de cocaína fundamentalmente hacia Estados Unidos y los beneficios económicos obtenidos la llegaron a convertir en una seria amenaza para el Estado. Sus prácticas delictivas incluían usos terroristas, corrupción de funcionarios y políticos, secuestros y asesinatos. El cártel de Medellín entró en una crisis irreversible con la muerte de Escobar y la detención de sus otros capos, pero eso no acabó con el narcotráfico colombiano. Otros cárteles se apresuraron a ocupar su lugar, como el cártel de Cali, de los hermanos Gilberto y Miguel Rodríguez Orejuela, el cártel del Norte del Valle y el cártel de la Costa.

LOS CÁRTELES MEXICANOS

El más antiguo de los cárteles mexicanos es el del Golfo, que comenzó en los años 30 a traficar con

Almacén de drogas, donde se pueden apreciar las armas y los paquetes de droga listos para su distribución.

GRANDES MASACRES DEL NARCOTRÁFICO EN MÉXICO

2010				2011	2014
31 de enero. Masacre de Villas de Salvárcar	**27 de octubre**. Masacre del 27 de octubre	**18 de julio**. Masacre de Torreón	**22-23 de agosto**. Primera Masacre de San Fernando	**Abril**. Segunda Masacre de San Fernando y Masacre de Durango	**26 de septiembre**. Crimen de los normalistas de Iguala

De izquierda a derecha, Pablo Escobar Gaviria, *El Patrón* y
Joaquín Guzmán Loera, *El Chapo*.

alcohol en Estados Unidos aprovechando la Ley Seca.
A partir de la década de 1970 la organización se
especializó en el narcotráfico de cocaína y marihuana.
Los conflictos con otras bandas llevaron al líder del
cártel, Osiel Cárdenas Guillén, a contratar a antiguos
militares mexicanos, con los que formó un pequeño
grupo de escoltas personales conocido como Los
Zetas. La detención de Cárdenas Guillén dio mayor
poder a Los Zetas, que en 2010 rompieron con el
cártel del Golfo. Entonces se inició una sangrienta
guerra entre ambas organizaciones que ha dejado
miles de muertos, especialmente en el estado de
Tamaulipas. Como Los Zetas no controlaban ningún
puerto mexicano para el narcotráfico, completaban
sus ingresos con el secuestro y la extorsión de
ciudadanos de a pie. La reconciliación de 2014 entre
ambos grupos para centrarse en el narcotráfico sin que
sus actividades afectasen a la población civil no
alcanza a todo el crimen organizado, que se encuentra
subdividido en múltiplcs bandas.

EL CHAPO GUZMÁN

Joaquín Guzmán (La Tuna, Sinaloa, 1954), conocido
como *El Chap*o Guzmán, es el máximo dirigente del
cártel de Sinaloa. Detenido en 1993, ocho años después
logró fugarse de una cárcel de México y se convirtió en
uno de los hombres más buscados del mundo. Fue
detenido por segunda vez en 2014, pero en julio de
2015 volvió a escaparse y permaneció huido hasta
enero de 2016. Responsable de la muerte de miles de
personas durante los enfrentamientos entre cárteles, *El
Chapo* Guzmán alcanzó tal fama que hasta se
fabricaron camisetas con su rostro y es protagonista,

junto con el también dirigente del cártel de Sinaloa,
Ismael Zambada, de algunos populares nacocorridos.

Los miembros de la Policía Nacional de Colombia posan junto
el cuerpo de Pablo Escobar, el 2 de diciembre de 1993. Su
muerte puso punto final a una persecución de 15 meses y un
gasto público considerable.

PABLO ESCOBAR GAVIRIA, *EL PATRÓN*

Pablo Escobar (1949-1933) fue el fundador y
máximo dirigente del cártel de Medellín, la
organización narcotraficante más famosa de la
década de 1980. Fue una figura muy popular
entre algunos sectores de la sociedad colombiana
porque realizaba generosas obras de caridad para
los más desfavorecidos y porque supo codearse
con las élites empresariales y políticas. A partir de
1983 se empezaron a destapar sus turbios
negocios y comenzó la persecución de Pablo
Escobar por las autoridades colombianas, que
llegaron a un acuerdo de extradición de los
narcotraficantes a Estados Unidos. El cártel se
vengó con asesinatos y secuestros. En 1991 la
Asamblea Nacional Constituyente colombiana
votó en contra de la extradición de colombianos
por nacimiento y Pablo Escobar se entregó.
Sin embargo, un año después de su encierro,
escapó de la cárcel y consiguió burlar a sus
perseguidores durante año y medio, hasta que en
diciembre de 1993 fue acorralado por las fuerzas
armadas y murió. Alrededor de su mítica figura se
creó la leyenda de que quien falleció fue un doble
y que el verdadero Pablo Escobar se encuentra
escondido en algún lugar del mundo disfrutando
de su inmensa fortuna.

HISTORIA CONTEMPORÁNEA

HISTORIA MODERNA

EDAD MEDIA

HISTORIA ANTIGUA

PREHISTORIA

La caída del muro de Berlín

La reunificación de Alemania fue uno de los más significativos acontecimientos que tuvo lugar entre 1919 y 1989, cuando los países de Europa del Este se desembarazaron de sus regímenes comunistas y la Unión Soviética se disolvió. Entonces las tensiones nacionalistas tomaron impulso y comenzaron graves conflictos, como el que llevó a la desmembración de Yugoslavia tras una sangrienta guerra.

LAS DOS ALEMANIAS

Al acabar la Segunda Guerra Mundial, Europa había quedado dividida en dos bloques: uno dependiente de la Unión Soviética y otro occidental. Con la posterior Guerra Fría, la tensión entre ambos mundos fue en aumento. En 1961 las autoridades de Alemania del Este levantaron un muro para separar la zona de Berlín controlada por los occidentales, que quedaba así como un enclave rodeado de territorio bajo gobierno comunista. Custodiada por policías y militares, esa

Guardias fronterizos de Alemania Oriental ven caer el Muro de Berlín en noviembre de 1989.

EL DESPLOME DEL BLOQUE ROJO

1980

Agosto. Lech Walesa funda el sindicato Solidaridad

1985

11 de marzo. Mijaíl Gorbachov es nombrado secretario general del PCUS. Fallece el dirigente albanés Enver Hoxha y Albania tendrá elecciones democráticas en 1990

1989

Abril-junio. La muerte del político reformista chino Hu Yaobang desencadena las manifestaciones en la plaza de Tiananmen. **9 de noviembre.** Cae el Muro de Berlín. **29 de noviembre.** Los comunistas pierden el poder en Checoslovaquia con el triunfo de la Revolución de Terciopelo. **16 de diciembre.** Comienza la revolución que derrocaría en Rumanía a Nicolae Ceaucescu

Una señora saluda desde el sector Oeste a sus conocidos del sector Este tras tres horas de espera (1961).

Unión Soviética, pero el intento de golpe de Estado involucionista de agosto de ese año fue un duro traspiés para el debilitado Gorbachov. Aprovechando la situación, el 8 de diciembre, los presidentes de Rusia, Ucrania y Bielorrusia decidieron disolver la URSS y establecer la Comunidad de Estados Independientes. Aquel acuerdo se llamó Tratado de Belavezha.

nueva frontera costó la vida a decenas de personas que intentaron cruzarla sin permiso. Tras tantos años de sufrimiento, el 9 de noviembre de 1989 las puertas del Muro se abrieron, la muchedumbre salió de sus casas y alemanes de ambos lados se abrazaron, mientras los más ágiles treparon por él y comienzaron a derribarlo.

LA DESAPARICIÓN DE LA UNIÓN SOVIÉTICA

Desde la llegada al poder en 1985 de Mijaíl Gorbachov la actitud de la Unión Soviética hacia sus Estados satélites y sus relaciones con Occidente cambiaron. Gorbachov fue el responsable de la nueva relación de la URSS con los Estados Unidos de Ronald Reagan y George H. W. Bush, que parecía enterrar la Guerra Fría entre ambas potencias. El nuevo secretario general, además, emprendió una nueva política de transformaciones económicas (*perestroika*) y de transparencia (*glasnost*) que crearon graves tensiones entre quienes creían que las reformas eran demasiado lentas y los que pensaban que iban demasiado deprisa. Los cambios económicos sumieron a la URSS en una desorganización que empobreció a la población y el descontento creció. En marzo de 1991 un referéndum aprobó por el 78% de los votos la continuación de la

LA DESAPARICIÓN DE YUGOSLAVIA

La República Federal Socialista Soviética era un país multiétnico de seis repúblicas regionales y dos regiones autónomas, que terminaron separadas en siete Estados independientes. Desde la muerte de Jospi Broz, Tito (1892-1980), jefe de Estado desde el final de la Segunda Guerra Mundial, dio lugar a una serie de crisis políticas que terminaron por resucitar el sentimiento nacionalista de las comunidades yugoslavas. Eslovenia se declaró independiente el 25 de junio de 1991, lo que dio lugar a la breve guerra de los Diez Días, tras la cual el ejército yugoslavo se retiró y el nuevo Estado echó a andar. Sin embargo, el proceso fue mucho más complicado y sangriento en otras zonas, donde la composición étnica de la población era muy diversa. Por ejemplo, había regiones en Croacia de mayoría serbia, en Serbia de mayoría albanesa, y en Bosnia había zonas de población serbia, otras de mayoría croata y otras musulmanas. El odio entre comunidades que hasta entonces habían convivido pacíficamente llegó a episodios de limpieza étnica que recordaron a las más negras páginas del nazismo. La guerra concluyó definitivamente en 1999 con la intervención de la OTAN por el conflicto entre Serbia y Kosovo.

1990 — **1 de marzo y mayo**. Lituania; Letonia y Estonia declaran su independencia de la URSS

1991 — **12 de junio**. Borís Yeltsin es elegido presidente de la República Socialista Federativa Soviética de Rusia. **8 de diciembre**. Rusia, Ucrania y Bielorrusia se separan de la URSS. **21-25 de diciembre**. Protocolo de Almá-Atá con la disolución de la URSS y el nacimiento de la Comunidad de Estados Independientes

1993 — **1 de enero**. División de Checoslovaquia en dos Estados: la República Checa y Eslovaquia

La Unión Europea

Las fotos del cadáver de Aylan, un refugiado sirio de tres años que se ahogó mientras huía de la guerra, conmocionaron a una Unión Europea que se proclamaba defensora de los derechos humanos, pero que ante el drama de los refugiados no supo actuar. El invento de la UE, que con tan buenos propósitos echó a andar, se ha visto superado por las crisis que se han sucedido en el siglo XXI.

Esta asociación económica y política de países europeos dio su primer paso poco después del fin de la Segunda Guerra Mundial, cuando Alemania, Francia, Italia, Bélgica, Luxemburgo y los Países Bajos

firmaron el Tratado de París (1951) por el que se creó la Comunidad Europea del Carbón y del Acero (CECA). El objetivo principal del acuerdo era la reconstrucción de las economías europeas y una paz duradera. La idea se le ocurrió a Schuman, que el 9 de mayo de 1950 se dirigió a la prensa para presentar una propuesta sobre la creación de una comunidad franco-alemana con el fin de aprovechar el carbón y el acero de los dos países con una autoridad común independiente de sus respectivos Gobiernos, que deberían someterse a sus decisiones. Schuman creía que así se evitaría el estallido de futuras guerras. En

Sede del Parlamento Europeo en Bruselas.

LOS RETOS DE LA ÚLTIMA DÉCADA

2008	2009	2011	2015		2016
Septiembre. Crisis financiera mundial y expansión del sentimiento antieuropeísta	**Finales**. Duros ajustes económicos en Grecia	Primavera Árabe	**Enero**. Victoria electoral de la Coalición de la Izquierda Radical Syriza en Grecia	**Verano**. Crisis de los refugiados sirios	Referéndum sobre la permanencia de Reino Unido en la Unión Europea con el triunfo de la salida y la dimisión de David Cameron

Edificio de la sede del Parlamento Europeo en Bruselas.

Banderas europeas. La bandera está formada por doce estrellas doradas dispuestas en círculo sobre fondo azul. Fue diseñada en 1955 por Arsène Heitz.

conmemoración de la Declaración Schuman, se decidió que el 9 de mayo sería el Día de Europa.

LA COMUNIDAD ECONÓMICA EUROPEA

En 1957 los países de la CECA decidieron ir un paso más hacia la construcción de una unión de países y firmaron el Tratado de Roma, por el que se constituyó la Comunidad Económica Europea (CEE). Su fin era una integración económica a través de un mercado común y una unión aduanera. En los años siguientes otros países europeos se integraron en la CEE. Portugal y España tuvieron que esperar a que cayeran sus respectivos regímenes dictatoriales para iniciar el proceso de incorporación, que finalmente culminó con su adhesión en 1986.

LA INTEGRACIÓN POLÍTICA

Con el Tratado de Maastricht del 1 de noviembre de 1993 los países europeos avanzaron hacia una vinculación mayor con el establecimiento de políticas de gobierno comunes. De este modo la CEE dejaba paso a la Unión Europea (UE), que además continuaba abriendo sus puertas a nuevos países europeos. Uno de los acuerdos más emblemáticos de la Unión fue el adoptado por el Tratado de Schengen: en vigor desde 1995, el acuerdo permite la libre circulación de personas para todos los ciudadanos de los países signatarios. Las fronteras interestatales desaparecen: cualquiera puede estudiar y trabajar en el país del espacio Schengen que escoja sin la menor traba.

EL EURO

Es la segunda moneda internacional, después del dólar estadounidense, que comparten 18 países europeos y utilizan 338 millones de personas. Su utilización se puso en marcha el 1 de enero de 2002 e implica una política económica, fiscal y monetaria conjunta.

AYLAN, LA CONCIENCIA DE LA UNIÓN EUROPEA

Cuando Aylan nació en 2012, su país, Siria, ya era un campo de guerra, y en su región, el Kurdistán, los combatientes kurdos se iban a implicar activamente contra el Gobierno de Bashar al Assad. La situación empeoró con la entrada en el conflicto del Estado Islámico. El padre de Aylan decidió que tenían que abandonar su país definitivamente y el único medio para huir que se le presentó fue un bote inflable, así que toda la familia se embarcó esperanzada. Pero este fue su último viaje: durante la travesía el pequeño Aylan, de tres años, su hermano, de cinco, y su madre, se sumaban así a los miles de refugiados que perecieron en su huida. Las imágenes del cadáver de Aylan en una playa de Turquía y la del policía turco recogiéndole en sus brazos conmocionaron a muchos europeos que aún recordaban sus tiempos no tan lejanos como refugiados de guerra; otros, sin embargo, vieron a los refugiados sirios como una amenaza para la seguridad del continente y el espíritu de la misma UE quedó seriamente herido.

HISTORIA CONTEMPORÁNEA

HISTORIA MODERNA

EDAD MEDIA

HISTORIA ANTIGUA

PREHISTORIA

El 11-S

Los atentados del 11 de septiembre de 2001 (11-S) cambiaron el mundo unipolar nacido de la desaparición de la Unión Soviética. Un nuevo reto se alzó ante Occidente: el radicalismo islámico, que emprendió una lucha sin cuartel en todo el planeta para imponer el Islam. El hecho de que su cuna se encuentre en la región más rica en petróleo, complica el juego de decisiones y alianzas internacionales para combatirlo.

El 11 de septiembre de 2001 la organización terrorista Al Qaeda secuestró cuatro aviones norteamericanos. Uno de ellos lo estrelló contra el suelo cuando parecía que iba destinado a empotrarse contra el Congreso; otro cayó en el Pentágono y los otros dos impactaron contra las Torres Gemelas, el mítico World Trade Center de Nueva York, que se vinieron abajo. Murieron cerca de 3.000 personas y

Una vista aérea que muestra una pequeña parte de la escena donde el World Trade Center se derrumbó tras el ataque terrorista del 11 de septiembre. Los edificios circundantes fueron gravemente dañados por los escombros y la fuerza masiva al caer las torres. Los esfuerzos de limpieza continuaron durante meses.

resultaron heridas unas 6.000. Las grabaciones de la caja negra del vuelo 93 de United Airlines del 11 de septiembre de 2001, antes de estrellarse contra el suelo en Pensilvania dejó escuchar gritos de «¡Alá es el más grande! ¡Alá es el más grande!», pero también el conmovedor el mensaje que una de las azafatas dejó en el contestador de su casa: «Hola, cielo. Estoy en un avión que ha sido secuestrado. Te quiero, Por favor, diles a los niños que les quiero. Lo siento. Espero volver a verte». El múltiple atentado terrorista fue reivindicado por los islamistas de Al Qaeda, una organización encabezada por Osama Bin Laden (1957-2011), que le había declarado la guerra a Occidente.

La Estatua de la Libertad y, en segundo plano, las Torres Gemelas del World Trade Center ardiendo antes de derrumbarse.

EL TERRORISMO ISLÁMICO

1988	1993	2000	2001
7 de agosto. Ataque de Al Qaeda a las embajadas estadounidenses de Nairobi y Dar es Salam	**26 de febrero**. Atentado terrorista en los aparcamientos de la Torre Norte del World Trade Center	**12 de octubre**. Atentado suicida contra el destructor estadounidense *USS Cole* en el puerto de Adén (Yemen)	**11 de septiembre**. Cuatro atentados perpetuados con aviones secuestrados

De izquierda a derecha, el presidente de los Estados Unidos en el momento de los atentados, George Bush, y Osama Bin Laden, el cerebro del magnicidio.

AL QAEDA

Bin Laden era un saudí de buena familia que había combatido en Afganistán contra los invasores soviéticos al lado de los muyahidines. La URSS había ocupado Afganistán entre 1979 y 1989, y en aquel conflicto Estados Unidos había tomado parte de manera indirecta facilitando armas y adiestramiento a los resistentes muyahidines. Ahora estos se revolvían contra sus antiguos aliados para llevar la guerra santa a todos los rincones del planeta. El presidente norteamericano, George W. Bush, ordenó la invasión de Afganistán, donde pensaba que se ocultaba Bin Laden. La denominada Operación Libertad Duradera comenzó en octubre de 2001. Era el principio de la guerra contra el terror.

SEGUNDO OBJETIVO: IRAK

En 2003 la Administración Bush puso su mira en Irak. El país estaba gobernado por un dictador, Sadam Husein, al que durante muchos años Occidente había considerado aliado y por eso le había apoyado en su guerra contra Irán (1980-1988), que en 1979 se había convertido en una República islámica enemiga de EE UU. Sin embargo, Sadam había cometido un grave error: necesitado de recursos tras ocho años de guerra, en 1990 decidió anexionarse Kuwait, rico en pozos de petróleo. La comunidad internacional condenó la ocupación y una operación militar (Tormenta del Desierto) obligó a Sadam a retirarse. En el contexto de su guerra contra el terrorismo, la Administración Bush acusó a Sadam de poseer armas químicas y de destrucción masiva preparadas para usarse inmediatamente. Una nueva coalición internacional emprendió la invasión de Irak, pero esta vez se empeñó en capturar a Sadam, juzgarlo y ejecutarlo (diciembre de 2006). Posteriormente quedó demostrado que aquella acusaciones fueron falsas, pero ya no había vuelta atrás. El caos y la violencia se apoderaron del país, que se convirtió en semillero de terroristas islámicos.

LA PRIMAVERA ÁRABE

Al mismo tiempo que el islamismo radical crecía, nacieron movimientos prodemocráticos y ambos mundos coincidieron con sus protestas en las plazas. Todo comenzó en 2010 en Túnez con una serie de protestas que consiguieron la dimisión de Zine El Abidine Ben Alí, en el poder desde 1987. En Egipto, los manifestantes se rebelaron contra el presidente Hosni Mubarak, en Libia contra Muamar El Gadafi, en Yemen contra Ali Abdulá Saleh, en Argelia contra Abdelaziz Buteflika y en Siria contra Bashar al Assad. Algunos terminaron muertos o en prisión y otros se perpetuaron en el poder, pero la inestabilidad se ha adueñado de todos estos países.

OBJETIVOS YIHADISTAS

Los extremistas islámicos luchan para conseguir la destrucción del Estado de Israel y de sus países aliados, la reconquista de territorios que en algún momento de la historia han sido musulmanes (España, Portugal, India, partes de Italia y de África) y la reunificación de todos ellos bajo un califato en el que rija la ley islámica.

2004	2005	2011	2015...
11 de marzo. Explosiones en cuatro trenes de cercanías de Madrid con un resultado de 193 muertos y más de 1.800 heridos	**7 de julio**. Tres bombas explotan en el metro de Londres y otra en un autobús: murieron 56 personas	**1 de mayo**. Washington anuncia la muerte de Osama Bin Laden en Pakistán	**13 noviembre**. Atacantes suicidas provocan varios atentados simultáneos en París causando la muerte de 137 personas

HISTORIA CONTEMPORÁNEA · HISTORIA MODERNA · EDAD MEDIA · HISTORIA ANTIGUA · PREHISTORIA

Una verdad incómoda

El título de la película de Al Gore resume el desencuentro entre los intereses económicos y la necesidad de adoptar medidas urgentes contra el cambio climático, la reivindicación que los movimientos ecologistas llevan décadas enarbolando y que la sociedad va interiorizando a golpe de noticias sobre desastres ecológicos y los peligros que suponen para la salud.

El que fuera candidato demócrata a la Casa Blanca, Al Gore, supo recoger la inquietud internacional sobre el cuidado de planeta y transmitirla a millones de espectadores de todo el mundo, pero la extensión de la conciencia medioambiental en las sociedades se remonta a los años 50, cuando una serie de accidentes contaminantes pusieron sobre la mesa la necesidad de adoptar medidas de protección del ser humano y de la naturaleza. El desarrollo de las sociedades supuso una presión sobre el medioambiente que hizo indispensable acotar territorios para proteger la naturaleza.

La protección del aire y del agua, de la diversidad de hábitats y de las especies en extinción se convirtieron en lemas para preservar la vida del ser humano.

Con el tiempo, los movimientos ecologistas han establecido nexos de unión con otros grupos sociales, como los pacifistas o los defensores de los derechos humanos. A partir de la década de 1970 la conciencia medioambiental de los ecologistas empezó a dejar de ser la aspiración de pequeños grupos asilados para instalarse en amplias capas de la sociedad. Surgieron

Izquierda, el Príncipe Bernardo de los Países Bajos, presidente de WWF de 1962 a1976 y a la derecha Jesús Mosterín, Hugo van Lawick y Félix Rodríguez de la Fuente en África en 1969.

entonces asociaciones para sistematizar sus actividades, que se conocieron como Organizaciones No Gubernamentales (ONG).

LAS PRIMERAS ONG ECOLOGISTAS

En 1961 nació oficialmente la organización World Wildlife Fund (WWF), el Fondo Mundial para la Vida Salvaje, aunque sus miembros fundadores llevaban a cabo actuaciones ecologistas desde la década de 1950. Su trabajo de protección de la naturaleza está muy unido a la protección de las comunidades indígenas, cuya supervivencia depende de la preservación de los ecosistemas en que habitan. A principios del siglo XXI, WWF estaba presente en más de 100 países y más de cinco millones de personas respaldaban su trabajo.

Otra emblemática organización ecologista es Greenpeace, fruto de la movilización en 1971 de un grupo antinuclear canadiense para evitar una prueba nuclear que Estados Unidos había programado en la isla de Amchitka (Alaska). Temían que provocara un tsunami. Los activistas trataron de llegar a la zona de los ensayos en el barco Phyllis Cormarck, al que rebautizaron como Greenpeace. Los activistas fueron detenidos y la prueba se llevó a cabo, pero aquella protesta dio lugar a manifestaciones que lograron que Washington se comprometiera a no repetir ensayos nucleares en esa zona.

GRANDES VERTIDOS

1984	1986	1989	1991	1999
Diciembre. Desastre de Bohpal en India con la fuga de una planta de pesticidas	**Abril**. Explosión de la Central Nuclear de Chernóbil	**24 de marzo**. Derrame de petróleo del *Exxon Valdez* al encallar en Alaska	Incendio de varios pozos petroleros en Kuwait durante la Guerra del Golfo	Accidente nuclear en la planta de Tokaimura, en Japón

La reducción de la emisión de gases es el objetivo primoridial del Protocolo de Kioto.

Playa llena de residuos contaminantes.

LA CONCIENCIACIÓN OFICIAL

La preocupación creciente de las sociedades sobre la protección del planeta tiene su traducción oficial en el establecimiento de instituciones con ese objetivo. Una de ellas es el Programa de Naciones Unidas para el Medio Ambiente para la implementación de políticas medioambientales en conjunción con el desarrollo sostenible. Por su parte, la Unión Europea tiene un organismo, la Agencia Europea de Medio Ambiente, que recoge y difunde información medioambiental. También las grandes empresas se van sumando a la protección de la naturaleza con campañas para demostrar a los consumidores su compromiso con el medio ambiente. Se trata de una estrategia dentro de lo que se ha llamado responsabilidad social corporativa. Así, por ejemplo, mientras una marca de refrescos está implicada en devolver a la naturaleza cada litro de agua que consume en la elaboración de sus productos, algunas empresas textiles apoyan la agricultura ecológica y utilizan en sus prendas solo algodón orgánico, libre de pesticidas.

EL PROTOCOLO DE KIOTO

Con el objetivo de reducir las emisiones de gases de efecto invernadero, la comunidad internacional llegó en 1997 a un acuerdo conocido como Protocolo de Kioto sobre el cambio climático, del que en un primer momento se excluyeron países tan significativos como Estados Unidos y otros, que sí lo habían firmado, lo abandonaron para no pagar las multas que preveía su incumplimiento. En 2014 Estados Unidos se comprometió a reducir en un 28% la emisión de gases para 2025, mientras China acordaba dejar de aumentar la emisión de gases a partir de 2030. Ambas naciones son responsables del 45% de la emisión de gases contaminantes del mundo. Estas promesas suponen una presión a países como Australia, Canadá, India, Rusia y Brasil, también grandes emisores de gases, a adoptar medidas similares. Sin embargo, los defensores del medio ambiente consideran que los acuerdos se quedan cortos, lo que tendrá un efecto irreversible en la destrucción del planeta.

PROTAGONISTAS DE LA PROTECCIÓN DE LA NATURALEZA

Los medios de comunicación han tenido un papel relevante en el nacimiento de la conciencia medioambiental de la sociedad. Los documentales de Félix Rodríguez de la Fuente, David Attenborough o National Geographic llevaron la naturaleza a los hogares de todo el mundo y su conocimiento despertó el interés social por su protección. Asimismo, el trabajo de las naturalistas Jane Goodall y Dian Fossey con chimpancés y gorilas, respectivamente, ayudaron a la implicación de las autoridades en la defensa de la vida salvaje.

2002

Hundimiento del *Prestige*, lleno de fuel, en las costas del Cantábrico

2010

20 de abril. Explosión de la plataforma petrolífera *Deepwater Horizon* en el golfo de México

Índice

A

Abderramán I, 29
Abderramán II, 31
Abderramán III, 27
Abu Abd Allah Muhammad Ibn Alí, *véase* Boabdil
Aguirre, Lope de, o Aguirre *el Loco*, 58, 59
Ahmad al-Mansur, 45
Akenatón, 17
Alarico, rey visigodo, 20
Alcalá Zamora, Niceto, 114
Aldrin, Edwin *Buzz*, 136, 137
Alejandra Fiódorovna, zarina de Rusia, 80, 100, 101
Alejandro III de Macedonia, 10
Alejandro Magno, 10, 11
Alejandro V, Papa, 42, 43
Alejandro VI, Papa, *véase* Borgia, Rodrigo
Alexéi, zarévich de Rusia, 101
Alfonso de Aragón, 53
Alfonso I de Asturias, 48
Alfonso I de Este, duque de Ferrara, 53
Alfonso II de Nápoles, 53
Alfonso V de Aragón, 52
Alfonso XI de Castilla, *el Justiciero*, 40
Alfonso XIII de España, 80, 114
Ali Abdulá Saleh, 155
Alvarado, Pedro de, 61
Amulio, 15
Amundsen, Roald, 137
Ana de Austria, 65
Anthony, Susan B., 103
Arcadio, 21
Arias Navarro, Calos, 145
Aristóteles, 10
Armstrong, Neil, 136, 137
Arturo I de bretaña, 33, 56
Asdrúbal, 12
Asimov, Isaac, 146, 147
Assad, Bashar al, 153, 155
Atahualpa, 61
Atienza, Inés de, 59
Atila, 21
Attenborough, David, 157
Aylan, 152, 153
Azaña, Manuel, 114, 115

B

Baez, Joan, 139, 141
Bakunin, 91
Balfur, Arthur James, 124, 125
Barbanegra, 63
Barca, Amílcar, general cartaginés, 13
Barca, Aníbal, general cartaginés, 12, 13
Barras, Paul, 70
Barton, Otis, 137
Batista, Fulgencio, 132, 133
Battenberg, Victoria Eugenia, 80
Bayard, Hippolythe, 93
Beauharnais, Josefina de, 70, 71, 73
Beauvoir, Simone de, 141
Beebe, William, 137
Benedicto XI, Papa, 42
Benedicto XIII, el *Papa Luna*, 42, 43
Bercht, Bertolt, 127
Bernstein, Carl, 142
Bin Laden, Osama, 154, 155
Bismarck, Otto von, 85
Blanca de Castilla, 33
Bloomingdale, Alfred, 131
Blum, León, 116
Boabdil, 27, 48
Boadilla, Francisco de, 51
Boccaccio, Giovanni, 40, 41
Bolena, Ana, 56, 57
Bolívar, Simón, 83
Bonaparte, Napoleón, 70, 71, 72, 73, 76, 77, 84, 85
Bonifacio IX, Papa, 42
Bonifacio VIII, Papa, 42
Borgia, César, 53
Borgia, Lucrecia, 53
Borgia, Rodrigo, 52, 53, 54
Borja, Alfonso de, 52
Borja, Luis, 52
Borja, Rodrigo, *véase* Borgia, Rodrigo
Broz, Jospi, Tito, 151
Bruto, Marco Junio, 15
Buda, 25
Bulla Felix, 74
Burroughs, William, 131
Bush, George H. W., 151

Bush, George W., 155
Buteflika, Adbelaziz, 155

C

Cai Lun, 46
Calixto III, Papa, *véase* Borja, Alfonso de
Calvino, Juan, 55
Calvo Sotelo, José, 115
Campbell, Keith, 95
Candelas, Luis, 74, 75
Cang Jie, 25
Canuto II *el Grande*, 31
Capone, Alfonso, 107
Capra, Frank, 127
Cárdenas Guillén, Osiel, 149
Carlomagno, 28, 29
Carlomán, 29
Carlos II de España, 67
Carlos III de España, 77, 82
Carlos IV de España, 76, 82
Carlos Luis de Austria, 97
Carlos V, emperador, 55, 56, 57
Carlos, archiduque de Austria, 67
Carrabús, Teresa, Madame Tallien, 70
Carrero Blanco, Luis, 145
Cartwright, Edmund, 88
Castellesi, Adriano, 53
Castillo, José del, 115
Castro, Fidel, 132, 133
Castro, Raúl, 133
Catalina de Aragón, 56, 57
Catanei, Vanozza, 53
Cavalier, René Robert, 67
Ceaucescu, Nicolae, 150
César Augusto, 15, 16, 17
Cesarión, 16
Chain, Ernst Boris, 94
Chamberlain, Arthur Neville, 116
Chanel, Coco, 104
Chaplin, Charles, 127
Childerico III, 29
Chotek, Sophie, 98, 99
Churchill, Winston, 117
Cienfuegos, Camilo, 133
Clemente V, Papa, 42
Clemente VII, Papa, 43, 56
Clemente VIII, Papa, 52
Cleopatra VII, 14, 16, 17
Cléveris, Ana de, 56

Cléveris, Guillermo de, 56
Cocker, Joe, 143
Collins, Michael, 138
Colón, Cristóbal, 37, 50, 51, 63
Companys, Lluís, 114
Constantino I, 19
Cook, Edward, 62
Cook, James, 78, 79
Copérnico, Nicolás, 94
Cortés, Hernán, 58, 59
Cotton Oswell, William, 78
Craso, Marco Licinio, 14
Cromwell, Thomas, 56, 57

D

Daguerre, Louis, 93
Darío I, rey de Persia, 10
Darwin, Charles, 80, 95
David, rey de Israel, 19
Day, Doris, 146
De Gaulle, Charles, 140, 141
Dias, Bartolomeu, 51
Dickens, Charles, 80
Diesel, Rudolf, 89
Díez, Juan Martín, *el Empecinado*, 74, 75
Diocleciano, 19
Disney, Walt, 105
Don Pelayo, 27, 48
Don Rodrigo, 26
Dos Passos, John, 107
Douglas, Kirk, 127
Drake, Francis, 62, 63
Dreyfus, Alfred, 124
Dylan, Bob, 139

E

Edison, Thomas Alva, 92
Eduardo VI de Inglaterra, 56, 57
Einstein, Albert, 95, 122
Eisenhower, Dwight, 126, 139, 144, 145
El Gadafi, Muamar, 155
Elcano, Juan Sebastián, 61
Emperador Amarillo, 24
Engels, Friedrich, 90
Enrique *el Navegante*, 51
Enrique II de Inglaterra, 33
Enrique VI de Alemania, 33
Enrique VII de Inglaterra, 56
Enrique VIII de Inglaterra, 56,

57
Erik el Rojo, 31
Erikson, Leif, 30
Erzberger, Matthias, 110
Escobar Gaviria, Pablo, *el Patrón*, 148, 149

F
Fairbanks, Douglas, 105
Farnese, Giulia, 53
Fátima, 26
Faulkner, William, 107
Felipe de Anjou, 66, 67
Felipe I de Orleáns, 64
Felipe II de España, 55, 57, 59, 61
Felipe II de Francia, 32, 33
Felipe III de España, 67
Felipe IV de España, 66, 67
Felipe IV de Francia, *el Hermoso*, 42
Felipe VI de España, 80
Felt, William Mark, *Garganta Profunda*, 142
Fermi, Enrico, 127
Fernández de Córdoba, Gonzalo, *el Gran Capitán*, 61
Fernando I de Borbón-Dos Sicilias, 77
Fernando II de Aragón, o Fernando el Católico, 48, 49
Fernando III de Castilla, el Santo, 48
Fernando VII de España, el Deseado, 75, 76, 77, 82
Fesseden, Reginald Aubrey, 93
Fidgerald, Francis Scott, 107
Filipo II de Macedonia, 10
Flavio Honorio, 21
Flavio Josefo, 18
Fleming, Alexander, 94
Florence, Hercule, 93
Florey, Howard Walter, 94
Ford, Gerald, 142, 143
Ford, Henry, 105
Fossey, Dian, 157
Francisco Fernando de Austria, 97, 98, 99
Francisco I de Francia, 57
Francisco José I de Austria, 96, 97
Franco, Francisco, 114, 115, 144, 145
Franco, Ramón, 105
Fuxi, 24

G
Gagarin, Yuri, 138
Galileo Galilei, 39, 94
Gandhi, Mahatma, 129
Garibaldi, Giuseppe, 84, 85
Garret Anderson, Elizabeth, 103
Garret Fawcet, Milicent, 103
Garthause, Louis Dominique, *Cartouche*, 74, 75
Gengis Kan, 34, 35, 37
Genserico, rey visigodo, 20, 21
Gil Robles, José María, 114
Ginsberg, Allen, 131
Gioberti, Vincenzo, 84
Giordano Bruno, 39
Goded, Manuel, 114
Goebbels, Joseph, 111
Goodall, Jane, 157
Gorbachov, Mijaíl, 150, 151
Gore, Al, 156
Göring, Hermann, 111
Gouges, Olimpia de, 102, 103
Graham Bell, Alexander, 92
Gregorio IX, Papa, 38
Gregorio XI, Papa, 42
Gregorio XII, Papa, 42, 43
Groves, Leslie, 122
Guevara, Ernesto, *Che*, 133
Guillermo I de Alemania, 85
Guillermo II de Alemania, 80, 98
Gurión, Ben, 125
Gutenberg, Johannes, 46, 47
Gutiérrez Menoyo, Eloy, 133

H
Harvey, William, 94
Hawking, Stephen, 95
Hawkins, John, 62
He de Han, 46
Hemingway, Ernst, 107
Hendrix, Jimi, 143
Hepburn, Katharine, 127
Herodes, rey de Judea, 18
Herzl, Theodor, 124, 125
Hidalgo, Miguel, 82, 83
Hillary, Edmund, 139
Himmler, Heinrich, 111
Hindenburg, Paul von, 110, 111
Hinojosa, José María, *el Tempranillo*, 74, 75
Hiro Hito, 104
Hitler, Adolf, 104, 110, 111,

116, 117, 118, 125
Ho Chi Ming, 129
Howard, Catalina, 56, 57
Hoxha, Enver, 150
Hu Yaobang, 150
Huangdi, 36
Hudson, Rock, 146, 147
Hugalu, 34
Husein, Sadam, 155
Huston, John, 127
Hutado de Mendoza, Andrés, 58

I
Inocencio VII, Papa, 42
Isabel de Baviera, *Sissi*, emperatriz de Austria, 96, 97
Isabel I de Castilla, o Isabel la Católica, 39, 48, 49, 50
Isabel I de Inglaterra, 56, 57
Isabel II de Inglaterra, 80

J
Jack el Destripador, 81
Jenner, Edward, 95
Jerjes I *el Grande*, rey de Persia, 10
Jesús de Nazaret, 18, 19
Jinmu Tenno, 25
Joaquín Guzmán, *el Chapo*, 149
Jodl, Alfred, 122
Johnson, Earvin *Magic*, 146
Johnson, Lyndon B., 134, 138
Joplin, Janis, 141
Jorge V de Inglaterra, 98
José I de España, 77
Jruschov, Nikita, 135
Juan I de Inglaterra, *Juan Sin Tierra*, 32, 33
Juan XXIII, *Antipapa*, 43
Juana de Arco, 39, 52
Juana II de Navarra, 40
Julio César, 13, 14, 15
Julio II, Papa, 54
Justiniano I, 41

K
Kámenev, Lev, 112
Kennedy, Jaqueline, 134, 135
Kennedy, John Fidgerald, 93, 127, 133, 134, 135, 136, 137
Kenyatta, Jomo, 129
Kepler, Johannes, 94

Kerouac, Jack, 131
Kublai Kan, 35, 37

L
Landsteiner, Karl, 95
Largo Caballero, Francisco, 114
Le Nôtre, André, 64
Leeuwenhoek, Anton van, 95
Leibniz, Gottfried, 94
Lenin, o Vladímir Ilich Ulianov, 104, 112
León III, Papa, 29
León X, Papa, 54
Leónidas de Esparta, 10
Leonor de Aquitania, 33
Leopoldo I de Bélgica, 67, 80
Leopoldo V de Austria, 32, 33
Lépido, Marco Emilio, 15, 17
Lerroux, Alejandro, 114
Lincoln, Abraham, 86
Linsbergh, Charles A., 105
Livingstone, David, 78, 79
López de Legazpi, Miguel, *el Adelantado*, 58, 61
López Muñoz, Andrés, *el Barquero de Cantillana*, 74, 75
Lovell, Jim, 137
Loyola, Ignacio de, 54
Luis VII de Francia, 33
Luis XIII de Francia, 64, 65
Luis XIV de Francia, *el Rey Sol*, 64, 65, 66
Luis XV de Francia, 77
Luis XVI de Francia, 68, 69, 103
Luis XVII de Francia, 77
Luis XVIII de Francia, 77
Lumière, hermanos, 92, 93
Lumumba, Patrice, 129
Lutero, Martín, 54, 55
Luther King, Martin, jr. 134, 138, 139

M
Madame de Maintenon, 65
Madame de Montespan, 64
Magallanes, Fernando de, 61
Mahoma, 26, 27
Malcom X, 138, 139
Malinche, 59
Mandela, Nelson, 87
Mansa Mahmud IV, 45
Mansa Musa, 44, 45
Marco Antonio, 15, 16, 17

Marco Aurelio, 15
Marco Polo, 37
Marconi, Giuseppe, 92
María Antonieta, 68, 69
María I de Inglaterra, 57
María Luisa de Austria, 71
María Teresa de Austria, 64, 65, 66
Marshall, George, 121
Martí, José, 132, 133
Martín V, Papa, 43, 52
Marx, Karl Heinrich, 89, 90, 91
Mazarino, Giulio, 65, 66
Mazzini, Giuseppe, 84
McCarthy, Joseph, 126, 127
McDonald, Dick y Mac, 130
McNamara, Frank, 131
Mèlies, George, 92
Mendel, Gregor, 95
Mercury, Freddy, 146
Miescher, Friedrich, 95
Miller, Arthur, 127
Miranda, Francisco de, 83
Mitríades II, 36
Moctezuma II, 58, 59, 60, 61
Mola, Emilio, 115
Morse, Samuel, 92
Mubarak, Hosni, 155
Murat, Joaquín, 77
Murrow, Edward, 127
Mussolini, Benito, 111

N
Nabucodonosor II, rey de Babilonia, 9
Napoleón II, 71
Napoleón III, 84, 85
Nefertari, 17
Nefertiti, 17
Nerón, 19
Ness, Eliot, 107
Newton, Isaac, 94
Nicolás II, zar de Rusia, 98, 100, 101
Nicolás V, Papa, 52
Niepce, Nicéphore, 93
Nixon, Richard, 142, 143
Norgay, Tenzing, 137
Numitor, 15
Nuréyev, Rudolf, 147

O
Obama, Barack, 133
Octavia, 17
Octavio, *véase* César Augusto.

Odoacro, caudillo germano, 20
Ogodei, 34
Ojeda, Alonso de, 51
Omar Ben Hafsún, 74
Oppenheimer, Robert J., 122, 126, 127
Orange, Guillermo de, 64
Orsini, Orsmo de, 53
Oswald, Lee Harvey, 134

P
Pablo de Tarso, 18, 19
Palatinado, Isabela Carlota del, 64
Pankhurst, Emmeline, 103
Papen, Franz von, 111
Paré, Ambroise, 94
Parks, Rosa, 138
Parr, Catalina, 56, 57
Pasteur, Louis, 95
Paulo III, Papa, 55
Paulo IV, Papa, 55
Perkins, Anthony, 146
Pezza, Michele, *Fra Diavolo*, 74, 75
Pi Sheng, 46
Piccard, Jacques, 137
Pickford, Mary, 105
Pieterszoon, Piet, 63
Pío VII, Papa, 73
Pipino el Breve, 29
Pizarro, Francisco, 58, 61
Pompeyo Magno, Cneo, 14, 15
Popper, Erwin, 95
Presley, Elvis, 131
Primo de Rivera, Miguel, 104, 114
Princip, Gavrilo, 98, 99
Ptolomeo XIII, 16

R
Ragnar Lodbrok, 31
Ramsés II, 17
Rance, Hubert Elvin, 128
Rasputín, Grigori, 101
Rea Silvia, 15
Reagan, Ronald, 151
Reyes Católicos, 27, 39, 48, 49, 51, 55
Ricardo I de Inglaterra, *Corazón de León*, 32, 33
Richthofen, Ferdinand Freiherr von, 36
Riego, Rafael, 77
Robespierre, Maximilien, 69
Rodolfo de Habsburgo, 97

Rodríguez de la Fuente, Félix, 157
Rodríguez Orejuela, Gilberto y Miguel, 148
Röhm, Ernst, 111
Roldán, caballero, 29
Romanov, Anastasia, Gran Duquesa de Rusia, 100
Romanov, María, Gran Duquesa de Rusia, 100
Romanov, Miguel, 101
Romanov, Olga, Gran Duquesa de Rusia, 100
Romanov, Tatiana, Gran Duquesa de Rusia, 100
Rómulo Augusto, 20
Rómulo y Remo, 15
Röngten, Wilhelm, 94
Roosevelt, Franklin Delano, 107, 117, 122, 132
Rosenberg, Julius y Ethel, 126
Ruby, Jack, 134

S
Sahagún, Bernardino, 23
Sajonia-Coburgo- Saalfeld, Victoria, 80
Sajonia-Coburgo-Gotha, Alberto, 80, 81
Saladino, 32, 33
Salazar, Antonio de Oliveira, 145
Sao Shwe Thaik, 128
Sartre, Jean Paul, 141
Schlieffen, Alfred von, 98
Schneider, Ralph, 131
Schöffer, Peter, 47
Schuman, Robert, 153
Scott, Loreta, 140
Scott, Robert Falcon, 137
Senarequib, rey de Asiria, 9
Servet, Miguel, 94
Servilia, 15
Seymour, Jane, 56, 57
Sforza, Giovanni, 53
Sheen, Charlie, 147
Shelley, Mary, 103
Shennong, 24
Shiddhartha Gautama, 25
Songhai Sonni Alí Ber, 44
Stalin, Jósif, 104, 112, 113, 117, 121
Stanley, Henry Morton, 78, 79
Stanton, Elizabeth Cady, 103
Stone, Lucy, 103
Suárez, Adolfo, 145

Suzuki, Kantaro, 123
Swanson, Gloria, 105
Swigert, Jack, 137
Szilard, Leo, 122

T
Talbot, William Fox, 93
Talib, Abu, 26
Teach, Edward, *véase* Barbanegra
Temujín, *véase* Gengis Kan,
Teodosio I, 19, 20, 21
Tesla, Nikola, 92
Thorvaldsson, Erik, *véase* Erik el Rojo
Tibbets, Paul, 123
Torquemada, Tomás de, 39
Trotski, León, 101, 113
Truman, Harry, 121, 122, 139
Trumbo, Dalton, 127
Turpin, Dick, 74, 75

U-V
Urbano VI, Papa, 42, 43
Ursúa, Pedro de, 58, 59
Valentino, Rodolfo, 105
Varrón, Marco Terencio, 15
Vasco da Gama, 51
Velázquez, Diego de, gobernador de Cuba, 61
Verdi, Giuseppe, 84
Vespucio, Américo, 51
Vessalio, Andrés, 94
Vetsera, María, 97
Víctor Manuel I de Cerdeña, 77
Víctor Manuel II de Saboya, rey de Italia, 84, 85
Víctor Manuel III de Italia, 111
Victoria de Inglaterra, 80, 81
Volstead, Andrew, 106

W-Y-Z
Walesa, Lech, 150
Walsh, Don, 137
Welles, Orson, 127
Wills, Frank, 142
Wilmut, Ian, 95
Wollstonecraft, Mary, 103
Woodward, Bob, 142
Wright, Wilbur y Orville, 89
Wu de Han, 36
York, Isabel de, 56
Zine El Abidine Ben Alí, 155
Zinóviev, Grigori, 112, 113
Zuse, Konrad, 93